"一带一路"倡议下
我国体育事业发展策略研究

李德奇 著

中国水利水电出版社
www.waterpub.com.cn
·北京·

内 容 提 要

本书对"一带一路"倡议下我国体育事业发展策略进行研究,首先详细解读了"一带一路"倡议提出的背景与发展;然后对体育事业的重要组成部分,即群众体育事业、竞技体育事业、学校体育事业等在"一带一路"倡议下的发展进行了研究;最后对"一带一路"倡议下我国体育产业的发展进行了研究。

本书语言简练、结构清晰、内容丰富,系统性、时代性、创新性等特点显著,还具有非常高的参考和借鉴价值,可供体育事业相关人员参考使用。

图书在版编目(CIP)数据

"一带一路"倡议下我国体育事业发展策略研究 / 李德奇著. -- 北京：中国水利水电出版社，2018.4
 ISBN 978-7-5170-6406-0

Ⅰ. ①一… Ⅱ. ①李… Ⅲ. ①体育事业－发展战略－研究－中国 Ⅳ. ①G812

中国版本图书馆CIP数据核字(2018)第082206号

书　　名	"一带一路"倡议下我国体育事业发展策略研究 YIDAI YILU CHANGYI XIA WO GUO TIYU SHIYE FAZHAN CELÜE YANJIU
作　　者	李德奇　著
出版发行	中国水利水电出版社 (北京市海淀区玉渊潭南路1号D座　100038) 网址：www.waterpub.com.cn E-mail：sales@waterpub.com.cn 电话：(010)68367658(营销中心)
经　　售	北京科水图书销售中心(零售) 电话：(010)88383994、63202643、68545874 全国各地新华书店和相关出版物销售网点
排　　版	北京亚吉飞数码科技有限公司
印　　刷	北京一鑫印务有限责任公司
规　　格	170mm×240mm　16开本　18印张　320千字
版　　次	2018年6月第1版　2018年6月第1次印刷
印　　数	0001—2000册
定　　价	86.00元

凡购买我社图书，如有缺页、倒页、脱页的，本社营销中心负责调换

版权所有·侵权必究

前　　言

　　一直以来，我国始终是世界经济全球化发展的支持者和践行者，在这一浪潮下，我国提出了"一带一路"的伟大倡议。这一伟大倡议的提出，为我国和世界其他各国提供了全新的发展平台和机遇。体育事业作为我国实现伟大复兴的重要事业之一，同样也获得了重大发展机遇。当前，我国体育事业的发展面临着一系列问题，如发展不均衡、粗放型增长、出口受抑、结构失衡等。"一带一路"战略布局将有效加快体育事业发展模式的转变，激发体育事业发展活力，实现空间布局优化，促进结构调整，打通体育事业上升管道。综观和深剖"一带一路"蕴含的重大发展商机，我国体育事业将面临更广阔的发展前景。而如何抓住这一机遇来实现体育事业更好更快的发展是我们需要重点研究的课题。因此，特撰写《"一带一路"倡议下我国体育事业发展策略研究》一书，重点探索我国体育事业在"一带一路"倡议下的发展对策与新路径，使我国体育事业能够搭上"一带一路"的快车，获得新的突破与可持续发展。

　　本书共有十章内容。第一章是"一带一路"倡议的背景与发展解读，内容主要包括"一带一路"的概念、内涵、原则，"一带一路"倡议的理论渊源以及"一带一路"倡议提出的背景分析。第二章至第六章分别对"一带一路"倡议下我国群众体育事业、竞技体育事业、学校体育事业、民族传统体育事业、休闲体育事业等体育事业构成要素的发展进行了研究，主要分三个部分进行，分别是概述、发展现状及发展策略。这些要素的优化发展有利于从整体上推动体育事业的发展。第七章至第十章重点探讨"一带一路"倡议下我国体育产业的发展。第七章是体育产业结构的优化与升级研究，内容包括体育产业结构概述、当前我国体育产业结构概况、"一带一路"倡议下我国体育产业结构优化与升级的策略以及评价指标体系的构建。第八章是"一带一路"倡议下我国体育产业政策的改革与发展研究，包括体育产业政策概述、我国体育产业政策现状与存在问题的分析、体育产业相关政策的制定、"一带一路"倡议下我国体育产业政策的发展与完善。第九章是"一带一路"倡议下我国区域优势体育产业的发展研究，内容包括区域优势体育产业的理论、影响发展的因素、选择与方法、在"一带一路"倡议下的发展策略以及发展个案。第十章是"一带一路"倡议下我国体育关联市场各行业的发展策略研究,包括体育用品业、体育传媒业、体育彩票业、体育广告业、体育赞助业的运营与发展。体育产业是我国体育事业发展的重心,推动体育产业发展能够提升我国体育事业的发展水平及国际竞争力。

  本书主要研究我国体育事业在"一带一路"倡议下的发展,首先详细解读了"一带一路"倡议提出的背景与发展,以便为之后对体育事业发展的研究做背景铺垫,提供基本的研究方向。然后本书重点研究了体育事业中重要组成要素的发展,并提出了这些要素在"一带一路"倡议下的发展策略,具有重要的现实意义。最后本书对体育事业发展的重点即体育产业的发展进行了研究,而且在研究中对体育产业结构的优化、体育产业政策的改革与发展、区域优势体育产业及其他相关产业的发展都提出了科学的建议与可靠的路径,对体育产业的发展具有指导意义。总之,本书紧跟时代前沿、结构合理、层次清晰、内容丰富、研究深入,具有突出的时代性、学术性、理论性、实用性及创新性等特征与价值。希望本书能够为我国体育事业抓住"一带一路"的重大机遇以及实现更好的发展提供有价值的指导与参考。

  本书在撰写过程中,参考和借鉴了一些专家、学者的研究成果,在此表示衷心的感谢!由于知识结构和时间所限,书中难免存在疏漏与不妥之处,恳请广大读者批评指正。

作 者
2017 年 12 月

目 录

前言

第一章 "一带一路"倡议的背景与发展解读 ………………………… 1
  第一节 "一带一路"的概念、内涵与原则 ………………………… 1
  第二节 "一带一路"倡议的理论渊源 …………………………… 4
  第三节 "一带一路"倡议提出的背景分析 ……………………… 9

第二章 "一带一路"倡议下我国群众体育事业的发展研究 …………… 20
  第一节 群众体育概述 ………………………………………… 20
  第二节 我国群众体育事业发展的现状分析 …………………… 28
  第三节 "一带一路"倡议下我国群众体育事业发展的策略 …… 40

第三章 "一带一路"倡议下我国竞技体育事业的发展 ………………… 45
  第一节 竞技体育概述 ………………………………………… 45
  第二节 我国竞技体育事业发展的现状分析 …………………… 56
  第三节 "一带一路"倡议下我国竞技体育事业发展的策略 …… 68

第四章 "一带一路"倡议下我国学校体育事业的发展研究 …………… 73
  第一节 学校体育概述 ………………………………………… 73
  第二节 我国学校体育事业发展的现状分析 …………………… 81
  第三节 "一带一路"倡议下我国学校体育事业发展的策略 …… 97

第五章 "一带一路"倡议下我国民族传统体育事业的发展研究 ……… 104
  第一节 民族传统体育概述 …………………………………… 104
  第二节 我国民族传统体育事业发展的现状分析 ……………… 127
  第三节 "一带一路"倡议下我国民族传统体育事业发展
        的策略 ……………………………………………………… 130

第六章 "一带一路"倡议下我国休闲体育事业的发展研究 …………… 132
  第一节 休闲体育概述 ………………………………………… 132
  第二节 我国休闲体育事业发展的现状分析 …………………… 140
  第三节 "一带一路"倡议下我国休闲体育事业发展的策略 …… 148

第七章 "一带一路"倡议下我国体育产业结构的优化与升级研究 …… 159
  第一节 体育产业结构概述 …………………………………… 159

第二节　当前我国体育产业结构概况…………………………163
第三节　"一带一路"倡议下我国体育产业结构优化
　　　　与升级的策略…………………………………………165
第四节　"一带一路"倡议下我国体育产业结构评价指标
　　　　体系的构建………………………………………………179

第八章　"一带一路"倡议下我国体育产业政策的改革与发展研究……189
第一节　体育产业政策概述………………………………………189
第二节　我国体育产业政策现状与存在问题分析………………199
第三节　体育产业相关政策的制定………………………………202
第四节　"一带一路"倡议下我国体育产业政策的发展与完善……210

第九章　"一带一路"倡议下我国区域优势体育产业的发展研究………218
第一节　区域优势体育产业发展的基本理论……………………218
第二节　影响区域优势体育产业发展的因素分析………………222
第三节　区域优势体育产业的选择与方法研究…………………232
第四节　"一带一路"倡议下我国区域优势体育产业发展
　　　　的策略……………………………………………………239
第五节　我国区域优势体育产业发展的个案研究………………244

第十章　"一带一路"倡议下我国体育关联市场各行业的发展
　　　　策略研究……………………………………………………249
第一节　"一带一路"倡议下我国体育用品业的运营与发展
　　　　研究………………………………………………………249
第二节　"一带一路"倡议下我国体育传媒业的运营
　　　　与发展研究………………………………………………257
第三节　"一带一路"倡议下我国体育彩票业的运营
　　　　与发展研究………………………………………………261
第四节　"一带一路"倡议下我国体育广告业的运营
　　　　与发展研究………………………………………………266
第五节　"一带一路"倡议下我国体育赞助业的运营
　　　　与发展研究………………………………………………272

参考文献……………………………………………………………………278

第一章 "一带一路"倡议的背景与发展解读

"一带一路"是由我国提出的伟大倡议,它旨在造福国内外人民,带动各个国家得到更好的发展。"一带一路"倡议得到了沿线各个国家的积极响应和参与,它是一个机遇,同时也面临着诸多挑战。只有对"一带一路"倡议进行深入而全面的了解,才能更好地真正参与其中。因此,本章就"一带一路"倡议的背景与发展进行解读。

第一节 "一带一路"的概念、内涵与原则

一、"一带一路"的概念

"一带一路"由"一带""一路"两部分组成,前者指的是"丝绸之路经济带";后者是指"21世纪海上丝绸之路"。

我国在提出"一带一路"之前,详细分析了全球形势的深刻变化,并对国内国际两个大局做了统筹考虑,在此基础上做出的决策更有利于推动我国的全方位开放发展,更能够进一步促进世界的和平发展。

二、"一带一路"的内涵

"一带一路"的基本内涵主要体现在"互利""共赢""包容""开放"等方面,具体如下。

(一)互利

"一带一路"顺利实施的根本动力源于互利,因此说互利也是"一带一路"的主要内涵之一。在全球化的今天,那些拥有持久活力和广阔前景的区域合作构想往往都是以"实现互利共赢"为出发点和原则的。区域间的持久

合作都是为了达到互利的目标,该目标激励着他们开展多元深入的合作。

互利性要求各参与方在"一带一路"实施中,立足优势互补,实现利益共享和共同发展,不能进行殖民扩张,攫取不正当利益,不能借自由贸易的机会搞不正当的交易。

(二)共赢

"一带一路"的可持续发展是建立在"共赢"基础上的。

追溯历史,虽然汉朝政府打通了古丝绸之路,并一步步对其进行大范围的拓展,但其并非由各个国家的政府主导,而是以民间商旅的交易与合作为主,这就是共赢意识的体现,即共同营建丝绸之路,共同从中享受利益,该理念同样体现在今天的"一带一路"中。

"一带一路"与古丝绸之路同样蕴含着共赢的理念与精神,可以说这是共赢精神的传承与弘扬。虽然是我国提出了"一带一路"并积极推进,但这项工程离不开各参与方的共同协商、共同建设、共同经营,只有携手共创,才能共享利益,才能更有效地推动互联互通机制的完善,也才能一步步实现战略目标,使构想成为现实。

(三)包容

包容是"一带一路"的一个重要内涵,这是其与世界上其他国际合作机制或区域合作组织不同的地方。包容具体表现在以下两个方面。

第一,参与"一带一路"建设的国家或地区是多元的,没有排斥性,也不搞封闭小圈子,各国秉着自愿的原则参与其中,通过自己的努力从中获益。

第二,参与"一带一路"建设的国家或地区之间存在多样化的合作。"一带一路"并没有严格提出统一的规则来限制各国的参与及相互的合作形式,各方的合作方式可以是多样化的,可以涉及多个领域和不同的层次,可以是多边合作,也可以是双边合作,可以在本区域合作,也可以跨区域合作,可以是金融方面的合作,也可以是贸易上的往来,总之都是为了扩大经贸合作、实现共同发展。

在"一带一路"的具体项目建设中,可将沿线相关的国际机构、各国的企业尤其是西方国家的企业广泛吸纳进来,在合作的基础上进行项目开发,集中力量对多方利益共同体进行创造。兼容并蓄是"一带一路"的主要优势,而该优势主要取决于其包容的内涵。"一带一路"作为一种新的机制,不会对已有的区域合作机制产生威胁与不良影响,反而还会起到激发现有机制的作用,推动现有合作机制的完善与协作。

(四)开放

"一带一路"构想的核心理念是开放,古丝绸之路也是将此作为基本精神的。为了进一步挖掘我国的开放潜力,促进高水平开放型经济体制及全面开放格局的形成,我国领导人提出"一带一路"的构想。

在"一带一路"建设中,不能局限于个别封闭的圈子,不能有排他倾向,而应针对全球每个国家或经济体、国际组织、区域合作机制以及民间机构来进行全方位的全局建设。参与"一带一路"建设的国家要在参与过程中对外开放,共同对可持续增长的广阔市场进行开发,这就需要各国在投资与贸易上实现更高水平的便利化发展。

三、"一带一路"的原则

共建"一带一路"工程,需要遵循以下几个原则。

(一)互利共赢原则

在实施"一带一路"的过程中,要对各参与方的共同利益与不同利益表示关切,给予关注与重视,对相互间的利益契合点进行探索,鼓励各参与方充分发挥自己的智慧和创造力,施展自己的优势与特长,从而在该项目中获得利益。

(二)和谐包容原则

文明宽容是"一带一路"倡导的重要原则,不管各国选择了何种发展之路与发展模式,都要给予尊重,各国应积极展开双边或多边对话,求同存异,实现共同发展与共同繁荣的目标。

(三)市场运作原则

在"一带一路"建设中,市场规律、国际通行规则是各参与方必须遵循的原则和参考的依据。坚持该原则,可以在资源配置中,使市场的决定性作用、企业的主体作用、政府的调控作用得到充分发挥。

(四)开放合作原则

"一带一路"基于古丝绸之路范围的相关国家,但不限于这些范围内的国家,世界各国各地区都可以自愿参与其中。

(五)和平共处原则

和平共处原则具体包括以下五项基本内容。
(1)对各国主权和领土完整给予尊重。
(2)相互之间不侵犯。
(3)不干涉别国内政。
(4)相互间要和平共处。
(5)坚持平等互利。

第二节 "一带一路"倡议的理论渊源

一、与十八大外交思想的渊源

中国共产党十八大报告指出:"合作共赢,就是要倡导人类命运共同体意识,在追求本国利益时兼顾他国合理关切,在谋求本国发展中促进各国共同发展,建立更加平等均衡的新型全球发展伙伴关系,同舟共济,权责共担,增进人类共同利益。"[①]这句话表明,我国在外交方面贯彻的基本方针是和平发展。此外,国际社会的共生现象现在在世界上已经越来越突出了,从这句话中也能够反映出来。

(一)世界格局的变化

当今世界形成了特殊的社会体系,该体系与中世纪、近代历史、冷战时代的体系都不同。世界格局在冷战结束后有了翻天覆地的变化,下面以时间为线索来分析这些变化。

1.从两大阵营分裂到大国合作的变化

在冷战时期,美国和苏联作为世界上的两个超级大国,各自组建了自己的同盟组织,相互间展开了激烈的争夺,将世界一分为二。冷战结束以后,虽然国家之间仍然频繁发生冲突,但冲突规模变小,以地区性冲突和小国战争为主;而且这些冲突大都与全球化带来的负面影响有关,主要起源于恐怖

---

① 胡键."一带一路"战略构想及其实践研究[M].北京:时事出版社,2016.

主义、分裂主义、极端主义等。相对来说,大国之间的战争比较少,他们大多只是存在一些分歧,鲜有直接的武力斗争,或者说无力对抗,基本可控制。从这些可以看出,大国之间的关系与冷战前相比已经明显缓和了,再加上一些中间国家的协调,大国之间合作趋势已非常明显。虽然有些国家仍有战争危机,但主要也是通过谈判来协商解决。因此,冷战结束后,世界大国步入合作发展的新时期。

2. 从形式上的合作到利益上相互依存的变化

在刚刚结束冷战的一段时间内,由于大国间依然存在不同程度的隔阂,而且总体来说还是保持对立状态,再加上苏联解体后出现的一系列问题,导致大国间的合作方式以形式合作为主,且存在一定程度的竞争。随着全球化的发展与推进,世界市场体系逐渐发展,各国纷纷实施对外开放政策,在市场运行规律与机制的影响下,各主权国的利益相互交融、相互影响。利益的交织、叠加提高了主权国相互间在利益上的依存性。

3. 从利益依存到命运攸关的变化

在冷战前和冷战中,世界各国面临的安全问题以传统安全问题为主,但随着冷战的结束,军事威胁等传统安全问题越来越少,而危害各国利益的主要问题是环境恶劣、气候变暖、技术异化、自然灾害、流行疾病等非传统安全问题。非传统安全问题波及范围大,且无法进行准确的预测,最初发生在某个国家,如果没有在第一时间采取有效的措施进行处理,后来就会向周边国家逐渐蔓延,使更多的国家受到威胁,利益受损。面对非传统安全问题,各主权国从利益的相互依存关系进一步升级为命运共同体的关系。非传统安全问题是全球问题,因此需要世界各国以合作为基础,共同治理,共渡难关,共同营造良好的发展环境。

世界主权国家形成命运共同体的关系,是基于共同经济利益和安全利益的基础上形成的,非传统安全问题严重威胁着这些利益。各国为了避免非传统安全问题威胁到自己的经济与安全利益,必须加强与面临同样问题的主权国家的合作,而合作的基础是树立命运共同体理念,这就需要摒弃如下一些传统落后的观念。

(1) 狭隘的国家利益观

国家利益对任何一个主权国家来说,都是头等大事。但现阶段,在全球治理机制的构建过程中,最大的制约因素恰恰来自国家利益,确切地说,是狭隘的国家利益。受传统国家利益观的影响,世界人民的民族主义情绪被激化,一旦这种情绪达到一定的程度,就会导致极端民族主义的出现,到那时,国家利益就会与人类共同体的共同利益背道而驰,并在整体上影响全球利益攸关方的利益格局,从而导致一些新问题的出现,如资源争夺、领土争端、贸易保护主义等。所以,对国家利益与人类共同利益的关系进行正确处理至关重要。

(2)狭隘的国家安全观

受传统国家利益观的影响,逐渐形成了以牺牲他国安全来追求本国安全的传统国家安全观。受传统政治学的影响,世界上的主权国家对绝对的安全有着狂热的追求,把自己的不安全归因于别国,所以要通过消灭其他国家来换取自己的安全。但是,非传统安全问题的影响巨大,且不可预测,所以任何一个主权国绝对的安全是不存在的,只有共同的安全,没有绝对安全。共同的安全需要各主权国在合作的基础上共同追求,只有实现了共同安全,才能确保本国的安全。从这个角度来看,安全具有公共品的性质,是可以共享的。

(3)强权政治和霸权主义

受狭隘的国家利益观的影响,强权政治和霸权主义在一些国家或地区逐渐出现,这体现了一种国家政策倾向,具体表现为以大欺小、以强欺弱、对国际法不尊重并肆意践踏。但人类并不是要依靠弱肉强食的法则生存下去的。人类的共生共存需要树立命运共同体意识,也就是要建立以平等互信、包容互鉴、合作共赢等精神为核心的国际关系,坚持公平公正的原则,维护共同的利益。

世界能否实现和平与发展,是由各个国家共同决定和维护的,世界的命运并非仅仅掌握在几个国家手中。因此,各国必须树立人类共同体意识,在该意识的指导下采取行动。习近平主席曾说,世界的和平发展并不是单单靠我国走和平发展道路就能够实现的,需要其他国家一起走这条道路。

(二)世界共生系统

世界共生系统的构建与"一带一路"构想的提出有很大的关系,该系统具体包括以下几个内容。

1.和平

世界共生的基础是维持世界和平。和平是建立世界共生系统的前提,只有在和平基础上才能形成互利的关系。相反,如果世界上总是充满战争与冲突,各国之间处于生死搏斗状态,是无法实现共生和互利目标的。

2. 开放

世界共生系统具有开放性,反映的是整个世界的共生,而非个别国家的共生。世界共生系统是由区域性的共生系统逐渐发展壮大而形成的,起初是某些存在共同利益的国家建立起小范围的共生系统,这样就有很多这种系统存在于世界上,随着各国之间的不断交流,这些系统之间也会存在不同层面上的共同利益,从而形成比较大的系统,以此类推,最终形成世界共生系统。如果原来的共生系统一直维持在几个国家或地区之间,那么该系统就具有明显的封闭性,而且各系统之间的竞争会大于合作,甚至存在冲突、引发战争,这与建立世界共生系统的理念相违背。所以说构建世界共生系统要构建开放的、面向全世界各地区各民族的大系统。

3. 合作

一方的生存是另一方生存的前提与基础,这是对共生的直观解释,从这一解释来看,同一个系统中各成员之间存在着密切的关系。如果一方拒绝与另一方合作,那么他们之间就不存在互为生存基础与条件的关系,这也反映出双方存在一定的利益冲突。双方冲突无非有两种结果,一种是一方失败一方胜利,另一种是两败俱伤,此时获益的是第三方。因此构建世界共生系统需建立在合作的基础上。

4. 共赢

在共生系统中,成员之间相互合作,从而都获得对自己有价值的东西,这就是共赢。共生系统中的成员在合作的基础上一定是共赢的,不可能只有一方获益,只有一方获益而另一方没有任何利益可得的共生系统从某种意义上来说是寄生系统。在这一系统中,一方为了生存,为了自己的利益,要攫取另一方的利益,即为了保全自己,要将牺牲他人作为代价。一旦牺牲的一方再没有任何可被利用的东西,获益方也会因为失去获益的源泉而走向衰亡,此时寄生系统就难以继续维持。所以说只有共生系统才能维持得长久,而寄生系统只能够给一方带来短暂的利益。

二、与上海合作组织的渊源

在 21 世纪,上海合作组织的成员国希望借用地区多边组织对欧亚地区秩序重新进行整顿。自上海合作组织成立以来,其极大地促进了欧亚地区的合作与稳定,但在欧亚地区的发展中仍面临许多不同方面的问题,如各种亚政治力量、成员国相互间的猜疑（因不信任导致）等，这些问题制约了欧亚地区秩序的稳定与巩固，使得欧亚地区秩序呈现出碎片化的不良趋势。

上海合作组织在21世纪初签署了《打击恐怖主义、分裂主义和极端主义上海公约》。原来"上海五国"的主要功能是解决边界问题，而现在转换为反恐，功能转换的顺利实现是以上海合作组织的成立为标志的。这一公约首次从法律上界定"恐怖主义、分裂主义和极端主义"，有助于立足法律基础对本地区的安全与稳定加以维护，同时有助于联合各方力量对三股势力进行打击。

以反恐为主要功能的地区安全合作组织经过漫长的发展，逐渐完成了机制化的过程，并发展为一个较为成熟的国际反恐组织，这从五国会晤机制到上海合作组织的诞生中能够反映出来。上海合作组织作为一个新的地区安全治理机制，其主要特点是与时代相适应。

（一）在地区治理方面，上海合作组织是有效的机制

对整个世界而言，全球化既带来了机遇，创造了更多的利益，又带来了巨大的挑战，就像一个硬币的两面。全球化带来的威胁与挑战主要体现在使世界性的不平等和两极分化进一步扩大，使世界各国发展的脆弱性进一步强化，导致一些国家出现了不同程度的内部危机和动乱，促进了一些犯罪活动的国际化与全球网络化趋势的加快。这些威胁与挑战都是全球问题，因此需要世界各国协同治理，即需要全球治理。

在全球治理中，必然离不开地区组织的作用，地区治理是全球治理的重要组成部分，而地区组织是该部分的具体机制。打击恐怖主义、分裂主义和极端主义是上海合作组织的主要任务，除此之外，对武器走私、毒品买卖以及其他跨国犯罪活动等的打击也是该组织的任务，该组织在治理全球性问题方面发挥了非常重要的作用。

（二）上海合作组织的精神

上海合作组织倡导的精神内容主要是"互信、互利、平等、协商、尊重多样文明、谋求共同发展"，该组织中只有大国或小国，而没有主导国和附属国之分，而且大国与小国之间也是平等的，没有任何区别对待的色彩，这是该组织的基本原则。上海合作组织倡导多边协商与合作，成员国一律平等。从这方面来看，上海合作组织与倡导"大国原则"的传统国际组织从根本上就有区别。正因为上海合作组织倡导这些原则与精神，其才能够在建立公正合理的国际新秩序方面发挥重要的作用。

(三)摒弃"冷战思维"是上海合作组织主张的一种新安全观

摒弃"冷战思维"的新安全观首次被正式提出是在1997年,这一年,中国与俄罗斯签署了有关该观念的声明,即《关于世界多极化和建立国际新秩序的联合声明》。后来"上海五国"各成员国对这种新安全观纷纷表示认同,在上海合作组织的各项机制中,这一观念也逐渐渗透其中。所以,《上海合作组织成立宣言》《上海合作组织宪章》《上海合作组织元首宣言》以及《打击恐怖主义、分裂主义和极端主义上海公约》等文件中,都是以安全理念为核心思想的,而该理念的基本架构与基础是共同安全、合作安全和综合安全等。在新的安全理念基础上,上海合作组织在处理传统安全威胁与非传统安全威胁等问题上逐渐形成了比较完善的机制。

(四)上海合作组织的新功能

众所周知,结盟性的组织重点是针对第三方而成立的,组织外的国家不管是对结盟性的军事组织,还是对非结盟性的军事组织,都会产生不同程度的忧虑,从而对这些组织树立了很强的戒备意识。但上海合作组织却不同于传统的结盟性组织;组织外的国家不会对该组织产生戒备心理,相反,在面对反恐等问题上,组织外的一些国家与该组织的利益在某些方面是相同的,所以组织外的国家会积极主动地与该组织展开合作,甚至希望能够加入该组织,成为成员国,共同处理一些棘手的全球问题。这表明,作为一个新兴的区域合作组织,上海合作组织具有非对抗性、非排他性的特征,该组织致力于与非成员国的合作,力求将恐怖主义给全世界带来的威胁彻底根除。

通过经济手段来推动欧亚地区共同进步与发展,对安全共同体、责任共同体和命运共同体进行共建,这是"一带一路"设想的主要目的。从本质上来说,上海合作组织倡导的精神与新安全观与"一带一路"构想是相符的。

第三节 "一带一路"倡议提出的背景分析

一、"一带一路"构想提出的内部原因

在很多人看来,"一带一路"是中国实施的一种新的外交战略,要对国际秩序进行改造。这种观点是比较片面的,说明很多人都没有充分认识到"一带一路"的意义。事实上,"一带一路"不仅是外交战略,而且是一个综合性

战略,目前中国还不具备很强的实力来改造国际秩序。单凭中国的国力,要改变国际秩序是根本不可能的,中国获取发展机会,获取利益,都需要融入既有的国际秩序。此外,我国倡导和平,以和平发展为主,所以并没有对既有国际秩序加以改造的想法,只是在建立国际秩序的过程中,中国积极发挥自己的作用。

表面来看,"一带一路"是一个对外的构想,但其是在基于很多内部原因的基础上提出的。具体来说,该战略提出的内部原因主要表现在以下几方面。

(一)促使对外开放水平得以提高的需要

十八届三中全会提出:"加快沿边开放步伐,允许沿边重点口岸、边境城市、经济合作区在人员往来、加工物流、旅游等方面实行特殊方式和政策。建立开发性金融机构,加快同周边国家和区域基础设施互联互通建设,推进丝绸之路经济带、海上丝绸之路建设,形成全方位开放新格局。"这里所说的"全方位开放新格局"是相对于对外开放格局而言的。我国自对外开放以来,逐渐形成了全方位开放格局,即"经济特区、沿海开放城市、沿海经济开放开发区、沿江开放城市、内陆开放城市"。但是,该开放格局形成的主要途径是引进外资,对外投资、工程承包等是我国经济主体"走出去"的主要形式。事实上,我国经济对外的关联度整体较低,开放型经济体制还未正式形成。所以,要促进我国对外开放水平的提高,就要与经济全球化的新形势保持统一的步调,结合对内和对外开放,将"引进来"和"走出去"有机结合起来,促进我国资源在国际国内的有序流动与高效配置,在市场经济体制下充分挖掘资源的价值,加强国内国外市场的培育,促进两个市场的融合。

(二)促使东西部经济发展的二元现象得以消除的需要

从我国内部地区的发展来看,东部沿海地区是我国在过去几十年的主要发展集中地,政策优惠促进了这一地区经济的开放与发展。改革开放以来,我国形成的开放格局给我国经济的发展带来了重要的机遇,但整体来看,东部沿海地区从中获益颇多,发展迅速,而中西部地区的发展则比较逊色,这就导致了东西部经济发展的不平衡。针对我国区域经济发展不平衡的问题,我国领导人提出了经济梯度发展战略,即按照有先有后的秩序来发展东西部经济,在有利条件与相关政策的支持下,先发展东部地区的经济,在此基础上,加大东部先进技术的转移,将有利资源运用于中西部地区的发展中,带动中西部的发展,这也是邓小平提出的先富帮后富、最终走向共同富裕的主张的体现。

但事实上,在东部沿海地区的经济发展到一定程度后,其并没有真正将中西部地区的经济发展带动起来,相反,随着改革开放的推进,东西部地区的经济发展水平存在着越来越大的差距。从根本上来看,这与资本的本性有密切的关系。资本的本性——唯利是图始终不变,在资本主义条件与社会主义条件下都是如此。东部沿海地区因为各方面条件都比较成熟,所以资本逐利的机会较大,相对来说,中西部地区资本逐利的机会就比较少,这主要是受自然条件、交通等因素的影响与制约,在这些条件的限制下,愿意到中西部地区开疆拓土的资本非常少。东西部地区经济发展的二元现象对我国整体的发展造成了严重的阻碍,因此也限制了我国的现代化发展进程。

我国东西部地区经济发展的二元现象还体现在体制、机制的二元化中。东部沿海地区较为成功地实现了与国际市场的对接,呈现出较高的开放程度,所以市场化发展水平高;相比而言,中西部地区的市场化程度较低,还存在着明显的计划经济体制的烙印。因此虽然在同一个国家内部,但形成了不同的市场体制、机制。这一问题造成了我国经济地区间的隔离,再加上地方政府之间缺乏沟通与协调,所以"地方割据"的经济现象日渐突出。

现阶段,我国东部地区的经济发展已进入瓶颈期,这主要体现在资源和政策两个方面。从资源方面而言,东部的稀缺资源特别是土地资源要再支撑东部地区经济的发展已经很难了;从政策方面而言,为促进东部经济发展而制定的各项政策已陷入低效用状态,政策创新力度不足。资源与政策瓶颈不仅制约了东部经济的进一步发展,而且直接阻碍了我国的现代化发展水平。因此说,制度创新是东部经济发展的重要突破口。

我们必须认识到,我国仅靠东部沿海地区的发展是无法实现现代化与和平发展战略的,我国真正实现大国的成长和国家的现代化的前提是中西部与东部沿海地区一起实现现代化。邓小平同志提出的梯级发展思想明确指出,东部地区发展起来后,要积极带动中西部地区的发展,否则难以消除东西部经济发展的二元现象,而且也无法实现共同富裕的目标。我国在多年前就提出了"西部大开发"的战略设想,但因为各方面条件的限制,该战略的实施效果不容乐观,切实可行的推进战略非常少。在此背景下,我国提出了"一带一路"构想,积极推进"西部大开发"。

(三)促使中西部在国家发展战略中地位得以提升的需要

东部沿海地区的现代化并不代表中国的现代化,在我国经济发展战略乃至安全战略上,中西部尤其是西部地区始终发挥着重要的作用。我国实施"走出去"战略,不仅仅是从海上走出去,更要从陆上走出去,因为我国首先是陆权国家,其次才是海权国家。从陆上"走出去"面对的是广阔的欧亚大陆,而从海上"走出去"只是一个发展的方向。要真正实现从陆上"走出去"，就必须对西部的交通和产业发展问题加以解决。

中西部地区经济落后，对我国现代化发展战略的实施造成了严重制约，同时也给不法分子的侵略提供了可乘之机。虽然不法分子入侵是由多方面的原因决定的，但从经济根源来看，贫困是最大的限制因素。所以，从整体的发展来看，我国需要实施与推进真正意义上的"西部大开发"战略，需要像美国一样搞"西进运动"。通过资金、信息、人才、货物等资源的合理优化配置，使东、中、西部连成一体，使我国现代化进程中的各种二元现象从根本上得以消除。

（四）将东部经济发展瓶颈予以突破的需要

长期以来，政策与资源是推动东部沿海地区经济发展的两大重要因素。而目前东部地区经济发展面临的两大瓶颈也主要体现在这两个方面。

1. 政策瓶颈

东部地区发展中各项优惠政策都是由中央政府授权的，即中央向东部地区提供优惠政策，鼓励与支持东部地区发展。但是政策的效应在不断减弱，一种政策在实际中的运用不可能永远都会产生良好的效应，当政策推进到一定程度时，其产生的效应就会越来越小，甚至最后会完全消失。在改革开放几十年来，推动东部地区发展的政策已经得到了充分的运用，这些政策的效应与功能也发挥了到了极致。当前，可推动东部经济发展的政策严重稀缺，这直接制约了东部的现代化发展。东部地区要走出政策瓶颈，有以下两种可能性。

（1）制度创新

制度创新可以推动东部沿海地区经济的发展，而且这方面的效应更持久，我国制度创新模式的典型当属上海自贸区，事实证明也确实取得了良好的效果。虽然制度创新的难度较大，但一旦实现，就会大大推动经济发展。

（2）用新政策继续刺激

不断用新的政策刺激东部地区经济发展虽然会产生良好的作用，但不够现实，因为我国幅员广阔，将所有的政策都给东部地区是不可能的。而且政府也不可能源源不断地进行政策供应，政策创新需要投入大量的成本。

2. 资源瓶颈

长期以来，东部沿海地区的发展方式是一种资源型方式，资源主要来源于两方面，一是我国的中西部地区，二是海外。受境外"中国威胁论"的影响，要进一步拓展海外资源有一定的难度，而受交通等因素的影响，引进中西部地区的资源也面临着困难,面对这一问题,我们需要搞好内部的互联互通。

(五)消除城乡二元经济现象的需要

我国城乡经济发展存在着明显的二元现象。改革开放以来,农村剩余劳动力向城市的转移推动了城市的发展。农村优秀的人才进入城市主流社会,农村青壮年到城市打工,农村有限的稀缺资源流向城市,这些都促进了城市的繁荣与发展,但随着农村资源向城市的不断流动,农村的发展形势日渐严峻。青壮年劳动力大量流入城市后,老弱病残妇幼婴成为农村的主要人口,这些群体在农业生产中有心无力,起不到关键作用,导致农业发展越来越萧条。有些农村原来种两季水稻,现在只种一季,只求维持家人的口粮,愿意为农业付出更多的人很少。随着农业发展的落后,基础设施建设、城市扩容侵占了大量农田,农村剩余劳动力因为农业不景气而纷纷流向城市打工。农民工虽然在城市打工,但却无法真正成为城市人,融入城市生活,享受城市生活保障,不管是就业、教育,还是社会福利等,他们都处于城市边缘,而且这也加大了城市管理的难度。缺乏基本劳动力的农村很难继续进行产业培育。况且,产业的培育需要很长的时间才能一步步实现。从比较收益来看,如果农民工在短期内看不到产业收益,就会继续进入城市打工。有的农村本身资源稀少,产业基础薄弱,所以即使多年之后也无法引进产业,因此人们不得不在城市找工作,这就导致了空巢老人和留守儿童的相关问题的产生。

另外,即使农村可以培育出产业,但也只有很小的产出效应,收入较低,因此也吸引不了本地农民。一些长期留在农村的青少年,由于家庭教育缺失,内心孤独,缺乏一定的认知与知识,所以容易上当受骗。因此,农村儿童被拐卖、青少年黄毒赌的现象在近年来也越来越严重。现在,农村涉及黄赌毒案件的人整体呈年轻化趋势,这是我国城市化的严重代价。

"少年强则国强,少年智则国智,少年进步则国进步"。少年对国家的发展、国家的未来具有重大的影响,但从当前我国农村的整体情况来看,我们有必要担忧祖国的未来。我国要实现的现代化应该是农村与城市共同发展的现代化,应该是城乡的文明水平不断靠近,而非牺牲农村的利益来发展城市,否则会导致农村的灭亡。此外,如果要通过输出农村的资源来促进中国的城市化率的提高,那么城市容纳乡村文化达到某一极限后就会爆发,此时城乡文明之间的冲突会不断激化。由此可见,农村是"一带一路"构想最直接的受益对象,通过互联互通的基础设施建设,可以连接农村与城市,实现城乡资源的优化配置,这样既能够输出农村的资源,也能够使城市的产业资源流入农村。

二、"一带一路"构想的外部环境

实施"一带一路"的构想,需要沿线各国共同努力,单独依赖于我国自己的力量是无法实现该目标的。虽然是我国提出了这个构想,但这不是我国一个国家的战略,该战略涉及沿线多个国家,是关于多个国家经济发展和现代化的重要战略,因此一经提出,便得到了沿线各国的响应与认可。由此可见,实施"一带一路"构想离不开良好国际环境的支撑,而营造良好的国际环境,需要从三方面着手,分别是经济全球化、非传统安全威胁治理以及全球治理。下面主要就前两个方面的问题进行分析。

(一)经济全球化

世界市场由资产阶级开辟后,就掀开了经济全球化的篇章。现阶段,经济全球化有两大突出的趋势:一种是全球市场一体化;二是经济发展的区域化,这两种趋势在理论上分别表现为全球主义的思想和新区域主义的思想。

1. 全球市场一体化

(1)经济全球化与反全球运动

经济全球化自从成为一种世界潮流后,关于全球市场一体化,存在两种截然不同的看法。在冷战后,虽然对经济全球化表示反对的观点、意见在一些问题中一直存在,但那时将这种现象称作"运动"的人还没有出现。或者说,20世纪90年代之前,虽然有反对全球化的观点和意见,但这些观点和意见只是停留在基础层面,关于这方面有组织的、群众性的政治运动这时还没有出现。但从20世纪末开始,反全球化运动不再是单独发生或偶然发生、而是连续发生的事件;而且这也不再是某个国家或地区的现象,而是一种国际性的现象。此外,该运动具有政治性质,具有群众性,而非个人行动。反全球化运动在世界上具有重大影响,该政治运动在当时是前所未有的。

(2)经济全球化的影响

全球化潮流包含着一些突出的缺点和消极因素,该潮流主要形成于国际政治、经济旧秩序大框架中,反全球化运动的兴起与这些旧秩序及消极因素密切相关。当前,全球范围贫富差距不断扩大与全球化有直接的关系,全球化的消极影响除了这一点外,主要还表现在以下两方面。

第一,极大地冲击了发达国家的传统工业和发展中国家的民族工业,导致社会不平衡问题严重。

第二,虚拟经济的发展和危机传导机制使全球面临着金融危机的风险。

受全球化的影响,金融危机在20世纪90年代频繁发生,新世纪的金融危机较20世纪更为频繁,这是经济全球化及国际多边体制存在内部缺陷的主要反映,正因为有这些缺陷,才引起了反全球化运动。其次,世界贫富差距之所以不断扩大,除受经济全球化的影响外,主要也受制度性和政策性因素的影响。最后,反全球化运动针对的是不公正、不合理的国际规则,而不是全球化本身。一些富国利用全球化的机遇来扩大世界贫富差距,这是反全球化运动主要针对的对象。区分反全球化运动的目标与对象有重要的意义。

管理与调整经济全球化,目的就是对目前全球化中的一些不合理性进行限制和改革。在逐渐改造国际旧秩序后,全球化导致的两极分化现象也慢慢有所缓解。经济全球化和贫富差距扩大之间存在的联系不可分割。市场经济是经济全球化的基础,对于有较强竞争力的国家、企业和群体,经济全球化更有利于他们的发展。而对于竞争力弱的国家、企业和群体而言,经济全球化会给其带来较大的威胁,即使从根本上改造国际政治和经济秩序,这也是难以改变的事实。以技术革命和技术创新为例而言,一方面,它们推动了生产发展和经济增长;另一方面,它们也导致了一些企业走向破产,造成大量劳动力的失业。著名经济学家熊彼得曾说,技术创新和在公园散步不同,不是每个人都能高高兴兴;技术创新的过程非常残酷,如果成功,将会把别人的事业毁掉。对此,我们应采取有效的措施来避免不良后果的出现。

(3)中国参与经济全球化的进程

改革开放以来,在经济全球化的进程中,我国积极参与其中,并借这一机遇促进了我国社会和经济的发展。我们可以大致将我国参与经济全球化的进程分为以下三个阶段。

第一阶段:外向型经济培育的阶段(改革开放的起初探索阶段),时间为改革开放初到20世纪90年代初期,建立经济特区、对外开放口岸是这一时期的主要特征。

第二阶段:开放型经济培育的阶段(改革开放的发展阶段),时间为1992年至中国加入世贸组织前,建设世界制造业的加工中心是这一时期的主要特征。

第三阶段:经济国际化阶段(改革开放的深入阶段),时间为我国加入世贸组织后到现在,这是我国经济快速发展的时期。

现阶段,我国对外开放程度越来越高,经济发展速度越来越快,由此可以预见,在新一轮经济全球化进程中,我国将是最大受益者之一。

(4)中国融入经济全球化的经验

我们可以将我国融入经济全球化的经验总结为以下几点。

第一,世界的和平与稳定是我国经济发展的前提条件。

第二,贯彻稳定和持续的改革开放方针政策。在经济全球化进程中,我国很好地把握住了国际分工深化的机遇,有效避免了经济全球化的风险,使经济发展速度不断加快,发展水平不断提高。生产要素是现代国际分工的主要参考标准,我国正因为吸引了大量的先进生产要素,才取得了良好的发展。

第三,在经济全球化进程中逐步推进经济发展,坚持正确的开放战略,不断强化对外开放程度。

第四,坚持互利共赢的原则,不挑战现存经济秩序,也不全盘否定既有秩序,合理"扬弃"现有的国际经济秩序,积极建设国际经济秩序,与其他国家分享收益,实现共赢目标。

2.经济发展的区域化

当前,经济发展的区域化趋势越来越明显。经济区域化指的是特定区域内的国家(或地区)为谋求在区域内实现商品和生产要素(资本、服务和劳动力等)的自由流动而建立的一种区域性经济联合体,是建立在区域差异和地区优势基础上的较高层次的区域经济合作组织形式。[1] 随着区域经济一体化进程的加快和发展,区域内各国之间将实现经济上的优势互补和资源方面的高效配置,这对于区域内国家间的相互贸易和投资的扩大,对区域经济竞争力的增强,对提高区域内成员国整体经济实力将具有重要的意义和影响。

20世纪40年代,区域经济一体化逐渐形成,迄今其发展高潮已出现两次。第一次是20世纪50—60年代,第二次是20世纪90年代至今。欧洲经济共同体于1956年成立,20世纪60年代,区域经济一体化遍及非洲和拉美。20世纪90年代以来,在新动力的驱使下,区域经济一体化实现了新的发展。

在新的历史时期,全球区域经济一体化高速发展,大部分国家都已成为一个或多个区域经济一体化协定的参与者,区域经济合作的发展不但没有对双边经济合作的发展造成阻碍,反而推动了双边经济合作的发展。现在,在经济全球化中,区域经济合作是一个不可或缺的重要成分。

从自然条件上而言,欧亚大陆是一个整体,但受政治因素的影响,欧亚大陆曾被一分为二。欧洲特别是西欧地区繁荣发展,相对来说,位于东部地区的亚洲的经济发展不及西欧。尽管政治的分界线在冷战结束后已不像之

---

[1] 胡键."一带一路"战略构想及其实践研究[M].北京:时事出版社,2016.

前那样明显,甚至已经完全不存在分界线了,但因其经济发展差距较大,所以经济的分界线依旧明显。欧亚大陆发展中存在的"二元现象"严重制约了欧亚大陆各国的现代化发展。所以,实施"一带一路"能够促进欧亚大陆全新区域经济合作关系的形成,这对于欧亚大陆各国的现代化发展具有重要的意义。

(二)非传统安全威胁治理

1. 非传统安全问题的表现领域

各种非传统安全的挑战也是"一带一路"构想提出的重要外部环境因素。经济全球化在给世界各国带来现实利益的同时,也使各国面临着巨大的威胁与挑战。其中军事方面的威胁在冷战结束以后已经降为其次,而非传统安全问题则越来越突出,这主要体现在以下领域。

(1)社会与社会之间

在社会与社会之间,既有传统安全问题,又有非传统安全问题,前者主要体现为防止战争,追求和平的问题,后者主要体现为克服落后,保障经济发展。

(2)社会与自然之间以及人与社会之间

基本上来说,社会与自然之间的问题、人与社会之间的问题都是非传统安全问题。具体见表1-1。

表1-1 社会与自然、人与社会之间的非传统安全问题

表现领域	具体表现
社会与自然之间	人与环境的相互关系问题
	保护生物物种多样化问题
	社会对自然界的开发问题
	自然界新的全球性客体的保护问题
人与社会之间	人口问题
	健康保护问题
	教育问题
	人的适应问题
	保障社会稳定以及与各种反社会现象的斗争问题
	不同文化的发展及其相互作用问题

2. 非传统安全问题突出的原因

当前，全球非传统安全问题越来越凸显，主要是由以下几个原因造成的。

第一，冷战结束后，两极对抗格局也随之瓦解，国际社会面临的军事威胁大大降低，但之前被军事战争掩盖的矛盾在此时逐渐显现出来，资源短缺、难民潮、环境污染、恐怖主义、民族分裂主义等非传统安全问题就是其中非常重要的一些矛盾。这些问题作为新的安全问题严重威胁着国际社会的发展。这些新安全问题的威胁并不亚于战争的威胁，新安全问题引发的灾难已严重影响全球的安全与发展。因此在冷战结束后，国际社会十分关注非传统安全问题。

第二，经济全球化对全球的效应既有有利的一面，又有有害的一面。促进资源的最优配置，实现各国的共同进步，帮助个别国家解决自身能力范围外的问题等是经济全球化的积极效应。加速世界性的不平等、扩大两极分化、引发一些国家的内部动乱等是经济全球化的消极效应。这些消极效应引发了诸多非传统安全问题。

第三，工业文明时代人类过度崇尚经济主义也是导致非传统安全问题凸显的重要原因。

第四，国际社会转型过程中，某些领域中的秩序不规范引发了非传统安全问题的产生。

第五，在信息社会中，先进信息技术与滞后社会控制机制之间的矛盾引发了新的安全威胁，导致网络战争、网络犯罪、网络病毒等非传统安全问题的凸显。

3. 非传统安全问题对我国外交的影响

近年来，非传统安全问题的凸显是我国调整外交思想的直接原因，换而言之，非传统安全问题促使我国调整外交思想，从而与国际新形势保持一致。

第一，非传统安全问题使我国在外交上树立了新的安全观——综合安全观。

第二，非传统安全问题使我国外交从主要关注国内问题转向充分关注我国的国际形象。

第三，非传统安全问题使我国在外交上更加关注合作，并力求在合作中实现双赢。

上海合作组织和东盟覆盖的区域是"一带一路"的核心区域，而恐怖主义对这两大地区有严重的威胁。贫困是导致恐怖主义出现的主要经济根源。所以,通过"一带一路"构想,可以充分发展经济,解决贫困问题,从而有效治理恐怖主义。

第二章 "一带一路"倡议下我国群众体育事业的发展研究

群众体育是体育的重要组成部分,发展群众性体育活动,可以增加体育人口,提高人的身体素质和精神素质,丰富人民群众的余暇生活,调节社会感情,预防和治疗职业病或因职业养成的生理缺陷和机能障碍,这对我国体育事业的发展具有重要的意义。此外,群众体育事业的发展还有利于发动社会集体的力量共建"一带一路"民众基础,推动"一带一路"倡议的实施。本章主要就"一带一路"倡议下我国群众体育事业的发展进行研究,主要包括群众体育概述、我国群众体育事业的发展现状及其在"一带一路"倡议下的发展策略。

第一节 群众体育概述

一、群众体育的概念

我国对群众体育概念的界定,主要存在以下两种观点。

(一)广义的群众体育

广义的群众体育是指与竞技体育并存的现代体育的重要组成部分之一,其本质指的是广大群众在余暇时间中广泛开展的,以身体运动作为主要手段,以提高健康水平、进行娱乐消遣为主要目的,在身心健全发展的阶梯上不断超越自我,促进社会物质、精神文明进步的大规模社会实践。

(二)狭义的群众体育

狭义的群众体育(也称社会体育、大众体育)则是指厂矿、企业、事业、机关的职工,以及城镇居民与农民,为达到健身、健心、健美、娱乐、医疗等目的而进行的内容丰富、形式多样的身体锻炼活动。

随着社会经济文化的发展,群众体育日益深入,它所涉及的领域更加广泛,构成了一些专门的研究范畴,体现了群众体育科学文化水平的不断提高。群众体育的常见分类方法及类型见表2-1。

表2-1 群众体育的分类

划分依据	类型
区域特征	城市体育 乡镇体育 农村体育
年龄	婴幼儿体育 儿童少年体育 青年体育 中年体育 老年体育
性别	女子体育 男子体育
职业	职工体育 农民体育 军人体育
健康状况	正常人体育 残障人体育
活动场所	家庭体育 社区体育企业体育

二、群众体育的特点

与竞技体育相比,群众体育具有以下几方面的特点。

(一)参加对象的广泛性

群众体育的参与对象在性别、职业、信仰、年龄等方面没有限制,无论是处在学龄前的婴幼儿,还是离退休的老年人,也不论是从事农业劳动的农民还是企事业单位的职工,以至保家卫国的军人,身有残疾的患者等,都有适合自己参加的体育项目。

(二)活动目的的健身性

群众体育的基本宗旨是强身健体。群众体育活动以身体锻炼为基本途径,运动负荷适中,以不超过保健水平为度,不追求创造优异的运动成绩,比较讲求锻炼环境的卫生和清洁。

(三)活动时间的业余性

群众体育是人民群众业余文化活动的重要内容之一,其服从、服务于人们的生产和工作。群众体育的开展,大多集中于班前、工余或节假日进行。

(四)活动内容的娱乐性、多样性与灵活性

群众体育活动轻松、愉快、活泼、新颖,具有娱乐性,能满足人们的兴趣爱好。此外,群众体育的活动项目,以广大群众喜闻乐见为前提,内容丰富多彩,目前国外群众体育流行的主要项目有步行、健身操、保龄球、交谊舞、高山滑雪、攀岩、滑板、滑翔、漂流、冲浪、徒步穿越、山地自行车等。另外,户外运动的热潮在西方国家一直是居高不下的,它强调利用森林、山地、湖泊、水库、海滩等自然资源开展体育活动。此外,我国目前已整理出大量的少数民族传统体育项目和汉族体育项目,这些体育项目丰富了群众体育的内容。群众体育活动形式不拘一格,不仅包括体育教学、体育训练、体育竞赛、体育表演,而且包括体育锻炼、体育娱乐、体育旅游、体育观赏、体育探险等。

(五)组织管理的复杂性

群众体育涉及人员多、范围广、素质水平参差不齐,并以自愿为基础。因此,组织管理上存在较大的难度。

三、群众体育开展的意义

开展群众体育活动具有以下几方面的意义。

(一)现代社会生产和生活的急切需要

开展群众体育活动是现代社会生产和生活的急切需要,这种需要源于以下几个因素。

第一,20世纪以来,特别是第二次世界大战以后,随着科学技术的迅速发展,生产过程自动化程度日益提高,劳动力结构向智能化趋势发展,体力劳动与脑力劳动的比例不断发生变化。经测算显示,在初级机械化阶段,体

力劳动与脑力劳动的比率为9∶1,在中级机械化阶段二者的比率为6∶4,到了全自动化阶段两者的比率为1∶9。这说明,科学技术的进步使劳动工具、劳动对象与劳动方式发生了重大改变,从而促使劳动者从体力型转向智能型。这种改变使劳动者在生产过程中体力消耗减少,运动也由此减少,从而对体育的需要更为迫切。

第二,随着生活条件的不断改善,高血压、高血脂、冠心病等现代"文明综合症"的发生率越来越高。从保护劳动者的身心健康,以适应现代条件下的生产方式的角度看,实施劳动者的体育,特别是终身体育必不可少。

第三,现代紧张、快节奏的工作方式,使人们需要在紧张的工作之后通过一些活动来调节自己的身心,而体育活动则是人们最积极的休闲方式和恢复手段。与此同时,随着社会生产力的不断提高,劳动时间缩短,余暇时间也相应增多,这些都为人们参加体育活动提供了可能。

另外,世界各国的经济发展和社会进步也为群众体育的开展提供了越来越多的有利条件。新闻媒体的体育节目和信息日益增多,并迅速吸引和带动了亿万民众参加体育活动。世界上很多国家的政府通过立法形式规定了公民参加体育的义务和权利,还在城市规划与社区建设中配置体育场馆或场地。这些都为群众体育不断深入社会的各个领域,甚至深入到家庭中去创造了有利的条件。群众体育不仅改变着人们物质生活的内容和形式,也对人们的精神生活产生了深刻影响,是提高人民群众生活质量的重要途径。

(二)实现我国体育宗旨,切实为人民谋利益的需要

早在新中国成立初期,毛泽东同志"发展体育运动,增强人民体质"的题词和"体育是关系六亿人民健康的大事"等一系列指示,都体现了我国社会主义体育的根本目的。我国宪法第二十一条"国家发展体育事业,开展群众性的体育活动,增强人民体质"的规定,也从总体上指明了群众体育在我国体育事业和社会生活中的重要地位。

实践证明,群众体育不仅关系到我国人口素质的提高,也关系到人民群众的健康、幸福和生活质量。维护和保障全体公民参加体育的权利,以满足人民群众日益增长的体育文化需要,是实现我国体育宗旨、切实为人民谋利益的需要和重要体现。

1995年《全民健身计划纲要》的推行,意味着我国体育事业的发展选择并认定了一种有深远意义的新的体育道路。与《全民健身计划纲要》同年颁布的《中华人民共和国体育法》以法律的形式进一步确定了发展群众体育运动、推行全民健身计划、普遍增强国民体质等内容,从而有力地保障了我国

群众体育的持续健康发展。

如今,我国群众体育正在促使体育向全民性和终身性的体制发展。对婴幼儿体育、中年体育、老年体育、妇女体育、残障人体育和康复体育、各种职业体育、社区体育、农村体育及家庭体育等,大都形成了专门的研究领域。追求少年儿童的健康发育、中青年的精力充沛和健美、老年人的健康长寿等,已成为风靡全国的潮流。

四、群众体育组织的类型及形式

体育组织是指人们为了达到体育或相关目标,满足社会对体育的需求,将人们的行为彼此协调与联合起来所形成的具有相对的独立形式的社会团体或单位。群众体育是一项涉及几乎每一个社会成员的社会文化活动,它几乎渗透进社会的每一个细胞,因此对其进行组织管理,是一项极其复杂而细致的工作。

群众体育范围广泛,涉及厂矿企业体育、机关事业单位体育、农村体育、部队体育、社区居民体育和学校中的学生课余运动训练、竞赛和锻炼活动。这些活动有机地联系在一起,构成群众体育的整体。一个高度组织化的社会必然要对群众体育实行较为严密和系统的组织管理,而群众体育组织化程度的高低客观上也反映了一个社会组织化水平的高低。

群众体育是一种社会性活动,为了将人与人之间,人与资金、器材、场地之间的各种关系解决好,形成了各类群众体育组织。这些体育组织的种类很多,有的以政府行政单位为系列,有的以行业社团为区别,有的以体育项目为主旨,有的以参加对象为分类,尽管这些群众体育组织有着不同的活动方式和组织机构,但他们的基本作用都在于将具有不同特性的人群用适当的方法组织起来,为他们提供必要的活动条件(如场地、器材、技术等),开展经常性的体育活动,并安排竞赛和考核,以增强人民体质、丰富人民的社会文化生活,促使人们对体育运动的各种需求的满足。

(一)常见群众体育组织的类型

因为不同的群众体育组织层次和地位不同,因此职责和分工也各有不同。常见群众体育组织的类型及各自职责主要分析如下。

1. 群众体育政府机构组织

世界上大多数国家的政府机构中都设有管理群众体育的机构,如美国的总统健康委员会,日本的文部省,加拿大和澳大利亚的娱乐部。我国宪法

第八十九条第七款规定:国务院行使"领导和管理教育、科学、文化、卫生、体育和计划生育工作"的职权。我国体育行政组织是指主管我国体育事业的各级体育行政机构,由国家体育总局,各省(自治区、直辖市)、市、区(县)等各级体育局构成,中央和地方各级体育局中都相应地设立下属的部门领导和管理群众体育,其具体职责表现在以下几方面。

(1)研究全国群众体育的发展战略,制定全国或当地的群众体育发展规划,制订当年的群众体育工作计划。

(2)负责制定群众体育工作的经费预算和结算。

(3)负责对群众体育工作的政策、规定或条例的研究制定。

(4)负责对全国或当地大型的综合性的群众体育活动的组织管理。

(5)进行调查研究、检查督促,及时总结经验,表彰群体先进单位,推动全局工作。

(6)负责对民间群众体育团体的组织管理工作,以及各团体的协调工作。

政府机构中的群众体育组织主要应对群众体育进行宏观的、全面的、长远的管理,应多发挥人民团体和民间组织的积极性,避免包办代替、纠缠于日常事务性工作之中。

2.人民团体中的群众体育组织

我国各主要人民团体,如总工会、共青团、妇联中都设有专门领导群众体育的机构。此外,在中国人民解放军和各个行业中也设有相应的领导和管理群众体育的机构。

工、青、妇、军队和行业中的群众体育组织主要负责管理本部门本系统的群众体育工作。其主要职责有以下几项。

(1)制定本部门本系统群众体育的发展规划和工作计划,并参与当地群众体育工作计划的制订。

(2)直接参与各种群众体育活动的组织工作,包括筹措经费、租借场地、借调人员等。

(3)积极配合和支持当地体育行政部门的工作,认真落实当地群体工作计划中规定由本系统本部门完成的活动任务。

(4)经常对本系统本部门所属群众的健康状况和发展体育活动的条件等进行社会调查,提请当地政府部门重视群众体育活动。

各人民团体与体育行政部门密切配合抓好大群体工作是我国发展群众体育的一种优势。

3. 群众体育民间组织

群众体育的民间组织是指由人民群众自发成立起来为了实现某种共同的体育目标，并采取类似的体育方法的群众体育组织，如老年人体协、残疾人体协、冬泳协会、自行车旅行协会、武术协会等。这类组织的特点是与群众联系密切，活动积极性较高，具有一定的技术指导力量，不必由国家负担经费，因此具有很强的生命力。群众体育民间组织的职责主要有以下几项。

(1)根据规程筹募经费、发展会员、增加体育人口。

(2)组织比赛或有关集会，如研讨会。

(3)为会员提供活动场地、器材和技术指导。

(4)发展与其他协会的联系。

(二)群众体育活动的组织形式

群众体育活动的组织形式主要有以下几种。

1. 个人和家庭体育

家庭体育是近年来国内外都得到提倡的一种活动形式。这种活动形式不仅可以有效地利用家庭的余暇时间、促进家庭成员互相了解、保持家庭的和睦康乐，而且能够促进社会稳定。个人和家庭体育的开展对终身体育的发展具有重要的作用，但其前提条件是社会的体育教育必须具有较高的水平。

2. 锻炼小组活动

锻炼小组活动都有一定的计划安排，并由专人指导，因此往往能够取得较好的锻炼效果。

3. 以行政单位组织的活动

工厂的车间班组、科室等一般均以工会组织为单位。

4. 街道、街区活动

街道、街区活动是适合街道居民，特别是老年退离休人员的活动形式，一般较为松散。

5. 辅导站、训练班活动

辅导站、训练班活动是以推广或传授某种操、拳、功或其他运动形式为目的临时组织起来的活动形式,如气功培训班、杨式太极拳辅导站,健美操训练班等。这种组织多采取收费的形式,并配有辅导员,因此锻炼效果也很好。

6.俱乐部协会或体育中心

俱乐部协会或体育中心是一种附设在体育设施中有专职管理人员的固定体育组织。会员可以经常到那里去参加自己喜爱的活动,也可以得到必要的场地器材和技术指导,并有洗浴和医务监督,因此是一种文明程度较高的组织形式。这类组织形式在条件较好的大中城市较为多见。在国外,这种俱乐部分为不同级别,有的以参加竞技为主,有的以获得娱乐为主,有的以增进健康为主,有的俱乐部和协会对入会会员不作任何限制,报名即可参加,有的则条件比较严格,还要交纳昂贵的会费。

五、群体体育的开展形式

虽然群众体育的对象非常广泛,各具特点。但作为我国体育事业的重要组成部分,群众体育活动开展的基本途径大同小异。具体体现在以下几方面。

(一)保健运动的形式

保健运动的开展目的是提高人民的健康水平和延年益寿。这种活动具有明显个体选择性。一般依据个人身体状况和兴趣爱好进行有针对性的安排。既可以选择我国传统的导引养生术,又可以采用西方的有氧锻炼法。按运动处方进行锻炼是保健运动的发展方向之一。

(二)体育娱乐活动的形式

体育娱乐活动指的是以寻求乐趣、消遣余暇为目的的体育活动,通常需要一定的场地设备条件才能顺利开展。

(三)群众竞技比赛的形式

群众竞技比赛是激励群众进行锻炼,推动群众体育发展的有效途径。在组织群众体育的竞技性比赛时,应从实际需要出发,通过采取制定规章制度和比赛规则的手段,增加群众参加比赛的机会和积极性,同时还要控制好运动负荷和比赛强度,并保证比赛的安全。

(四)旅行活动的形式

旅行活动以离开居住地为主要特征,它使人们能够尝试到日常生活中难得的刺激,能够经受生理、心理负荷变化的考验,并能起到增长阅历,陶冶情操的双重效果。旅行分为长途旅行和短途旅行,徒步旅行与乘坐交通工具旅行等,为提高旅行效果,一般应采取结伴或集体行动,并要求在履行前做好充分的准备。

第二节 我国群众体育事业发展的现状分析

一、我国群众体育的产生与发展

(一)群众体育产生的条件

群众体育健身是社会生产力发展到一定阶段所必然出现的一种社会现象,同时其对提高生产力、促进社会安定团结、繁荣人类精神文化生活等方面都有着积极的作用。

1. 经济水平的提高

经济发展是社会文化不断进步的前提条件和理论基础,经济基础能够为其他所有文化事业提供必要的物质保障。当发展到相应的阶段之后,社会经济必然能够更好地促使体育事业走向繁荣。随着人类的发展,大众健身也得到了相应的发展,可以说,大众健身是社会经济发展和社会发展进步的必然产物。工业社会的发展为群众体育健身的开展提供了充分的发展条件,人们的生活生产方式随着现代知识经济的到来产生了非常重大的变化,大众健身也得到了更好的发展。大众健身的迅速崛起与人类生存发展的基本规律相符。

人们的最低层次需要得到满足之后,也必然会产生更高层次的需求。换句话说,在人们将自身的吃穿住等问题解决之后,就会产生向高层次精神消费的需求。人们的体育观念随着社会的进步和物质的丰富而产生本质的变化,人们也逐渐开始从生产—生产—生产的定式改变为生产-休闲-娱乐的新理念。这不仅是在我国,在世界诸多国家和地区中,只要是经济繁荣的地方,其文化事业也必然会得到相应的促进,大众健身会具有非常大的发展潜力。

2.城市化进程的加快

改革开放以来,各国的农村城市化发展速度也在不断加快。这就使城市之中集中了大量的人口,城市人口的密度得以快速增加。体育运动带有非常鲜明的市场经济特征。与此同时,人与人之间的社会距离也得以大大缩短,这使大规模的群众体育活动的形成成为可能,如出现了几千人自行车越野,几百人横渡海峡,上万人参与马拉松比赛,几十万人参与健美和建设活动,几百万人参加相关体育协会,这些都不是奇迹。城市本身就是体育事业得以产生、发展和不断繁荣的地方。伴随着现代城市体育人口的不断增长,构建体育场地和大型体育设施已成为现代社会的必然要求。

3.科技的进步

随着现代科技的快速发展,社会生产力快速提升,生产方式也逐步发生改变,从事脑力劳动的人口数量也在不断增长,在各个行业中,脑力劳动人数占到全部就业人口的一半以上。由于长时间伏案工作容易造成"肌肉饥饿""运动不足"等情况,这会对人的身体健康产生非常重要的影响,现已成为社会普遍关注的问题,而大众健身能够为知识分子阶层提供服务,劳动知识分子成为大众健身的主要参与者,大众健身成为脑力劳动工作者进行健康投资的必要补充。脑力劳动者需要通过参与一些群众体育健身活动来更好地增进健康,提高自身的身心素质。群众体育健身正是在这种情形之下得到了更好的发展。

4.闲暇时间的增加

随着经济的发展,我国经济体制的改革不断深入,经济结构也不断调整与优化,而且逐渐开始实行新的工作制度,这种新工作制度能够延长职工的休闲时间。成思危认为,人类大约在1万年前进入到农耕时代,只有10%的时间能够用在休闲方面;在出现手工业者和工匠等社会分工之后,则有17%的时间用于休闲;在人类进行蒸汽机时代之后,随着社会生产力的提高,人类的休闲时间占到23%;电子化的动力机器到了20世纪90年代,每一件工作的速度得到快速提高,人们有41%的生活时间用于对娱乐休闲的追求。现在,随着知识经济和新技术的迅猛发展,人类将有50%的时间用于休闲。这些都能够充分说明,社会的发展为人们从事大众健身提供了重要的时间保障,同时休闲时间的不断延长也为人们参与体育活动提供了可能。

5. 大众健身与人力资本

就现代经济来说，人的健康、能力和知识等方面的不断提高相对劳动力数量和物质资本的增加对经济增长的贡献要远远高出很多。保健和教育是投资人力资本的两个重要方面。休闲健身可以视为是一种人力资源投资，因为可以将这种投资进一步转化成健康资本存量，这主要表现为无疾病、健康状态或延长寿命，良好的身体健康条件能够更好地创造出价值，成为人力资本中非常重要的要素。由此可见，群众体育在促使人力资本提升方面有着非常重要的作用。

健康人寿保险事业的发展是促使我国群众体育不断发展的另外一个原因，现在保险公司有很多，规模日益扩大，我国购买保险的居民也在不断增加，这些保险公司为了减少和避免损失，也大力提倡大众健身，建设体育设施。为大众健身的开展提供了方便条件。这样就从客观上促进了大众健身事业的发展，提高了人们的健身积极性。同样也满足了人们的心理要求，因为每个人都希望自己能够健康地生活，能够健康长寿。

6. 大众健身项目的多元化发展

传统体育运动项目在当前这个时代很难满足现代人多样化的体育运动需求，在日新月异的现代社会之中，人们的爱好和兴趣也都呈现出了很多不同的特点。我们正处在健身时代，多样化的体育目标也促使着大众健身要具有多元化的形式，以促使群众体育活动能够更好地针对不同的人群满足他们的多样要求。尽管不同的人有不同的欣赏口味，但是，在众多体育项目中，必然有一些经历了时间的考验，从而在大众健身领域长盛不衰。

从群众体育的整个发展过程来看，呈现出了动态性的特点。一些项目一直以来发展得都很平常，并没有出现起伏；一些项目曾经流行了很长一段时间，风靡一时，但只是昙花一现，日渐衰落；一些项目基本上处于苟延残喘，半死不活的境地。但我们也发现，有些项目具有顽强的生命力，他们在商家刻意的推动下，在人群中无意间发展到很大的规模。此外，在人群中每年都有一些新的项目成为时尚受到追捧，成为潮流。从时间和空间方面来看，不同体育运动项目的差别是比较明显的。这就是说在不同的时间和地域中人们所喜欢的体育运动项目也是不尽相同的，但对于那些流行于社会的项目来说，在空间和时间上具有相对稳定性和同一性。这些体育运动项目具有比较健全的竞赛制度和组织制度，包括各国和国际的专业组织、俱乐部，有国际性及各个层次的比赛，并拥有一大批爱好者。

7. 群众体育的开放性和多功能性

群众体育具有开放性特征,它面向广大民众开放。大众的共同参与,能够将其所具有的广泛而又深厚的群众基础充分展现出来,这些都是能够促使其流传于社会的重要原因。有些群众体育健身项目在一定时期内比较流行,由此可见它是开放的、不定的,而并非是封闭的、一成不变的。例如,有些项目虽然比较古老了,但是仍在流行;有的项目如健美、钓鱼、体育舞蹈、轮滑、冲浪、滑水等,目前正在向竞技体育的方向发展,成为奥运会候补项目、世界运动会的正式比赛项目;有的项目如网球、沙滩排球则已经发展成为奥运会的正式比赛项目。群众体育运动也正是因为这种交叉性和模糊性而左右逢源,能够得到更好的发展。这种开放性主要体现在随着时代的不断发展,一些新的时尚健身项目得以不断涌现出来,不断推陈出新,没有尽头。

与此同时,群众体育具有多元功能,如增进健康、消除身心疲劳、亲近大自然、调剂生活、陶冶情操、促进人际交往和追求刺激与欢乐等,这些也是群众体育运动的魅力,是其能够在现代飞速发展的社会中得到人们欢迎和喜爱的重要原因。世界上没有任何一种其他休闲手段能像时尚健身那样具有如此众多的功能,使你变得更加强壮、健美、快乐、充实、高雅、满足、坚强,以更好的体力和心情来迎接新的工作和生活,并且在运动、健身、健美中体验生活,享受生活,实现自我价值。

8. 人口老龄化的加剧

人口老龄化作为一种社会现象,现已成为当今世界的共同话题。根据相关标准规定,60 岁以上的人为老年人,当 60 岁以上的人口占到国家总人口的 10% 或 65 岁以上的人口占到国人总人口的 7% 都是进入老龄社会的标志。

20 世纪四五十年代后,发达资本主义国家人口增长趋于缓慢,出生率大大下降,又由于医疗水平的提高,平均死亡年龄上升,老年人在社会上的比重越来越大,出现了社会老龄化的现象。1996 年我国 60 岁以上的人口达总人口的 10.5%;而 2002 年的统计数据显示:我国 65 岁以上的人口总数已经达到 93 77 万人,占总人口的 7.3%。预计到 2020 年,我国 60 岁以上的老年人将占总人口的 16%。所以,老龄化社会正在以迅猛的速度向我们袭来。

众所周知,人步入老年以后,身体素质会急剧下降,健康状况会受到极大的威胁。伴随着人口老年化的恶性发展,各种疾病、传染病也在社会上加速传播开来,所以,老年人口的迅速增加会引发一系列社会问题。在现代群众体育健身中,中老年人是一支重要的中坚力量。因为中老年人受到的健康威胁比年轻人更大一些,他们对大众健身的热情和积极性也就更高一些。如果能够广泛、全面地普及群众体育,必然会促进老年人健康素质的提高,减少老年人疾病的发生率,有效减轻社会福利和医疗费用,缓解政府和社会的经济压力。所以,群众体育得到了政府和社会各界的大力支持。

9.现代都市"文明病"的加剧发展

随着现代社会和科技的不断发展,人们的体力劳动越来越少,家务劳动时间也越来越短。同时,社会经济的快速发展,国家也开始实行一些高物价、高工资、高消费的分配政策,我国一些居民的膳食结构和食物数量都发生了很大的变化,膳食安排不科学,容易造成高血压、心脏病、糖尿病、肥胖症以及恶性肿瘤等现代"文明病"的产生和高发。人们也正是在此情况下充分认识到了群众体育健身在提高身体素质和改善人体健康状况方面的重要意义,因此越来越多的人参与到全民健身运动之中。

10.构建和谐社会的需要

随着现代经济全球化的不断发展,世界各国在经济方面的交往也越来越频繁,这使得和谐社会的构建的意义不仅在中国,在世界各个国家都有共同发展的趋势。全面发展的人们是构建和谐社会的重要基础,通过参与群众体育运动健身能够促使人身心更加和谐,对人际关系进行改善,达到人与自然环境、社会的和谐。群众体育运动健身的开展就是要促使人们大众健身意识的不断提高,形成一种科学、健康、文明的生活方式。在人际交往过程中,群众体育起到一种连接纽带的作用,在这一作用的推动之下,在共同健身目的的指导下,人们走到一起,融合到一起。人类的融合是人与自然达成和谐相处的一个基本条件,这对于促进社会的和谐具有非常重要的意义。

(二)群众体育的发展历史

群众体育自产生之后便得到了良好的发展,下面来分析新中国成立后我国群众体育的发展历史,梳理清群众体育发展的脉络,从而使人们加深对群众体育的认识。

具体来说,我国群众体育事业的发展主要经历了以下几个阶段。

1.创业阶段(1949—1957年)

在群众体育发展的创业阶段,中国尚处于百废待兴时期,多年的战乱使我国国民的身体素质需要得到不断加强,人民身体素质的不断提高已成为建设新中国和保卫祖国的重要保障。这使得群众体育在这一时期受到了国家高度的关注和重视。中华全国体育总会于1952年正式成立,在成立之初,毛泽东主席专门题词"发展体育运动,增强人民体质"。同时,毛泽东主席也曾经指出:体育是关系到6亿人民健身的大事。1954年,国家体委制定并颁发了《关于加强人民体育运动工作的报告》,在其中明确指出:我国进入到计划经济建设阶段,人们的身体健康需要加强,各级党委将人民的体育运动作为一项国家新事业来抓,这使群众体育健身得到了前所未有的发展和重视,在当时已成为体育事业发展的重要核心。

1952年6月,中华全国体育总会成立;同年11月,中华人民共和国体育运动委员会成立。1955年,全国总工会设置了体育部门,专门负责相关的职工体育工作。此外,各个省市、自治区等也先后成立了体育部门。1956年,我国召开了首次全国农村体育工作会议,该会议要求建立相应的县级体委,并配备专职干部,重点强调了在农村体育中要贯彻简便易行和业余资源的体育工作原则。1957年,铁路、公安等全国20多个系统也相继成立了行业体育协会,拥有4万个基层职工体育协会。同时,体育场地设施在全国范围内也得到了前所未有的建设。在1949年,体育场地仅有4 982个,3年之后,各类体育场地数量就已经达到了10 271个。1953~1957年,全国共建成体育场地18 191个,仅1956年一年间就建成5 494个,超过了中华人民共和国成立前体育场地的总和,极大地激发了广大人民群众参与体育锻炼的兴趣和热情。在此过程中,为搞好群众体育健身运动加强了对骨干人员的相关培训,共培养了41 000多名骨干人员。同时在学习和借鉴苏联先进经验的基础上,对有关群众体育健身活动的制度和政策开始制定和实施,进一步推广了"劳卫制",并实施了基层体协制度、产业体协制度、职工体育制度、工间操制度、广播操制度等。这一阶段也逐步成为群众体育建设的一个"黄金发展时期"。

在这一时期,全国人民的身体素质整体水平得到了一定的改善,同时也更好地促进了国防和经济建设的发展,并为群众体育健身以后的发展制定了一个基本框架。群众体育健身在这一时期有着非常鲜明的军事和政治色彩,它着重强调要为社会生产和国防建设提供相应的服务,这就使群众体育成为一个非常严肃的政治任务,同时也将爱国主义同群众体育结合在一起,对人们参与体育锻炼的政治责任感予以极大的激发,在全国范围内掀起了参与体育运动健身的热潮。由于场地设施比较缺乏,并且要与社会生产和国防服务的相关需要相贴近,群众体育活动在这一阶段的内容比较枯燥、单一,具有突出的实用性,但多样性比较差,主要以军事性较强的项目或体能练习为主。

2. 起伏发展阶段(1958—1965年)

1958年,"左"倾思想占据主导地位,我国开始了全国性的"大跃进"运动,不切实际的高指标、浮夸风和形式主义在各行各业中泛滥成灾。许多地方大搞"千人表演""万人誓师"和"停产突击",要求工人"挑灯夜战做体操",农民"白天千军万马,晚上灯笼火把"进行突击锻炼。这些行为严重违背了群众体育健身的客观规律乃至人体的自然规律,雪上加霜的是,在1959年后我国经历了三年的严重自然灾害,全国很多民众都吃不饱穿不暖,群众体育健身发展很快陷入了低潮,大多数群众停止了体育锻炼,不少体育协会无疾而终,"劳卫制"无法继续坚持下去,群众体育健身陷入停顿状态。从1963年起,全国人民熬过了三年自然灾害,我国的国民经济形势也有所好转,各行各业逐渐恢复了生机,群众体育也开始复苏。1964年在原国家体委的大力推动下,游泳、通信、射击、登山在全国得到了大力发展,被称为"四项活动"。到了1965年,这四项体育活动的参与人数达到了250万人。同时,《劳卫制》经过一系列修订,成为《青少年体育锻炼标准》。

这一时期,群众体育在短短几年内大起大落,使人们清醒地认识到群众体育工作的规律:群众体育健身的发展要与国家经济发展水平相适应,而不能超过这一水平,群众体育工作也不能脱离具体实际、违背身体锻炼原则的客观规律。根据我国群众体育健身开展的具体实际和实践经验,原国家体委科学制定出"业余、自愿、小型、多样、因时、因地、因人制宜"的原则。这些原则指明了我国群众体育实事求是,注重实效的发展方向。在这些原则的指导下,逐渐形成了与我国基本国情相匹配的一整套群众体育发展模式。全国范围内的各类群众体育健身组织开始恢复和新建。1965年,随着第2届全国运动会的举行,群众体育活动在全国范围内出现高潮,得到进一步发展。

3. 畸形发展阶段(1966—1976年)

畸形发展阶段指的是1966年开始的史无前例的十年"文化大革命"。"文革"开始后,各级体育行政部门的工作处于停滞状态,先前建立起来的一整套行之有效的规章制度受到批判,甚至被废止。同时已经形成的职工体育组织网络和业余体育运动队也被迫解散,其组织管理体系也在浩劫中荡然无存。已形成制度的广播操、工间操无法继续开展下去。民间的一些传统的体育活动甚至被列为"四旧"而惨遭批判,就此失传。群众性的运动竞赛活动也因无人胆敢组织而停止。群众体育健身从头到脚没有正常的地方。"文化大革命"时期文化专制主义压抑了各种文化活动的发展,导致各种文化活动一片凋零,社会文化生活异常枯燥,能够触及的仅仅是少得可怜的五出"样板戏"。寻求群众体育健身活动成为当时唯一能够满足人们文化需求的关键。于是1969年后群众体育健身异乎寻常地兴旺起来,全国不少县级以上的机关、工厂纷纷开展了以球类、游泳、长跑为主要内容的群众性体育竞赛活动。厂矿企业在节假日经常举办田径运动会和球类项目的联赛等竞赛活动。一年一度的"7·16"游泳横渡江河水库活动在职工中也得到普遍推广。职工开始自发地开展体育锻炼活动。农民则利用学校的场地、晒谷场和田间空地开展力所能及的体育活动。但是,这导致群众体育活动在所谓"突出政治"的干预下,完全违背了"业余、自愿、小型、多样、因时、因地、因人制宜"的开展原则,在这一时期群众体育中的形式主义达到了极致,如出于政治需要,停工停产,大搞"千人操""万人横渡"等形式主义活动,完全依靠政府发号施令,通过行政手段来开展群众体育。群众体育的政治功能被人为过分夸大,常常被当作政治工具来冲击或干扰生产,产生了消极的影响,导致我国群众体育在这一时期的发展极不正常。

4. 恢复、发展与初步改革阶段(1977—1991年)

随着"文化大革命"的结束,我国各行各业均处于急需恢复、发展的状况。1978年中国共产党第十一届三中全会标志着我国社会进入了改革开放时期。随着政治的稳定,思想的解放,经济开始快速增长,使我国各级各类的群众体育健身组织都得到了迅速的恢复和完善,群众体育健身活动在新的社会环境中得到迅速恢复和发展,从此进入了新的发展阶段。

20世纪80年代,随着我国社会经济体制改革的逐步深化和企业经营机制改革力度的加大,在计划经济体制下形成的群众体育发展模式遭遇到发展的瓶颈,社区体育这一新的群众体育形态在我国城市地区应运而生。我国最早是在1989年由天津市河东区率先提出社区体育这一概念,最初是街道社区体协开展的各种体育文化活动,后来逐步扩展为对所有区域性体育活动的统称。业余休闲时间在家门口开展的社区体育活动逐渐成为满足人们体育需求的一条新途径,城市群众体育活动就此迅速普及,各级各类的群众体育组织以及早、晚锻炼的人群在全国城市地区随处可见。

这一阶段,农村体育也受到了重视,取得了一定的发展。此时,农村各地区相继成立诸如"辅导站""文化站""农村文化中心"等活动组织,并且这些活动组织都将体育活动作为重要的内容。1985年,国家开始采取鼓励政策,对一些体育发展的县进行评比,并对优秀者给予奖励,这一措施极大地推动了农村体育工作的健康发展。1985年中国农历体育协会经国务院批准而成立,随着各个省、市、自治区都相继建立了农民体协,并且在一些乡镇还配备了兼职或专职的体育干部,这为开展农民体育活动提供了便利。1990年,随着"亿万农民健身活动"的推出,农村体育得到了很好的发展。

1979年11月,我国恢复了在国际奥委会的合法地位,中国体育开始全面登上世界体育舞台。迅速提高竞技体育水平,通过竞技体育的成就向世人展示中国,成为一项极为重要的政治任务。于是在开展实际工作时,就呈现出重竞技体育,轻群众体育健身的现状。群众体育健身在竞技体育发展的前提下反而受到了影响。群众体育健身活动的发展和改革并未得到其应有的重视,也没有脱离原有计划经济体制下的基本框架。

5.改革深化与创新阶段(1992年之后)

随着社会经济改革的不断深入,人们逐渐意识到以计划经济体制为基础的群众体育体制无法实现群众体育在新的发展形势下的目的和功能,必须要对现有的群众体育体制进行有效改革。全国体委主任座谈会于1992年在广东中山市召开,会议的主题是探讨体育改革。在会议上,时任国家体委主任指出,我国体育在改革开放以来取得了非常大的成就,但在计划经济体制的相关影响之下,体育管理体制的高度集中及其所带来的诸多问题很难适应当前的社会主义市场经济的发展。这就要求我们要促使体育改革的步伐得以加快,对体制进行转换和改革,以更好地建立同我国社会主义市场经济相适应的、符合现代体育运动规律、受到国家调控、依托于社会、能够自我发展的充满活力和升级的良性循环的体育管理体制和运行机制,从而形成以社会办作为主体,国家办同社会办相结合的新局面。在改革体育发展路线方面,本次会议具有历史性和转折性的意义,这标志着我国体育改革已经进入到了一个深入、全面的新阶段。为了纪念这次会议的重要性,在体育史上有着"中山会议"的纪念性称呼。国家体委在1993年下发了《关于深化体育改革的意见》,对体育改革发展确定了总体目标:改变原有的高度集中的体育体制,并建立能够适应社会主义市场经济体制,与现代体育运动规律相符合、受国家调控、依托于社会,并能够自我发展的充满活力的体育管理体制和良好的运行机制,将国家办与社会办有机结合起来,形成集中与分散相结合的格局,从而建立一个具有中国特色的社会主义体育新体制。

要想确保该目标的顺利实现,就必须要使群众体育健身普通化、生活化、科学化、社会化、法制化和产业化。个人在体育方面的消费类型由福利型转变为消费型。体育活动由国家独办转变为所有参与者共办,并使体育组织脱离单纯行政型的组织形式。体育干部也由经验型转变为科学型,体育事业从事业型向产业型转变;体育工作也逐渐开始法治化。

第二章 "一带一路"倡议下我国群众体育事业的发展研究

国务院在1995年6月20日,颁布了《全民健身计划纲要》,这也是我国这一时期开展体育健身活动的重要纲领性文件,也是我国提高民族素质的战略性文件,明确提出了我国大众体育健身的任务、目标及措施。

1995年10月1日《中华人民共和国体育法》的实施,为广大人民群众参与体育的基本权利提供了法律的保障。围绕着《全民健身计划》的出台与实施,《中国成年人体质监测标准》《群众体育指导员技术等级制度》等有关标准在全国范围得以相继推行。1996年度体育彩票公益金的60%用于建设全民健身活动场所,在全国城市的社区配建体育健身活动场地、设施,实行全民健身路径和全民健身工程。1996年11月,国家体育总局在湖北武汉召开了第一次全国城市社区体育工作会议,对社区体育的概念、发展方向、现状特点等进行了深入的探讨和定位。

随着我国经济和社会改革的迅速发展,人民生活水平显著提高,加上20世纪90年代中期开始实施的"双休日"制度,人们的闲暇时间逐渐增多,经济条件也得到了改善,这为群众体育健身活动的开展提供了更好的契机,人民大众参与体育健身的热情高涨,人数激增,我国群众体育健身呈现出良好的发展势头。我国16~70岁的体育人口从1996年占总人口数的15.5%迅速上升到近年的40%以上,有了巨大幅度的增长,从人数上来讲约有4 000万以上的人民群众加入到体育人口的行列当中。若将7~15岁的在校学生和现役军人作为体育人口统计在内,目前我国体育人口中7~70岁的体育人口占总人口数的50%,有了大幅度的增长。

上述这些体育改革措施极大地促进了中国群众体育事业的发展,推进和加快了群众体育活动的创新与发展、体育知识的普及、体育意识的培养以及相关体育理论科学知识的发展。同时群众体育健身自身的功能得以充分地拓展,其产生的经济效益和社会效益越来越显著,在社会生产要素的改善、效率的提高、医疗费用的降低和社会稳定程度等诸方面也有显著的作用。

然而,我们必须清楚,我国群众体育的基本格局是在建国初期计划经济条件下建立的,在其后的几十年发展中,尽管进行了多次的改革,但依然没有发生实质性的改变。而我国经济与社会改革的不断深入,人民生活水平的明显提高和改善,使大众对健康和体育的需求日益强烈,群众参与体育的热情日益高涨,此时如何面对新形势下群众体育发展的挑战与机遇,将市场经济机制与公益性极强的群众体育正确结合起来,建立和完善适合我国国情、由国家调控、依托社会、服务大众,能更好地适应社会主义市场经济的群众体育管理体制和良性循环的运行机制是我们需要重点研究的课题。继续深化群众体育体制的改革,将成为新世纪发展群众体育事业、推动全面建设小康社会的关键。

二、我国群众体育发展的成果

(一)群众体育在农村、乡镇快速发展

自我国推出了"亿万农民健身活动"以来,广大农民积极参与体育锻炼,促进了农村群众体育的发展。

(二)体育人口稳步增长

据统计发现,近年来我国体育人口中,青少年群体数量在不断增加,而且体育人口总量也在持续增加,不同体育群体在体育人口中的比例不断趋于平衡,差距在逐渐缩小。

(三)社区体育发展迅速

社会主义市场经济体制确立后,我国原有的"单位群众体育"模式被打破,以地缘联系为纽带、以业余自愿为前提的社区体育快速发展起来。城镇社区体育最具中国特色的是"晨练",其中老年人参加锻炼的比例最高。

(四)群众体育产业快速发展

近年来,随着人们经济条件的不断改善和余暇时间的增多,花钱去体育场馆参加体育运动锻炼的人数越来越多。选择的项目也呈现出多样化的趋势,如游泳、网球、健美操、乒乓球、羽毛球、保龄球、台球等运动都已成为体育消费市场的热点。

(五)群众体育法制化建设良好

《全民健身计划纲要》对我国全民健身的目标、任务、重点、对策、措施和实施步骤等进行了计划和部署,落实这一文件对促进我国群众体育的发展极为有利。

(六)体育旅游不断发展

随着我国经济的不断发展及新节假日制度的实行,人民群众自由掌握的金钱和时间有了增加,这为其参与体育旅游提供了必要的条件。经过几年的磨合,人们的消费取向逐渐成熟,开始由观光转向休闲,由被动赏景转向主动参与,体育健身日益成为旅游的一大卖点。登山、攀岩、漂流、划船、游泳、垂钓、射击、滑雪等成为新潮流而广受欢迎。

(七)文体结合、消遣娱乐的运动项目居多

调查发现,我国居民参与体育锻炼人数比较多的项目主要有武术、秧歌舞、健身操、交谊舞、慢跑、散步、自由运动等,这些项目都不需要大规模的场地和标准的设备就能进行,简便易行。

三、我国群众体育发展中存在的问题

(一)经济欠发达地区农村体育开展落后

目前,我国东西部地区及城乡之间经济发展严重不平衡,广大农村还处于"温饱型"或"由温饱向小康型"的过渡时期。西部一些落后地区的温饱问题甚至都没有解决。在基本生活需求都得不到满足的情况下,农村体育是难以大力开展的。

(二)场馆设施供应不足,体育锻炼的组织率较低

与西方国家相比,我国能够提供给大众体育锻炼的场馆数量少,而且开放率低,我国大部分群众参与体育锻炼大多在公园等非体育场所练习。这在一定程度上制约着群众体育的发展。

目前,总体来看,我国人民大众参加体育锻炼多半是单独或结伴而练,即便是集体练习,也是毫无组织可言。

(三)体育人口年龄老化现象较严重

我国面临着严峻的人口老龄化问题,从体育人口的结构质量上来看,我国体育人口中,老年人所占的比例占一半以上,可见体育人口老龄化现象较为严重。

(四)群众体育活动的指导力量薄弱

加强对群众体育的科学指导,是群众体育发展的根本任务之一。但我国现阶段严重缺乏社会体育指导员,人均社会体育指导员的数量难以满足人们的锻炼需求,而且锻炼的科学指导能力较弱。

(五)群众体育的技能水平较低,竞赛交流机会少

多举办一些比赛,对于群众体育的发展也是极为有利的,然而目前的情况是,我国的群众体育竞技性较低,大部分群众很少有参与比赛的机会。

(六)体育锻炼的健身功效不强

太极拳、散步、民族舞、压腿等运动强度小,身体负荷低的体育锻炼项目是我国居民参加的主要体育锻炼项目,这些项目没有明显的健身功效。而西方国家群众体育锻炼大多采用身体对抗激烈或者运动负荷较强的竞技性运动项目,所以健身效果明显。

(七)群众体育的发展相对封闭、孤立

群众体育、学校体育及竞技体育应该相互融合,相辅相成,共同发展。群众体育是学校体育的延续和发展,竞技体育是对学校体育和群众体育的示范和带动,群众体育是竞技体育的基础,对竞技体育的发展起到一定的支持作用。但现在我国群众体育、学校体育及竞技体育的发展相对孤立,联系较少,我国的群众体育多半在非体育场地进行,锻炼的项目也是非竞技项目;学校体育场馆对居民紧闭大门,这种互相封闭、相互割裂的体制与现代社会体育的发展是很不相称的,严重阻碍着我国体育事业的发展。

第三节 "一带一路"倡议下我国群众体育事业发展的策略

在"一带一路"倡议下发展体育事业,要求具有良好的群众基础,因此发展群众体育至关重要,下面主要就"一带一路"倡议下我国群众体育事业发展的策略和趋势进行分析。

一、"一带一路"倡议下我国群众体育事业发展的对策

上面提到了我国群众体育发展中面临的一系列问题,解决这些问题是推动我国群众体育事业发展的重要突破口,下面提出几点具体的解决方法和发展对策。

(一)普及群众体育

普及群众体育可从以下两方面着手。

1.充分利用多媒体资源加强对体育的宣传

当今社会处于一个信息网络时代,网络的发展导致很多人将闲暇时间

都利用在玩网络游戏等方面,对于体育活动的关注却大大减少。鉴于这一情况,可以通过大众传播媒介对社会体育新闻进行大力的报道,让人们随时随地都能够感受到全民健身浪潮正在袭来。与此同时,还要把体育健身对人们生活的积极影响进行广泛的宣传,从而使整个社会进入一种人人崇尚健身、参与健身的氛围,最终达到提高群众对社会体育的认识水平的目的。

2.发挥政府的牵头作用

(1)进一步完善学校体育教育政策,以学校体育资源为依托,成立体育锻炼的短期培训班,面对社会大众开放,将一些简单常用的体育技能和体育锻炼的方法普及到位,从而强化人们的社会体育意识。

(2)以全国各地的经济发展状况为主要依据,有目标地建立各种档次价位的健身俱乐部或者建设简易的健身设施,尽可能地为各个人群的健身和锻炼提供更便利的环境,同时也让更多的社会阶层能够接触到体育健身活动,从而使群众体育在更广阔的范围内得到普及与推广。

(二)增加资金投入,注重发展经济落后地区的群众体育事业

我国经济的发展有着明显的地域性差异,东西部地区之间与城乡之间的经济差距特别明显,这种情况也使得我国的社会体育发展同样呈现出严重不平衡的状况,这导致我国经济发展相对落后的地区总是面对社会体育发展的资金来源及投入经费不足、短缺的窘境。针对这一问题的存在,国家应该根据具体的经济发展情况,对西部地区以及广大农村等经济相对落后的地区予以大力的资金、技术投入与支持。为了使受经济限制而影响当地的社会体育发展的问题得到有效避免,当地政府应该加强经济调控管理,有针对性地制定一套科学合理的公共体育设施管理政策,与此同时还要在建设或者改造公共体育设施等方面加大投入,对一些重视全民健身活动的单位给予财政以及物质上的奖励。同理,如果有单位不支持全民健身活动则应该征收相应的健康基金,这样不仅能够使各个单位都进一步重视全民健身活动,而且还可以起到资金融通的作用。

(三)建立健全全民健身的地方性法规

我国很早就颁布并实施《全民健身计划纲要》的规章制度,但只有很少数的地方严格执行,而大多数地方并没有严格按照相关的规章制度开展全民健身的细则与工作安排,同时由于体育市场的管理机制不完善,这就在很大程度上导致《全民健身计划纲要》的细节规定难以落到实处。因此,面对这种现实情况,当地政府应该以本地区的实际情况为主要依据,有针对性地

制定一套执行度强的规章制度,将社会体育纳入法制的轨道,从而真正做到有法可依、有章可循,最终达到群众健身制度化、日常化的目的。

二、"一带一路"倡议下我国群众体育事业的发展趋势

在"一带一路"倡议下,我国群众体育事业的发展将呈现出以下趋势。

(一)群众体育将全面社会化

随着我国社会主义市场经济体制的逐步建立,新体制取代了计划经济体制,而且现在也逐步打破了政府独自办理群众体育的格局,由政府宏观调控,通过社会各界的力量,多元化地促进群众体育的运作和管理。政府发挥的作用主要有监督、领导、协调、宏观调控、政策制定、服务等,社会组织团体主要是负责群众体育的实际操作。此外,各级各类的体育协会和体育社团也将发挥越来越重要的作用。

群众体育活动组织也会变得更加网络化,其社会化程度必将得到进一步拓展和完善,各个体育协会和体育社团之间的相互合作也将会得到加强,以通过对自身能力加以利用来对社会力量进行有效组织和动员,进而促使群众体育健身活动得到有效、有序、合理、全面的开展。以此为基础,以跨单位、跨行业系统、跨社区的组织形式有效地将机关、企事业单位、社区和学校联合起来,对所有的体育资源优势加以充分发挥,从而更为合理地对这些优势资源进行合理配置,使他们所具有的能量能够在有限的空间里最大限度地发挥出来,从而促使这些优势的体育资源实现充分的共享和利用,以更好地满足人们参与群众体育运动锻炼的各个不同需求。同时家庭体育、社区体育得到了很大的发展。也正是这些因素的存在才能够更好地推动全民健身计划的顺利实施,同时这也是实现全面建设小康社会目标的重要手段。

(二)群众体育运动的科技水平将不断提高

随着现代社会的发展,科学化锻炼在促使人们参与群众体育健身和提高群众体育健身质量方面是一个非常关键的因素。群众体育运动在我国的蓬勃发展,人们对群众体育健身运动有着越来越多的需求且日益增长,这将使得群众体育健身活动的相关理论研究受到足够的重视、交流和探索,群众体育健身活动的科学研究也必将成为未来体育科学研究的重点,在群众体育运动中,将最新的科技研究成果运用其中,做到以人为本,更好地为大众提供服务,充分地拓展和实施科学求实的原则和理念,导致人们的体育健身锻炼随之而产生科学的变化,从过去随意的群众体育健身锻炼转变为更加

科学化的群众体育健身活动,人们参与体育锻炼的科学意识也会得到大幅度提高,使越来越多的人在理解"生命在于运动"的同时,也对"生命在于更为科学地运动"有了更为深刻的理解。对于群众体育健身的态度,也从之前的知其然转变为知其所以然。群众体育运动的发展也会变得更加有组织、有计划、多元化。如同商场里面的商品一般,群众体育也有很多种类,从内容、项目、形式、手段、方法、服务和条件等方面都将更好地面向大众,贴近我们当前的生活,更好地满足各个阶层、年龄阶段、职业等群体的体育健身需求,为他们提供更多的体育健身场地与器材,并结合各个锻炼者的具体实际来制定更为适合的体育运动方案、体育健身手段和健身方法,群众体育将为人们提供更多的科学健身服务,促使人们更好地参与体育运动锻炼,并达到愉悦身心、强身健体的目的,进而养成终身体育锻炼的习惯。

随着改革开放的不断深入和社会经济的快速腾飞,人民的物质生活水平有了很大的改善,人们对健康更加关注和渴望,并不懈地追求健康,在体育健身方面产生了较高的健身需求,花钱买健康的理念已经深入人心。在当今社会,体育产业的开发已经成为我国扩大内需、促进经济发展的一个新的增长点,其经济潜力不容小觑。

随着现代全民健身的不断推进和普及以及北京奥运会的成功举办,人们的体育健身观念发生了重大的变化,参与体育运动的热情日益高涨,体育运动观念不断加强,在体育投资、个人体育消费和家庭体育消费方面都有了大幅增长,健身场所受到人们的极大欢迎,运动服装也深受人们的喜爱,一些健身器械也开始进入到老百姓家中,在户外也能够见到一些打球、跑步、野营的人们,在很多人的日常生活中,体育活动已成为其中非常重要的组成部分。面对着这些庞大的体育消费市场,体育相关产业也得到了前所未有的发展,可以这么说,大众日益增长的体育需求,使体育产业的发展得到了极大的促进和推动,同时体育产业的良性发展能够为人们参与体育活动提供更好的服务,对人们的体育消费产生了重要的刺激作用,这样能够更好地拓展出更多的体育消费市场,从而形成了体育产业与体育消费的良性循环,以使体育产业成为对经济进行拉动的新的增长点。这既是群众体育运动未来发展的潜力所在,同时也是其所蕴含的最为强大的力量。

(三)群众体育健身将更为普遍

随着我国经济实力的不断增强,我国人民生活水平得到极大的改善和提高,群众体育健身活动也将随之快速地向前发展。在这一前提下,人们比以往任何时候都更加关注健康和追求健康,群众体育健身活动将会成为更多人生活中不可缺少的重要内容。随着社会的发展和进步,人们的科学文化素质的不断增强,传播媒介对体育的宣传报道越来越深入人们的日常生活当中,从而使人们的体育观念和健身意识得到普遍的增强和提高,促使群众体育健身活动走进更多的家庭,成为人们生活中必备的内容之一。同时,现代生产方式和生活方式虽然带给人们诸多便利,但同时也使人们受到了现代社会"文明病"的侵害,而为了遏制"文明病"的迅速蔓延,避免疾病对人们身心健康的损害,最好的方式是进行体育锻炼,追求健康、科学、文明、合理的生活方式。

(四)体育法制建设将更加完善

随着现代社会的进步,我国社会主义法制进一步健全和完善,并将依法治国作为立国之本。在这一法制背景下,群众体育相关法制建设也在不断加强和完善,群众体育逐步向有章可循、有法可依的法制化和规范化方向发展,法律制度为人们参与体育运动的权利提供了强有力的保障,大大降低了对群众体育产生不好影响的违法活动,人们的维权意识和体育法制意识也不断增强,与此同时,人们也逐渐学会了利用法律武器来维护自身的权利和合法权益。随着经济的快速发展,体育法制建设也将进一步充实,各种体育政策、法规体系将会更加完善,从而为群众体育健身的可持续发展提供更可靠的保障。

第三章 "一带一路"倡议下我国竞技体育事业的发展

在"一带一路"倡议下,政治、经济、文化、体育等各方面都成为了其重要的发展内容,并获得了新的发展机遇。竞技体育事业作为体育事业的重要组成部分,理应在"一带一路"倡议中获得新的发展。本章就"一带一路"倡议下我国竞技体育事业的发展进行研究。

第一节 竞技体育概述

一、竞技体育的本质

(一)有关竞技体育的认识

加强对竞技体育进行本质的理解,对全面理解竞技体育的其他基本知识是非常有利的。在我国,竞技体育的概念被相关体育运动学者和机构长期概括为"以体育竞赛为主要特征,以创造优异运动成绩,夺取比赛优胜为主要目标的社会体育活动"。从这个定义中可以基本判定竞技体育是以比赛获胜为主要目标的社会性体育活动,竞技性是竞技体育的基本表现和特征。但直到现代社会中竞技体育的出现,这时更多的人会发现,实际上竞技体育也早已超出了"夺标""获胜"的表层目标,它本身所包含的意义和功能更多,如在我国的某一段时期内,由于外交的需要,在世界大赛中曾经出现过故意放弃或输掉某些比赛的现象。从这个事例中不难发现,有时创造成绩、取得胜利等并非能体现竞技体育的本质。还有学者认为竞技运动(有学者把竞技体育也称竞技运动)是一种具有规则性、竞争性及挑战性、娱乐性和不确定性的身体(身体性)活动。显然,通过这些事例可以了解到,上述竞技体育的定义并没有完全揭示出其全部内涵,而只是竞技体育映射出来的某一方面特点。因此可以说,这种描述性定义显得较为片面,很难准确揭示竞技体育的本质。

上述对竞技体育本质的提法颇具代表性。如果从竞技体育所表现的形式来看，它的确需要靠运动员的奋勇拼搏而得以体现，但比赛获胜绝不是竞技体育的主要目的。相反，竞技体育所达到的并不是单纯的比赛获胜目标甚至相反，比赛获胜充其量仅是一种手段而已。

单就竞技体育的经济性特点来说，有学者指出，一部近代美国体育发展的历史，就是一部现代体育产业发展的历史。从中不难理解到美国竞技体育运动的发展几乎都是伴随着体育产业的发展而走到今天的。在现代，竞技体育的市场化和产业化发展方式几乎达到了登峰造极的位置上。

通过上述一些事实和例证，可以让人们了解到竞技体育绝不是仅作为一种参赛获胜、展示体力之类的社会体育活动，它有其丰富的内涵，是人类文明发展史的重要组成部分。

目前，国内也有学者提出："竞技体育是社会文明的产物，属于大文化范畴。它为社会提供精神和相关的物质产品，以满足人们的需要。竞技体育除了它其中的竞赛功能所产生的金牌外，还有众多的其他功能，因此不应是单一内容的概念。"此种想法虽未具体明确竞技体育的本质，但其对竞技体育本质的分析对我们进一步揭示竞技体育的内涵具有良好的启迪。从近年来有关竞技体育本质研究的文献资料看，许多学者已逐步走出了竞技体育本质"竞赛论"的传统范畴，开始在广阔的社会文化背景条件下重新探寻竞技体育的真谛。

（二）现代竞技体育的本质

以我国竞技体育为例，在中国体育的发展进程中，曾经有一段时期是以竞技体育为核心进行发展的，这在当时成为我国体育发展的主流方向。这种建立在以"国家逻辑"基础上发展起来的主流体育，往往将体育的竞技性发挥到极限，对于成绩和名次异常看重，由此则会带来一定的问题，如忽视了竞技体育发展的经济社会基础。这种发展方式是以整个国家的荣誉作为唯一价值选择形式，在形式上追求"金牌效应"和"冠军效应"。

为了竞技体育的发展，在举国体制的帮助下动用了大量的体育资源。而对于当时我国体育资源的数量来讲，竞技体育所耗资源数量很大，这就使我国的其他类型的体育事业无法得到资源上的支持，那么相应地其他类型的体育事业的发展速度就会放缓甚至停滞不前。在这种以国家出面组织竞技体育发展的模式下，中国竞技体育发展的"市场基础"几乎为零。

中国竞技体育的潜力经多年不懈的挖掘，目前前景堪忧。虽然近年来中国高水平竞技选手在世界大赛和国内重要比赛中捷报频传，呈现快速上

第三章 "一带一路"倡议下我国竞技体育事业的发展

升的势头。但是,这种成绩与增长是有极限的,也是有代价的。以前,我国竞技体育的政治功能是放在第一位的,90年代随着我国体制改革的深化,它在社会发展中的经济文化功能逐渐成为主导,社会的发展要求对高水平竞技运动重新定位,作为一种越来越发达的文化娱乐手段满足现代人越来越强烈的精神需求。要求竞技体育本质回归的社会呼声越来越高。

对任何事物的认识均需注重历史与现实的统一,对竞技体育本质的理解也不例外。袁旦教授认为,近代以来在"小体育"向"大体育"演进过程即体育的社会化过程中,为满足人们通过观赏竞技表演获得特殊审美享受的需要,产生了以竞技运动表演为谋生手段的职业,由此开始了体育的分化过程。随着职业体育俱乐部这种体育服务生产组织的出现,职业体育组织国际联系的形成,现代奥林匹克运动的兴起,终于在现代体育中形成了一个满足人们通过观赏高水平竞技表演,获得一种为其他一切表演艺术不能取代的审美享受和刺激的功能特异化的组成部分,即竞技体育。这实际上揭示了现代竞技体育出现、发展乃至壮大的基本历程。

因此,综上所述,可以认为竞技体育是指运动员以比赛竞争为基本手段,以满足人们审美享受及刺激等需要的社会实践。

与竞技体育本质"竞赛论"相反,竞赛仅是竞技体育的基本形式或手段而已,竞技体育的根本目的在于满足人们的各种需要,具体来说就是通过运动员的激烈竞争,给人带来某种感官刺激和审美体验,这种需要在其他领域中较难获得,而恰恰在竞技体育中才能体现得更加完美。

因此,现代竞技体育必然要将体育产品的观赏者、体育产品的提供者以及体育产品本身(主要提供人们所需要的体育服务产品)纳入到竞技体育之中,如此才能使之完整。这一切都是以竞技比赛而为核心进行的,没有竞技比赛,就没有竞技体育的生命与活力;相对应的是,没有人们的享受需求也就根本不可能产生竞技体育;没有激烈精彩的竞赛来满足人们高级的审美需求,竞技体育就会生"异化"(此处的"异化"是指竞技体育脱离了广大民众及社会主体的需求,而单纯靠满足部分利益主体需求,如政治需要而存在的竞技体育),尽管其在某段时期的确存在过,但它最终仍旧被排除在竞技体育的主流文化之外,因为它根本不能算是真正意义上的竞技体育,它更像是一种被人利用的工具。

此外,还可以通过现代竞技体育的发展过程进一步探讨竞技体育的本质。例如,现代奥林匹克运动是竞技体育的重要组成部分,它的重要地位无可厚非,这种重要地位在于它是现代竞技体育有规模、有组织地成为一项社会活动的开端,它也是人类最早的专门性的竞技运动会。现代奥运会举办以后,世界众多国家对此进行大力宣传,这也就为奥运会的传播提供了坚实的基础。然而奥运会在前期的发展逐渐变得过于单一化，缺乏一种包容性，如一些达官显贵曾坚决抵制奥运会的商业化和职业化，认为应将奥林匹克运动完全化和单纯化，这就使奥运会与社会经济相脱离，其结果就是将奥林匹克运动带入到发展瓶颈中，最直接的反应就是最终几乎没有城市愿意承办这样"单纯"的奥运会。这种情况一直延续到1984年，当时美国人尤伯罗斯得到授权后将诸多商业化手段与奥运会相结合，如引进广告和将火炬传递环节中的火炬卖给接力手个人等。这些商业化的行为为现代奥运会的发展注入了新的动力。由此之后，职业化、商业化的浪潮快速席卷竞技体育领域，这让奥运会和其他单项运动会的赛事举办权成为各个国家争夺的"香饽饽"。事物往往物极必反，过于具有诱惑力的赛事承办权使得各国的争夺进入白热化，甚至不惜使用各种手段，如贿选丑闻等。

综上所述，之所以竞技体育出现了蓬勃发展的时期，就是得益于这一活动是建立在能有效满足民众审美需要基础之上的高水平竞技表演，在消费与需求互动的市场经济中最终促进了现代竞技体育的繁荣与发展，因为这才是真正意义上的现代竞技体育。

二、竞技体育的分类

竞技体育可以根据不同的条件分为不同的种类。竞技体育的分类按照竞技体育的社会学可以分为非正规竞技体育、组织化竞技体育和商业化竞技体育三个类型。具体如下。

（一）非正规竞技体育

非正规竞技体育，是指运动参加者为达到娱乐休闲目的而进行的带有健身性和游戏性特点的身体活动。尽管这些活动属于非正规的竞技体育，但是与竞技体育相同的是，非正规竞技体育也需要在运动规则的指导下开展，只是这种规则没有竞技体育那样严苛，具有随意性和临时性等特点。

非正规竞技体育的组织较为松散，运动进行时甚至有时不设裁判员，场上的争议问题由双方共同协商处理。这种运动几乎没有任何功利目的，参与运动的人也不是为了达到一个多么高的技术水平。一般非正规竞技体育包括学校班级间的非正式比赛、社区组织的竞赛、大众体育中的初级竞赛活动等。

（二）组织化竞技体育

组织化竞技体育的特征是其拥有一个基本的管理组织，为了能够使比赛双方在一个公平的环境下争夺"利益",于是它有正规的球队、团体和竞赛活动章程、规则,以及有关的组织体系,并提供运动设施、管理人员,在有争议时可以出面仲裁,还为参加者提供训练和比赛的资格和机会,维护参加者的合法权益。一般组织化竞技体育包括各国各地区体育协会、职业俱乐部、体育运动青年会、大学球队等都属于这类竞技体育组织。

在我国组织化竞技体育的开展较早,如我国体工队、体育运动专科学校、业余体校和高校组织成立的高水平运动队。这一类组织是在竞技体育的基本体育宗旨和业余原则指导下开展活动的,是社会发展高水平竞技体育的主体,也是最需要进行改革和发展的部分。

以俱乐部的形式发展竞技体育已经成为世界通行的方式,这种民间的自发组织形式可以充分调动全社会办体育的积极性,也是鼓励社会广泛参与的途径。然而在我国,俱乐部的建设尚处于起步阶段,与国外高度商业化和职业化的体育运作方式相比其基础还很薄弱,即便是职业化较为成功的足球和篮球运动,其基础也仍旧显得十分脆弱。这种不足是全方位的不足,它不仅体现在俱乐部的运作方式上,更体现在相关部门的竞技体育运动职业化理念和管理模式上,这一点需要引起足够的重视。

(三)商业化竞技体育

商业化竞技体育具有非正规竞技体育与组织化竞技体育的某些要素,但其更多地被笼罩于某种商业目的或企业文化目的之下,由此使得竞技体育中增添了许多商业活动和商业行为,甚至是一种强权政治的延伸。这种竞技体育具有高度组织化的特征,参与者被分割成对立的利益群体。

职业体育的诞生要早于现代奥林匹克运动。当时在一些体育发达的欧美国家,一些运动队组成俱乐部联盟,以便更好地彼此沟通和协调,促进该项运动的交流与发展。美国第一支职业体育球队是1868年成立的职业棒球队,从此,美国开始发展有组织的职业体育。在这种模式的促进下,俱乐部开始进行相关的经济运作,如出售比赛门票和纪念品等。由于门票收入较为可观,这引得其他运动组织也悉数效仿这种商业运作模式,后来美国又陆续组建了职业拳击、马术队。此外,德国、法国、意大利、荷兰、俄国等,在这一时期也出现了以盈利为目的的职业体育组织和相关运动。

近几十年来,随着欧美地区商业对体育的渗透,职业体育获得了很大发展,并由此向全世界蔓延。目前,世界上大约有40个国家在发展职业体育。最为普及的项目有:足球、篮球、棒球、拳击、自行车、高尔夫、网球、冰球等。

在创办现代奥运会的初期,为了保证奥运会的神圣纯洁性,使奥运会倡导者顾拜旦及一些欧美绅士坚定地提出抵制职业运动员参加奥运会的立场。与非政治化、非商业化、非女性化等早期奥林匹克原则一样,非职业化原则带有明显的复兴古奥林匹克传统的理想主义色彩。

然而,从现代奥运会诞生之日起,非职业化原则就引起了人们的争议。由于对非职业化原则的概念和定义的理解不一以及其他因素,现代奥运会的早期在历史上出现过多次由于运动员非职业资格问题而导致的剥夺运动员所获奖牌的事件,也发生过国际单项体育联合会和国际奥委会之间关于是否允许职业运动员参加奥运会问题的纠纷。尽管从1896年第一届现代奥运会到20世纪70年代初,禁止职业运动员参加奥运会的立场并没有根本性的改变,随着时代的发展,以非职业化原则来保证现代竞技运动的思想内容的美好愿望与现实社会已难以适应。西方国家职业体育的蓬勃发展,职业与变相职业运动员日益增多,给传统的奥运会非职业化原则带来一次又一次冲击。为适应社会和国际奥林匹克运动发展,1972年,国际奥委会对这一原则的态度逐渐有所转变。1974年,在维也纳召开的国际奥委会会议,决定允许奥运会参赛运动员因参加训练和比赛而获得工资补偿,允许运动员在食、宿、交通、运动装备、医疗、保险等方面获得资助,也允许西方国家的大学生运动员获得体育奖学金。这样,就使东西方国家相互指责的对方运动员破坏非职业化原则的各种现象合法化,使不同体制国家的运动员在训练条件和参赛条件上的差异得以缩小,使运动员能够在比较平等的条件下参加比赛。另一方面,允许职业运动员参加奥运会也是诠释奥运会"更高、更快、更强"的精神追求,在这种思想下,自然是能者取胜,弱者失败,而这一切应该与该运动员是否为职业选手没有任何关系。

三、竞技体育的特点

(一)公平性

要想使竞技体育的结果能够服众,首先就需要保证竞技比赛的公平性,而这也是竞技体育的基本特点。具体来说,竞技体育的公平性特点是想让竞技体育比赛在合情合理、公正、公开的环境下进行,赛事组织者和工作人员不偏袒任何参赛者。之所以将公平性作为竞技体育的基本特点就在于如果竞争不是在公平环境下进行,那么竞技体育将无法正常进行,可以预想到比赛将是一片混乱。

为保证公平、公正地进行竞争,竞技体育的组织者对比赛项目、时间、地点、场地器材及运动员的参赛资格做出了明确的规定;对运动员的参赛行为及比赛组织和裁判工作制定了严格的行为规范。比赛规程和规则就是要求参加者共同遵守的行为规范,不仅比赛必须严格根据规程和规则的要求进行,平时训练也必须针对规则的要求有针对性地进行。

(二)规范性

现代竞技体育的发展要求运动员必须具有高度完美的技艺,否则就难以取得比赛的胜利。高度的技艺性是竞技体育赖以存在的基础,但高度的技艺又是以技术、战术和各种训练的规范性要求为基础建立起来的。

竞技体育的规范性还表现在各个竞技体育项目竞赛规则、竞赛规程等制约机制的规范性和竞技体育管理的规范性等方面。竞赛规则是保证竞技体育开展公平竞争的法律性文件,竞赛规则的核心是平等,它不承认除身体、心理技术以外的任何不平等。竞赛规则具有模拟社会法规的性质,具体如下:

(1)竞赛规则和任何法律一样,必须明确规则的适用条件。各种不同的规则适用于不同的项目,不同性质和级别的比赛,也有其特殊的条款。

(2)竞赛规则必须对竞赛场上的各种动作或行为做出明确的规定,说明哪些是允许的、要求的或禁止的,供运动员、教练员遵守。

(3)与一切逻辑上完整的法律一样,竞赛规则也指明了违反规则后应承担的法律后果。任何竞赛规则都具有罚责,并规定了对违反规则行为的处理办法。比赛之所以能使激烈竞争中的双方保持清醒的头脑,做到令行禁止,和竞赛规则所具有的强制性是分不开的。

(4)竞赛规则要明确指出判别胜负的原则和指标。

(5)竞赛规则具有权威性,它形成的文字经过国家的体育权力机构或国际单项运动联合会审定公布,任何人都不得随意修改和解释。

(三)极限性

竞技体育的发展,尤其是现代竞技体育运动,其运动技术水平在多种体育科技的帮助下已经到达了一个非常高的水平。现代运动员要想在比赛中获得胜利,需要从小就参加专业的系统训练,然后再历经多年甚至十余年的努力才能有概率达到一定的高度。竞技体育中的任何一个运动项目的参加者,必须要表现出超人的体力和娴熟的技艺,直达人体的极限。这是任何其他体育活动所不可比拟的。正是由于现代竞技体育的发展水平将至人体的极限,所以世界大赛的结果往往扑朔迷离,不到比赛的最后时刻谁胜谁负都难见分晓。由此可以看出,现代竞技体育的胜者和负者之间水平的差距已经相当微弱,甚至可以说比赛胜负取决于哪方少犯错误。

(四)竞争性

竞技体育顾名思义其本身就具有竞技性的特点。细化来讲,竞技一词中的"竞"字,是指比赛和竞争;"技",是指运动技艺。将两词的意思合并在一起即为在运动技艺比赛中比较双方的技艺水平高低的活动。激烈的竞争性就成为竞技体育区别于其他体育运动的最本质的特点。竞技体育表现出一种强烈的排他性,即从事实上说,竞技比赛的结果只有一个胜者。这种性质显得非常残酷,因此,为了成为优胜的一方,就需要运动员在日常训练中加倍努力,不断提高自身身体技能、心理素质、战术意识、团队精神以及把握机遇的能力,以此获得战胜对手的能力。

(五)公开性

公开性与公平性从性质上来讲有类似的地方,其本意都是为了竞技体育运动能够正常的开展。现代通信系统的发展,使重大的体育比赛活动能够成为吸引全球数亿人关注的社会活动。而且,竞技体育具有比一般社会活动更为明显的公开性和外向性特点。在运动训练方面,新的运动技术和训练方法,经由运动员的比赛,很快就可为大家共享,同时也可能会成为被对手利用而战胜自己的武器。因此,竞技体育的公开性也在很大程度上促进了竞技体育的不断创新和发展。

同时,竞赛的结果是否有效与公平,往往很大程度上取决于它的公开性。这种公开性就是所谓的"透明度"。竞争的公开性是一种社会民主的主要标志,不能向民众公开的竞争,就会有人怀疑它的真实性。竞技体育提倡的竞争,就是要求竞技体育在高度公开的情况下进行,是一种体现了高度民主精神的竞争。

(六)功利性

竞技体育拥有追求功利目的的特点,这也是竞技一词的最好体现,特别是在商业化和经济化的竞技体育中更是如此。在功利性特点的作用下,从理论上讲,竞技体育应该是在规则允许的范围内毫不留情地击败对手,除此之外,它还体现在一些集体项目中只有"能者上、弱者下"的规则。

竞技体育的竞赛活动在规则的基础上确定比赛的等级和差别,然后决定胜负与名次,随之而来的是优胜者的物质奖励和社会荣誉。

竞技体育的功利性具有如下特征。

(1)功利性特点产生和确定于对抗之中,经过一定形式的社会承认,因此结论是不容置辩的。

(2)功利性特点的确定过程直接而迅速。因为竞技体育的功利追求和确定具有这样的特征,所以更容易激发强烈的竞争愿望。

国家、民族、团体之间的某些方面的较量,如政治制度的优劣、经济实力的强弱、科学技术水平的高低等的评价均需大量的工作和实践的检验,而竞技体育竞赛结果的判定过程则是明确而迅速的。所以,竞技体育的竞赛结果经常用来显示国家、民族或团体的优越性。

(七)群体性

竞技体育的群体性特点的意义为竞技体育运动必须由若干运动员组成群体来行动。必须有一定数量的运动员同时参与,才有可能组合竞赛活动,这也是竞技体育的组成部分之一。在个人项目的竞技体育运动中群体性特点的表现尚不明显,而在集体运动项目中,这种群体性的特点表现得更为突出。例如足球、篮球、排球等集体竞技运动项目,在集体中的每一个个体都要发挥各自的作用,成为构成集体的有机组成部分,由此使集体具备一定的功能以完成预期制定的比赛目标,此为外部集体性和团队性。除此之外,竞技体育的群体性还表现在运动员或运动队与其他个人或集体的关系之中,即所谓的内部集体性,如与教练员、科研人员、管理人员的关系,与裁判员、球迷和观众等各方面人员之间的关系。所以说,竞技体育是由很大的群落系统参与的社会行为。

(八)观赏性

竞技体育虽然是以运动员为主体的,但是构成竞技体育还不能缺少另一个关键的组成部分,那就是观众。现代竞技体育的竞争性日益加强,这种竞争性几乎已经完全遮蔽了最原始的休闲娱乐性。竞争性的增强带来的是更好的观赏性。当然,这种观赏性不仅限于观众对对阵双方的观赏,还包括对手与对手之间的彼此观赏。因而,观赏比赛成为广大群众休闲娱乐的最好的方式之一。竞技体育以其独特的观赏性赢得广大群众的认可和支持,奠定了其自身发展的坚实基础。

四、竞技体育文化的价值

在竞技体育方面,西方竞技体育一直占据着主流地位,对我国传统体育文化的发展造成了一定的冲击。

西方竞技体育发展过程中,给中国的体育运动带来了巨大的影响,这种影响不仅表现在运动方式方面,更突出地表现在文化价值观念方面。总体来看,竞技体育文化对我国文化的影响主要体现在以下几个方面。

(一)竞争观念

不同于其他体育运动,竞技体育具有强烈的竞争性特点。竞技体育所表现出来的这种竞争性对中国文化产生了较为深远的影响,它对于弘扬社会竞争意识具有重要的意义。

中华民族有着悠久的历史,受传统文化和封建统治的影响,中国人民在漫长的封建统治中压抑了人性,泯灭了锐意进取的精神,在这样的形势下,中国国民素质低下、体质羸弱,甚至被称为"东亚病夫"。其中,最为欠缺的就是勇于向前的竞争意识。

中国有着优秀的传统文化,然而受近时期闭关锁国的影响,我们在对人类文明的贡献方面已经没有什么值得骄傲的了。在社会各个层面,我们都十分欠缺先进的观念和竞争的意识。在西方竞技体育进入中国后,中国社会各个层面都发生了一定的变化,对中国体育文化形成了一定的冲击和影响。在西方竞技体育文化传播的过程中,一些健康的、积极向上的竞争意识开始渗透到社会各个层面,对传统文化形成了一定的冲击,这对于促进中国多元价值观的建立与发展起到了重要的作用。西方竞技体育所倡导的竞争观念,从某种程度来说同市场经济发展的要求是相符合的,随着时间的推移,竞技体育所带来的竞争意识的价值也在不断显现。

(二)公平意识

任何竞技体育竞赛都有一定的规则,规则要求所有的竞赛参与者,包括教练员、运动员和竞赛管理人员等都要本着公正、公平的原则进行一切活动。可以说,如果没有公平原则,竞技体育便无法顺利进行。竞技体育运动员在比赛中起点相同,其比赛成绩都由共同的尺度来衡量,如果采用不同的尺度,那么比赛也就很难继续进行下去,在结束比赛之后,要用共同尺度再来决出胜负结果。

在竞技体育中,所有运动员都享有自由、平等的权利,要在正当的竞争条件下努力获得比赛的胜利。所有的竞技体育运动员在比赛中要贯彻公平竞争的精神,按照既定的比赛规则参加比赛,不允许不正当竞争的发生。因此,竞技体育中公平竞争意识的倡导为人类文化的发展作出了巨大的贡献。

(三)规则意识

竞技体育比赛要想顺利进行,就必须要遵从一定的规则,为了体现公平竞争的精神,各种体育运动项目都有自己的竞赛规则,参赛者必须要遵守规则,否则要受到规则的处罚。在竞技体育中,所倡导的公正、公平、公开的原则,同我国市场经济的发展有着异曲同工之妙。

20世纪50年代,受政治因素的影响,由于中国台湾在国际奥委会中的席位问题,中国同国际奥委会断绝了一切联系。但是竞技体育运动规则的存在促使中国必须要接受国际奥林匹克的非政治性原则。于是,经过双方间的协商,中国最终同意中国台湾地区在改名、改徽、改旗的情况下,保留其在奥林匹克中的席位,这是"一国两制"在竞技体育中的体现。

在按规则办事的原则影响下,我国于1979年重新获得了国际奥委会的合法席位,经过多年的快速发展,我国的竞技体育取得了令世人瞩目的成就,正向着体育强国的方向大踏步迈进,这是按规则办事的良好体现。

(四)国际化观念

由于受各国历史传统、文化形态、观念意识等因素的影响,竞技体育所表现出来的特征也是不同的,但竞技体育不存在国界之分,它是人类共同的一种文化形式。就某种意义来说,竞技体育已经发展成为了世界全球化的人类语言,增进了世界各国人民相互之间的交流和沟通,更为了促进和维护世界和平,如1971年中国的"乒乓外交",就是竞技体育促进国与国之间文化交流的典型事例。

改革开放后,中国的竞技体育获得了快速的发展,受到各个国家的瞩目。在国际比赛中夺取金牌,使体育的地位越来越重要。在国际赛场取得的每一个成绩都增强了国人的信息,激发起了国人的自豪感,这也为中华民族的伟大复兴奠定了基础。

竞技体育所倡导的公平、公开、公正的竞争意识,实际上是树立了一种和平竞争的国际化观念。这对我国的发展也产生了较为深远的影响,并能促使我国对政治多极化、竞技全球化、文化多元化的国际社会环境快速适应,从而更好地在世界上立足。

(五)娱乐思想

中国传统文化在很多方面都表现出较大的功利性,并一向轻视游戏,认为很多游戏都属于"玩物丧志""游手好闲"的活动。而西方的竞技体育则完全不同,其中很多运动都是从体育游戏中发展而来的,而这些体育游戏都带有较强的娱乐性。发展到现在,竞技体育获得了飞速的发展,但其娱乐性特征仍然存在,并有不同程度的展现。竞技体育运动参与者通过表现自我、战胜对手而获得了愉快的心理体验;观众也从中获得了美的享受。这就是竞技体育娱乐思想的深刻体现,发展到现在,观赏体育赛事已成为大部分人们的一种生活方式。

(六)道德建设

在我国竞技体育教育中,集体主义、爱国主义教育会时常在各个体育运动队中得以开展,以此来更好地帮助运动员树立正确的人生观和世界观,养成良好的运动风气。在竞技比赛中,中国运动员所表现出来的"胸怀祖国、放眼世界,为国争光的精神;不屈不挠,勤学苦练,不断钻研,不断创新的精神;同心同德,团结战斗的集体主义精神;胜不骄,败不馁的革命乐观主义精神和英雄主义精神"对于我国社会各行各业都有良好的示范作用,而同时这也是中华民族实现伟大复兴的宝贵财富和重要前提。

第二节 我国竞技体育事业发展的现状分析

一、各竞技体育项目发展的基本现状

新中国成立后,在举国体制下,我国的竞技体育获得了快速的发展,一些竞技体育运动的成绩和竞技水平节节上升,竞技体育已成为国家兴旺、民族发达的象征。

(一)田径运动

新中国成立后,在政府的大力扶持下,我国的田径运动水平不断得到发展与提高。20世纪50年代,郑凤荣打破了女子跳高的世界纪录。发展到20世纪80年代,中国的田径运动已处于亚洲最高水平。朱建华两次打破世界跳高纪录,徐永久、阎红相继在世界杯竞走比赛中夺冠。在奥运赛场上,陈跃玲(女子10公里竞走)、王军霞(女子长跑)、邢慧娜(女子长跑)、刘翔(110米栏)等都获得过金牌。特别是"东方神鹿"王军霞,1994年荣获田径运动员的最高荣誉"欧文斯奖",1996年夺得美国亚特兰大奥运会5 000米金牌和10 000米银牌,成为中国和亚洲田径史上里程碑式的人物。在2004年雅典奥运会上,刘翔夺得110米栏冠军,打破了黑人选手对田径短跑项目的垄断,而在2012年伦敦奥运会上,我国竞走运动员陈定夺得20公里竞走的金牌,成为继刘翔后第二名在奥运田径赛场夺得金牌的男子运动员。2016年里约奥运会中,我国田径队获得了2金2银2铜的好成绩,创造了历史佳绩。

(二)体操

1.竞技体操

竞技体操是我国开展较晚、基础较为薄弱的项目,获得快速发展是在改革开放后。1979年,我国恢复了在国际体联的合法席位,从此开始了10年的夺牌历程。1982年,李宁在第6届世界杯体操赛上创下了一人夺得6枚金牌的奇迹。1983年,在第22届世界锦标赛上,中国体操队战胜世界强队苏联队,荣获团体冠军。1984年洛杉矶奥运会上夺得5枚金牌,为我国金牌总数在金牌榜上的升位作出巨大贡献。这一切表明体操已经从我国的弱项变成了强项。

中国体操为世界体操技术的发展做出了巨大的贡献。国际体联1985年的国际体操评分规则中首次出现了以中国人名字命名的新动作——"自由体操李月久空翻""鞍马童非移位""吊环李宁摆上"和"双杠李宁大回环"。2005年,中国女子体操运动员程菲摘得体操世锦赛女子跳马桂冠。她的成功不仅填补了中国女子体操单项世界冠军的最后一个空白,而且她完成的动作被命名为"程菲跳"。在2008年北京奥运会上,中国体操队夺得男子团体冠军、女子团体冠军、男子全能冠军、男子自由体操冠军、男子鞍马冠军、男子吊环冠军、男子单杠冠军、男子双杠冠军和女子高低杠冠军,成为本届奥运会夺金最多的项目。在2012年伦敦奥运会上,中国体操队获得4金3银1铜的良好成绩。2016年里约奥运会中,中国体操队表现不甚理想。

2.艺术体操

艺术体操是我国新兴的竞赛项目之一,1980年以前还处于学习初创阶段,直到第1届全国体育学院艺术体操比赛后才逐步得到推广。1981年我国首次组队参加世界比赛,1982年11月在第3届四大洲艺术体操锦标赛上,我国获团体亚军。2001年夺得世界大学生运动会艺术体操集体五人项目的金牌,这是中国艺术体操选手首次在国际大赛上夺金。2002年,中国艺术体操队成立,在2008年北京奥运会上,中国艺术体操队夺得集体全能银牌。2014年3月16日,中国艺术体操队参加世界杯匈牙利站比赛,在团体单项决赛中夺得一枚金牌和一枚银牌,实现了在世界杯赛上夺金的梦想。最近几年,中国艺术体操成绩稍有波动,但总体呈现不断提升的趋势,希望我国艺术体操能够再创佳绩。

3.技巧运动

1957年,我国技巧运动首次被列为正式比赛项目。1979年,中国技巧队加入国际技巧联合会,1980年首次参加世界技巧大赛,1993、1994年连续两年称霸世界。中国竞技技巧运动自发展以来,就一直是中国竞技体育中非奥运会项目的优势项目,为国家的体育事业做出了重要的贡献。

(三)重竞技运动

在重竞技大项中,举重的成绩十分突出。中国运动员创造世界纪录的历史就是以举重为起点的。1956年,陈镜开以133千克的成绩打破了最轻量级世界纪录。此后的11年里,又先后有10人30次打破5个级别10个单项的世界纪录,并战胜了日本、埃及等世界强队,中国举重队正在赶超世界先进水平。

改革开放后,中国举重队获得了快速的发展,先后6次打破2个级别3个单项的世界纪录,并在第23届奥运会上一举夺得了4枚金牌,显示了中国举重运动水平进入世界先进行列。到20世纪90年代中期,中国举重的整体水平已居世界第三位。

在2004年雅典奥运会上,中国举重队夺得5枚金牌,占该届奥运会举重金牌总数的1/3,成为我国重要的夺金点。

另外,我国在柔道和跆拳道等项目上也取得了较好的成绩。1986年,我国柔道女选手高凤莲在第4届世界女子柔道锦标赛上夺取了72公斤以上级金牌,这是我国选手夺得的第一个世界柔道冠军。1992~2000年的三届奥运会上,我国运动员庄晓严、孙福明、袁华、唐琳相继夺冠,实现了奥运会上大级别的三连冠。在2004年的雅典奥运会上,中国柔道队获得了1金1银3铜共5枚奖牌的历史最好成绩。

1995年8月正式成立了中国跆拳道协会。1999年6月,在加拿大埃特蒙多举行的世界跆拳道锦标赛上,我国运动员王朔获女子55公斤级冠军。2000年9月,在悉尼举行的第27届奥运会上,陈中获女子67公斤以上级冠军,并在2004年雅典奥运会上卫冕,是我国第一位获跆拳道奥运会冠军的运动员。此外,罗微获雅典奥运会女子67公斤级冠军。在2012年伦敦奥运会上,吴静钰夺得女子49公斤以下级跆拳道冠军。2016年里约奥运会上,赵帅获得中国男子跆拳道历史上第一枚奥运会金牌,郑姝音获得女子67公斤以上级决赛冠军。

(四)球类运动

1. 排球

新中国成立后,我国引进了六人制排球,1956年,中国男、女排球队第一次参加在巴黎举行的男子第3届、女子第2届世界锦标赛。20世纪60年代上半期,我国排球运动发展较快。"文革"以后,女排引进了男排的许多打法,注重全面性训练,运动技术水平有了显著提高。1979年,我国男、女排球队双双冲出亚洲。特别是女排,在身体条件、训练质量、比赛作风、技术和战术水平等方面进入了世界先进行列。1981年女排夺得世界杯赛冠军,并在以后的奥运会和世界杯赛上多次取胜,赢得了"五连冠"的殊誉,在世界排球运动史上写下了光辉的一页。20世纪90年代,中国女排分别在1990年和1998年世界锦标赛、1991年世界杯赛、1996年奥运会上4次获得亚军。2001年重组后的中国女排的精神面貌为之一新,在世界大冠军杯上获得冠军。2003年,中国女排在世界杯赛上夺回了失去17年的世界冠军称号,并于2004年雅典奥运会上再次夺得奥运会金牌。2012年奥运会上,中国女排夺得第五名。2014年,中国女排在决赛中输给美国队夺得世锦赛的亚军。2016年里约奥运会中,中国女排3∶1逆转塞尔维亚,时隔12年再次获得奥运冠军,这也是中国女排第三次获得奥运会金牌。

2. 足球

新中国成立后,由于受历史等各方面因素的影响,我国的足球运动并不普及,运动水平也较低。而经过一段时期的发展,我国足球运动取得了一定程度的进步和发展。在1978年,我国建立了全国成年、青少年的各项稳定而系统的竞赛制度,次年国家体委决定将足球重点城市从10个增加到16个。中国女子足球运动起步快,水平提高迅速,在亚洲女子足球锦标赛上,中国女队曾获得冠军。20世纪90年代,足球界进行了改革,明确提出了我国足球运动发展的根本是改革体制,转换机制,推行足球俱乐部制。这次改革对中国足球运动的发展产生了重大作用,同时也对我国竞技体育运动的发展产生了较为深远的影响。1994年我国足球走上了职业化发展的道路,这种遵循市场经济规律的做法是值得大力提倡的,虽然目前我国的职业联赛水平并不高,中国国家男子足球队也屡次冲击世界杯未果,但相信只要坚持开展职业足球联赛,我国的足球运动水平终有一天会得到大的提升。

3. 篮球

新中国成立后,经过一段时间的发展,我国篮球运动取得了非常大的进步。通过举办各级各类篮球比赛,逐步形成了比较固定的竞赛制度。1959年,中国男子篮球队先后战胜了世界锦标赛第4名保加利亚队、欧洲冠军队捷克斯洛伐克队;中国女子篮球队两次与欧洲冠军保加利亚队打成平手,并战胜匈牙利队。当时不仅国家队,还有"八一"队,北京、河北、黑龙江等队也战胜过欧洲强队。这说明我国篮球运动队已具备了一定的同欧洲强队相抗衡的实力。十年动乱中,我国篮球运动水平急剧下降,国际篮球组织也与中国中断了联系。1974年和1975年,随着中国在国际业余篮球联合会和亚洲篮球联合会的合法地位相继恢复,我国篮球队有了同世界强队接触的机会。1975年以来,男子篮球队多次获得亚洲冠军。1994年,中国男篮在第12届世界篮球锦标赛上第一次进入世界前八名。女子篮球队自20世纪70年代已冲出亚洲,在1983年第9届世界女子篮球锦标赛和1984年第23届奥运会上均获得第三名,进入了世界强队的行列。在1992年第25届奥运会上夺得亚军,证明了自己的实力。1995年,中国男子篮球职业联赛成立,从此我国篮球走上了职业化发展的道路。

经过近20年的发展,我国的职业篮球联赛水平已走入了快速发展的轨道上,在全球范围内也产生了一定的影响力,吸引了一大批世界优秀篮球运动员前来效力,极大地促进了我国竞技篮球运动水平的提高。

4. 乒乓球

由于我国乒乓球所取得的令人瞩目的历史成绩,因此乒乓球被认为是我国的"国球"。在20世纪60年代,中国乒乓球全面崛起,并开始称雄于世界。20世纪70年代,乒乓球队进行了技战术的创新,随后在第36届(1981年)和第43届(1995年)世界乒乓球锦标赛上,中国乒乓球队两次囊括了全部的7项冠军。

中国乒乓球队从参加国际大赛以来,就根据自己的特点创造了近台快攻打法,逐渐形成了快、转、准、狠、变的风格。20世纪60年代,凭借这一特点,我国成为世界头号乒乓球国家。20世纪70年代,中国队继续发挥自己快速之长,并吸取了欧洲的弧圈球技术,在球拍以及发球技术方面进一步创新。在国际乒联三项改革——改大球、无遮挡发球、11分制之后,我国乒乓球队进行针对性训练,技战术水平得以长期处于世界领先地位。在2001年第46届世乒赛上,中国乒乓球队再次创造奇迹,第三次包揽全部7项冠军,使得中国队在步入大球时代后,再次从整体上走在了世界乒坛的前面。在

2012年伦敦奥运会上,中国乒乓球队又包揽了男单、女单、男团、女团四个项目的金牌,再一次展示了乒乓球的世界霸主地位。2016年里约奥运会上,中国乒乓球队再次包揽男单、女单、男团、女团四个项目的金牌。

5.羽毛球

新中国成立后,在党和国家领导人的指引下,我国的羽毛球运动获得了快速的发展。1954年,我国组建了以归国华侨为骨干的国家队。1956年全国比赛开始举办,到第1届全运会时,已有21个省、自治区、直辖市的代表队参赛。在1963年以后的几年中,由于中国在国际羽联的合法地位尚未恢复,中国队一直被排斥在正式的世界大赛外,包括洲际羽毛球赛和汤姆斯杯、尤伯杯比赛之外。但在与羽毛球强国印尼、丹麦的比赛中,我国运动员却取得了震惊世界的好成绩,成为国际羽坛的"无冕之王"。20世纪70年代,我国羽毛球逐渐形成了"快、狠、准、活"的风格特点,成为世界羽坛的一支劲旅,在1974年5月被亚洲羽协接纳为正式成员的4个月后,便在第7届亚运会上取得了男女团体、男女单打和女子双打5项冠军。

进入20世纪80年代以后,中国羽毛球队实力继续上升。1982年,中国运动员第一次夺得标志世界羽毛球运动最高水平的汤姆斯杯。1998年,中国女队击败印尼队,夺得尤伯杯。2004年,中国女队实现尤伯杯四连冠,中国男队重夺汤姆斯杯。2006年中国男女队再次包揽汤尤杯。这一切向世界证明,中国羽毛球又全面领先于世界羽坛。之后,在2010年巴黎世锦赛,2011年伦敦世锦赛和2012年伦敦奥运会上,中国羽毛球队包揽了5个项目的全部冠军,在2013年,中国羽毛球队又夺得了苏迪曼杯的冠军,完成苏迪曼杯五连冠,这是一个了不起的成就。2016年里约奥运会和伦敦奥运会成绩相比,中国羽毛球队表现得差强人意,只获得了男子单打金牌和混双铜牌。

6.其他球类项目

网球作为一项世界性运动,近年来在我国取得了较快的发展,尤其表现在女子网球方面。改革开放后,我国的网球运动开始逐步发展。1980年我国首次举办"万宝路广州网球精英大赛",有10多个国家的著名选手参加。近年来,我国网球运动水平提高较快。在2004年的雅典奥运会上,孙甜甜、李婷夺得了女子双打的冠军,这是中国网球选手夺得的首个奥运会冠军。在2006年澳大利亚网球公开赛上,中国选手郑洁、晏紫夺得中国网球在四大满贯赛成年组双打比赛中的第一个冠军。之后,李娜分别在2011年和2014年获得法国网球公开赛和澳大利亚网球公开赛的冠军。

曾经被人称为"贵族运动"的台球，在新中国成立后相当长的时期未得到开展。改革开放后，台球运动勃兴，特别是在社会上广为流行，出现了社会办台球的专业户。2005年，我国台球选手丁俊晖夺得世界冠军，这不仅是我国选手在又一小球项目上首次夺得世界冠军，而且完全脱离了"业余体校—体校—省体工队—国家队"的传统培养模式，说明社会办体育也是一条极有前景的成才途径。

(五) 水上运动

1953年，我国优秀游泳运动员吴传玉在布加勒斯特获得男子100米仰泳冠军，为新中国夺得了第一枚世界体育大赛的金牌。1957~1960年，又有12人30次在4个男子项目上达到世界先进水平，这是新中国成立以来我国泳坛最辉煌的时期。穆祥雄、戚烈云等是这一时期震撼泳坛的著名运动员。此后，游泳运动水平有所下降。但到20世纪80年代后期，我国已成为亚洲泳坛的劲旅。1988年，在100米自由泳的比赛中，女选手庄泳首次为我国夺得奥运会金牌。

进入20世纪90年代后，我国游泳运动已跻身于世界先进之列。在第25届奥运会上，我国女队的"五朵金花"——庄泳、林莉、杨文意、钱红和王晓红，一举夺得4枚金牌、5枚银牌，奖牌和积分跃居世界四强行列。此后，乐静宜、罗雪娟成为中国女子游泳的领军人物。

1974年，我国跳水界分析了世界跳水运动的技术特点和发展趋势，提出了"走在跳水难度表的前面"的口号。同年，我国跳水运动员在第7届亚洲运动会上一举囊括了男女跳台、跳板的4项冠军。它标志着我国跳水运动已成为亚洲之强，同时也肯定了我国跳水运动的大胆创新之路是正确的，进一步激励了运动员攀登世界跳水运动的高峰。

在中国重返世界竞技体育大家庭后，女子跳水运动员陈肖霞、周继红、高敏、陈琳、许艳梅、伏明霞、池彬等，以及后来的李娜与桑雪、郭晶晶、吴敏霞等源源不断地从奥运会、世锦赛、世界杯带回金牌。这说明中国跳水运动长期居于世界前列。2016年里约奥运会上，中国跳水队获得了7金2银1铜的优异成绩。

(六) 射击运动

中国射击运动起步较晚，真正取得突破性发展是在改革开放后，1981年，中国射击队第一次参加在阿根廷举行的飞碟、移动靶项目世界射击锦标赛，女子飞碟项目运动员巫兰英以184中的成绩取得中国在该项目的第一个世界冠军。1984年，在美国洛杉矶举行的第23届奥运会上，许海峰以

566环的成绩荣获男子自选手枪冠军,这是中国运动员在奥运会上获得的第一枚金牌。1992年第25届奥运会射击项目又立新功,取得2枚金牌、2枚银牌的优异成绩。女选手张山在飞碟项目比赛中,一举挫败世界男选手荣获金牌,震撼了世界体坛。王义夫连续6次征战奥运会,1992年奥运会上他获得冠军。之后,1996年和2000年分别在亚特兰大奥运会和悉尼奥运会上取得银牌,2004年雅典奥运会上再次夺金。此外,冯梅梅、吴小旋、王正、姚烨、杜丽、朱启南、贾占波等也取得过优异的成绩。在2008年北京奥运会上,中国射击队更是夺得了5枚金牌,为祖国争得了荣誉。在2016年里约奥运会上,中国射击队获得1金2银4铜的成绩,成绩有所下降。

(七)其他运动项目

改革开放进入新时期后,我国还开展了各种各样的其他国家流行的运动项目,如滑冰、滑雪、冰球、棋类、桥牌、钓鱼、登山、航海模型、滑翔机、跳伞、无线电测向、自行车、摩托车、射箭等各种各样的竞赛活动,有的项目还组织了运动队,坚持常年训练,参加国内外的比赛,并取得了优异成绩。其中,我国在滑冰运动的短道速滑、花样滑冰和速度滑冰三个大项上实力较强。随着国际比赛项目的增多,滑水、现代五项、门球、毽球、保龄球等项目也在我国陆续开展起来,为竞技体育的繁荣增添了风采。

二、对竞技体育文化研究的基本现状

竞技体育文化是一个国家文化的重要组成部分,对国家文化建设与发展具有重要的作用。当前关于竞技体育文化的研究主要集中在以下几个方面。

(一)对竞技体育文化内涵研究的现状

学者李龙和陈中林认为,现代竞技体育文化和谐的内涵主要表现在:人自身的和谐、人与自然的和谐、人与人的和谐和国际社会关系的和谐四个方面。文中认为,"造就和谐的人的个体,就是要使一个人既有健康的身体,又有健全的人格,有正确的世界观和人生观,能正确地看待和处理个人与环境的关系;所谓人与自然的和谐,是指既关注人类,又关注自然,实现人与自然携手,生物与非生物共进,过去与现在统一,现在与未来的对话,时间与空间协调;所谓人与人之间的和谐,是指人与人之间的公平、公正的关系,每个人享有的权利与义务对等,在整体上没有根本利益冲突、个体之间存在一定利益冲突的前提下,能达到相互激励、相互促进又相互依赖的人际互动的社会构想。"

学者曾志刚和彭勇在《竞技体育文化的几点内涵探析》论文中分别从竞技体育的文化本质、民族精神和人本思想三个方面来论述竞技体育文化的内涵。关于竞技体育文化的本质,他们认为:"竞技体育是一种社会文化模式,它的文化成因在于满足了人们因工业化发展而产生的社会需要。"文中还认为:关于竞技体育文化的民族精神,我们应该用国际角度来审视,国际奥林匹克精神与民族精神相辅相成,民族精神与国家和民族的共同理想和目标是一致的;奥林匹克文化还是"以人为本"的体育文化.在锻炼人的体魄的同时,还能展示人的个性魅力。

李龙和黄亚玲在发表的《竞技体育文化的动态和谐内涵阐释》一文中论述了竞技体育文化的和谐内涵,主要内容为"体育与德育、智育、美育和劳动教育相协调,共同达到培养全面发展人的目的的理想追求。竞技体育文化努力塑造一种个体的身心和谐、人格和谐,以及个体与环境的和谐,但这种和谐一定意义上讲是相对的,同时也是动态的过程。"

(二)对竞技体育文化特征及价值研究的现状

关于竞技体育文化特征及价值的研究,邱江涛和熊焰在《竞技体育文化特征探析》一文中认为:"竞技体育是一种特殊的体育文化现象,以竞技体育文化为内核的奥林匹克运动超越了一般体育文化的范畴,成为社会发展的主流文化,更说明了竞技体育文化的特殊性,竞技体育文化的特征表现在活动主体、活动内容、活动方式形成过程中的多样性、规则性、渐进性、选择性和功利性等几个方面"。

学者张恳和李龙在其发表的《我国现代竞技体育文化的特征》一文中阐述到:"现代竞技体育文化是精神文化、彰显和谐理念、礼仪文化、健身文化和道德文化。"

李萍美和孙江在其发表的《对竞技体育文化特色的研究》一文中认为西方竞技体育文化的几点特色,正是东方国家传统体育所缺少的因素,"借鉴和有选择地吸取西方竞技体育文化特色,有利于促进民族传统体育发展。"

张连江和李杰凯在《全面小康社会与绿色体育文化建设的广义进化论阐释——兼论竞技体育文化建设中的价值观问题》一文中阐述到:"针对竞技体育领域现存的各种不良行为倾向,提出其本质是价值观及其评价体系的扭曲和偏离,对引发价值观体系的"逃离"倾向以及导致竞技运动文化生存空间萎缩的后果进行了分析。论证了体育系统反腐败的重要意义,对建设"绿色"体育文化提出了强化体育发展战略研究、建立符合我国国情的发展目标、治理体育文化灰色污染、强化体育为人民服务的法规建设以及加强对政府体育主管部门的监督等措施和建议。"

另外,学者林萌在其发表的《论竞技体育文化的价值及发展趋势》文章中,也认为竞技体育文化具有教育价值、经济价值、娱乐价值。

(三)对竞技体育文化公平发展研究的现状

关于竞技体育文化公平发展的研究,学者范素萍在《重塑体育公平竞争的理念》一文中阐述到:"在体育竞赛中应该重视公平竞争的重要性,体现体育竞争过程中公平竞争的基本要求。要加强体育道德建设,培养良好的道德品质;维护法规的权威,发挥其警示作用;加大监督力度,净化竞赛环境;完善奖励机制,引导人民见贤思齐。"

学者刘湘溶和刘雪丰在《竞技体育比赛中的欠公平状况及其合理性评判》一文中认为:"竞技体育比赛中的核心就是公平精神,当前竞技体育比赛不公平的状况也不在少数,表现在比赛用的器械,比赛前的训练和比赛中的竞技竞争,都体现竞技体育的不公平,分析出现这些不公平现状的原因,最重要的是这些现状在当前的不合理性以及判断的标准,这是我们应该引起重视的,这样才能在竞技体育竞赛过程中体现其竞技意义和公平的竞技体育伦理观,才能不断地推动竞技体育向前健康发展。"

学者王渊在其发表的《传播人文体育理念,打造高校体育品牌》一文中认为"人文体育思想的渐进,反映了现代社会对人的价值的尊重,也体现了人们对体育的人文意蕴的感知。"体育是高校校园文化建设的重要组成部分,对学校教育的发展具有重要的影响和作用,学校各部门及领导要引起高度重视,充分利用体育具有凝聚力和亲和力的作用,加强校园体育文化品牌建设,传播人文体育理念,形成具有特色的校园体育品牌。

(四)对竞技体育异化研究的现状

关于竞技体育异化的研究,焦现伟、闫领先和焦素花在《关于竞技体育异化理论的探究》一文中阐述到:"竞技体育是人类自身创造并发展起来的。从游戏的创立、比赛的规则到竞技的对抗,竞技体育在其社会化的进程中,也不可避免地出现与人类的初衷相悖的异化问题。科学技术的进步是永恒的,然而被利欲所驱使,在竞技运动中利用科技成果作假舞弊及摧残人性的异化行为是违背科学的。"

徐红萍在《关于竞技体育异化问题的探究》一文中阐述到:"随着市场经济不断完善和发展的深入,竞技体育的发展方向开始面向商业化和职业化,由于经济方面的诱惑,竞技体育的异化问题不断地崭露头角,成为当今阻碍竞技体育运动发展的重要因素。解决竞技体育异化问题需要从理论层面进行深入分析,该篇文章从竞技体育异化的概念入手,搜集和总结竞技体育异化的现象,并且对其形成的原因进行分析,结合实际提出解决竞技体育异化的应对策略。"

庞建民、林德平和吴澄清在其发表的《对竞技体育中异化现象的分析与研究》一文中认为:"竞技体育异化已经成为危害竞技体育发展的毒瘤,因此很有必要研究和探讨竞技体育异化相关问题。"在竞技体育未来发展的过程中,要高度重视体育异化这一现象,充分分析其产生的原因,并提出解决竞技体育异化的基本思路:"弘扬人文精神,让竞技体育回归本质;弱化竞技体育的政治功能;正确引导商业化,建立良好的竞技体育环境。"

学者杨杰和周游在其发表的《论竞技体育的观念及其异化》一文中认为:"竞技体育的观念表现在竞技体育的精神境界之中。竞技体育的精神境界包括三个方面:运动员之间的友谊、运动员为国争光的民族情怀和运动竞技的审美。在抽象的国家观念和市场经济的功利原则下,竞技体育的观念发生了异化。克服竞技体育观念的异化,是体育事业发展的前提"。

(五)对竞技体育与科学发展观研究的现状

关于竞技体育与科学发展观的研究,田麦久教授在其发表的《试论我国竞技体育的科学发展与国际责任》一文中认为:"我国竞技体育事业的发展应该遵循'以人为本,全面、协调、可持续发展'科学发展观的思想和要求来设计、规划与组织实施,要准确把握竞技体育的社会定位,努力拓展'享受竞技'的现代观念,不断完善竞技体育的发展环境,大力增强竞技选手的参赛实力,科学培养竞技体育的从业人才。"田麦久教授还认为,随着我国竞技体育运动的不断发展,我国应该在国际体育事务中发挥自己应有的作用和价值,为世界竞技体育的发展做出自己的贡献。

学者陈淑奇和范叶飞在发表的《体育科学发展观的提出及内涵探讨》一文中认为:"运用逻辑推理、因果分析等方法对新时期提出体育科学发展观的必要性和客观依据进行深层次的阐述,提出新时期的体育科学发展观应当确立以人为本的价值内核,是以人为本的体育价值观、全面体育观、协调体育观和持续体育发展观的统一体。"

另外,学者王勇在发表的《发展体育产业必须树立科学发展观》文章中,阐明了我国竞技体育产业的健康发展必须要走科学发展观的道路,保持竞技体育文化科学化的发展,要以科学发展观的眼光看问题。

三、我国竞技体育事业发展中存在的问题

受社会各种因素的影响,竞技体育事业在发展过程中遇到了一系列的问题,这严重制约着竞技体育的健康发展。这些问题主要表现在以下几个方面。

(一)竞技体育发展过于商业化

现代竞技体育比赛的增多使竞技体育的商业化越来越浓,在这样的情况下,竞技体育运动的参与者都将追求利益作为其主要目的,这是导致竞技体育中出现各种腐败现象的重要因素。对于优秀的运动员来说,他们通过赢得高水平的赛事,除去赢得比赛奖金外还能获得企业丰厚的广告收入;而对于那些实力不强的运动员,当面对巨大的利益诱惑时,他们往往会铤而走险,服用兴奋剂,或者通过各种特殊的渠道获得利益,这就导致了竞技体育中各种丑陋的现象出现。所以说,竞技体育的这种高度的商业化发展在一定程度上破坏了以人为本的科学发展,对竞技体育的健康可持续发展是一种阻碍。

(二)强权政治不断侵入

竞技体育运动的发展是离不开社会政治的制约的,在一定意义上来说,竞技体育还可以作为改善世界各国政治关系的一种手段,如中国的"乒乓外交"就是典型的事例,它加强了中国同美国之间的交流与发展,是竞技体育手段的良好运用。当然,政治干预竞技体育既有积极的一面,也有消极的一面,在这种情况下,非常容易造成竞技体育文化迷失的现象。当前国际竞技体育舞台仍然存在着强权政治、霸权主义的身影,这在一定程度上阻碍了竞技体育的健康发展。

(三)运动员培养理念出现异化

在商业利益的驱使下,很多竞技运动队为了追求眼前的利益,根本不重视对年轻运动员的培养和发展,这不利于本运动项目的长远发展。在这种商业理念的影响下,运动员的比赛成绩与教练员和俱乐部的经济利益之间有着密切的关系,因此,在运动员培养理念方面会出现一定的异化现象。在很多运动队及俱乐部中,教练员只注重运动员竞技能力的培养和提高,而忽视了对运动员生理及身体机能的保护,忽视了心理机能的培养,忽视了对其科学知识能力的培养,这种做法是不可取的,这直接导致运动员在退役后很

难适应正常的社会生活,给自己的日常生活带来了诸多不便。很多运动员在退役后生活都非常艰辛,由于他们的自身知识水平与社会需求差距大,从而不能找到适合自己的理想工作。因此,当前竞技体育中运动员的培养这种理念应引起各体育运动队及职业俱乐部的高度重视,采取必要的措施和手段加强对年轻运动员的培养和管理,这样才能保证整个运动队及竞技体育的健康发展。

(四)生态环境遭到破坏

随着竞技体育的不断发展,各类体育赛事层出不穷,每年各个项目、各种类型的体育赛事数不胜数,在这样的情况下,需要不断建设新的体育场馆,以满足体育赛事的需求,但是体育场馆的扩建,需要向自然界获取森林、占用农田、绿地等资源,这在很大程度上破坏了生态环境,给我们所居住的城市带来了一系列生态和环境问题,这是竞技体育文化在发展过程中所遇到的生态环境遭破坏的问题,需要赛事组织者及整个社会参与人员共同合作,尽量避免和降低竞技体育发展对生态环境的破坏。

(五)暴力事件不断增多和升级

近年来,在竞技体育赛场上经常会看到暴力事件的发生,有时甚至会发生危害生命的事件,这说明在竞技体育高度发展的背景下,暴力事件也在不断增多和升级。对于竞技体育运动来说,运动员在比赛中可以利用身体的合理接触来获得比赛的优势,这是规则所允许的,然而,有些运动员迫于利益的驱使,在比赛中故意采用有悖于比赛规则的手段而获利,对对方运动员构成身体伤害甚至是危害生命安全,这种做法是不可取的,破坏了比赛的公平竞争的原则,是受到大力谴责的。一般来说,国际和国内对运动员暴力行为的处罚都非常严重,但即使这样,暴力事件仍然不能完全避免,甚至是时有发生。暴力事件的发生在很大程度上破坏了竞技体育所该有的公平、和谐,不利于竞技体育文化的建设和发展。

第三节 "一带一路"倡议下我国竞技体育事业发展的策略

在"一带一路"倡议下,我国竞技体育事业若想获得更好的发展,除了要结合我国基本国情,遵循一定规律和理论指导之外,还需要制定出相应的对策,并以此作为目标来为之不懈努力。

一、影响竞技体育文化发展的因素分析

(一)政治因素

自从竞技体育产生以来,它与政治之间就存在着千丝万缕的关系,竞技体育运动是以一定的政治和社会经济作为基础得以产生的,并且受到政治和经济的影响和制约,正是在这一情形下,竞技体育运动得到了不断发展。

竞技体育与政治之间是相互作用、相互影响的关系,社会政治的需要在一定历史时期内对竞技体育的性质和目的形成制约。但在当前社会,竞技体育这种文化现象已被整个社会所接受,并且服务于整个社会,因此也被政治所青睐。竞技体育在这种情形之下逐渐发展成为政治社会化的手段。任何一个运动队,在国际比赛中,都是代表一个国家在比赛,所取得的荣誉和成绩与国家之间有着密切的关系。在现代竞技体育条件下,随着国家民族尊严的激发,竞技体育成绩得到了极大程度的彰显,观众的情绪也随着竞技成绩的好坏而跌宕起伏。这就是政治因素对竞技体育的影响。

发展至今,竞技体育运动的整体发展水平已经成为衡量一个国家综合实力的重要体现,能够使一个国家或民族的地位在最大程度上得以体现出来,因此这就涉及了在国际中国家所处的政治地位。在一些重大的国际比赛中,竞技比赛场中的每一次胜利,都能够增强一个国家或民族的自豪感,激起人民大众的爱国之心。

(二)经济因素

影响竞技体育文化发展的因素,在经济方面主要包括两种,一是通过吸收社会经济,使得竞技体育更好地促使自身得以不断发展;二是竞技体育自身能够产生巨大的竞技价值,进而能够更好地推动社会经济的发展。经济因素对竞技体育的影响主要从以下几个方面体现出来。

1.社会经济为竞技运动的发展提供了必要的设施及条件

受奥运会强大影响力的影响,主办城市会对市政基础设施、体育设施、体育场馆等的建设进一步加大,这些都需要有大量的资金入股,如果没有强大的经济作为支撑,是难以想象的。如为了保证北京奥运会的顺利进行,我国政府投入了超过2 000亿元人民币用于市政建设和体育场馆、基础设施建设。

2. 社会经济基础是竞技体育发展的保障

就拿奥林匹克运动来说,现代奥林匹克运动受到了社会经济的影响和制约。1896年,在举办第1届现代奥运会时,面临着很大的经济问题,为了更好地筹集所需资金,希腊全国上下都开展了募捐活动,最终保证奥运会得以顺利开展。

纵观整个奥林匹克运动的发展史,我们可以清楚地看到现代奥林匹克运动在市场经济渗透下的发展过程,这也充分说明了经济因素对奥林匹克运动发展的影响。

3. 竞技运动的结构和手段受到社会经济发展水平的制约

在现代竞技体育运动发展过程中,经济因素所产生的影响主要从器材、场地、运动员的设备和服装等方面得以表现出来,如竞技体育中一些高水平的比赛选手,借助科学仪器的帮助和科学训练的手段,获得了优异的竞技比赛成绩,而这些科技手段的运用则是建立在经济发展基础上的。

4. 竞技运动的规模和水平受到社会经济发展水平的制约

人类文明要想得以更好发展,是无法脱离竞技的影响和推动的,这是一个客观存在的发展规律,这对于竞技体育运动的发展来说也是一样的。要想促使竞技体育运动得以更好发展,就必须要有强大的经济作为后盾。

(三)科技因素

科技因素在现代竞技体育运动发展中所产生的影响不断增大,如现代体育运动高水平赛事正是通过现代电视、计算机网络等科技手段的运用,才使得广大人民群众得以观赏到。

现代大型体育运动会,需要通过科技产品、科技设备的使用来使赛事的顺利举办得以保证。科技的快速发展,促使竞技体育运动的发展呈现大众化趋向,也为竞技体育增加了一些消费色彩,在现代社会中这一变化更加明显。

大量的事实表明,现代竞技体育运动成绩的比拼,已逐渐演变成为多学科科研人员的"幕后操纵的科技之战"。每一项运动记录的产生,都包含诸多的科技要素。科技与体育的结合推动着竞技体育向"更高、更快、更强"的方向发展,这又同时反过来刺激着科学技术的不断创新与发展。

综上可知,竞技体育能够促使人与人、国与国之间的交往变得更加紧密,也使科技发展的动力得到一定程度的增强。竞技体育与科技发展之间相互联系、相互影响,共同促进。可以说,发明的通信设备,运用的先进的技术手段也都是科技发展而来的,只有在科技的影响下,竞技体育运动的设备、场地、服饰等才能将自身的价值得以显示出来。总的来说,科技的任务除了给予竞技体育科学意义的伸展之外,最为重要的是通过借助体育这一平台来对时代及时代的体育价值进行探究。

二、"一带一路"倡议下我国竞技体育事业发展的对策

(一)坚持人与自然的可持续发展

在竞技体育文化发展过程中,对人与自然的和谐发展予以坚持是必须要遵循的对策和理念,也就是说竞技体育的发展不能以牺牲大自然为代价。作为人类社会活动的重要组成部分,竞技体育运动发展过程中会对周围城市的生态环境造成一定的影响,甚至破坏。如为了举办大型的体育比赛,必须要修建大型的场馆,准备必要的设施和设备,而这就需要大量砍伐树木,占据绿化之地等,这给举办城市的生态环境造成了极大的破坏。这种做法是不可取的。因此,在新形势下,人们应该反思这种破坏自然的行为所带来的代价,要采取必要的措施和手段促进人与自然的和谐发展。

(二)坚持全面协调、科学化的发展理念

在竞技体育文化发展的过程中坚持"全面协调、科学化发展"的理念,就是要摆正竞技体育事业在国家经济与社会发展中的地位,处理好竞技体育与体育事业之间的关系,以及竞技体育事业内部各要素之间的关系。发展到现在,我国的竞技体育取得了举世瞩目的成绩,但要想实现体育强国的战略目标,还有很长的一段路要走,这就要求必须要坚持全面协调、科学化发展的理念,促进我国竞技体育事业的科学化发展。在竞技体育发展中,要促进中国体育事业与国家重大方针政策、经济建设、政治建设、精神文明建设等各个方面协调发展;在发展竞技体育文化的过程中还要注重大众体育、学校体育和社区体育的共同发展;在社会发展水平较低的地区,要采取必要的措施加强人们对竞技体育文化的认识,全方位促进我国竞技体育运动的发展。

(三)坚持"以人为本"的发展策略

人是竞技体育文化发展过程中的最为重要的因素,因此要坚持"以人为本"的发展理念和策略。竞技体育发展的最终目的就是促进全面参与体育

运动的意识得以进一步加深,使整个社会形成体育运动风尚,增强人民的体质,提高国家的凝聚力,增进中国与世界其他国家的友谊。这就要求在发展竞技体育文化的过程中,既要对社会效益和经济效益给予足够的重视,同时还要能促进人的全面发展。在运动员的培养和训练过程中,不仅要发展和提高运动员的运动能力,同时还要注意加强对其文化知识的学习和培养,使运动能力和文化知识共同发展。总之,只有促使运动员的知识文化水平得以不断提高,才能使其在生活和训练中对作为社会人的感受有一个更为深刻的体会,在退役后也能更好地融入社会,提高社会适应力。而对于教练员和裁判员来说,要具备较高的职业操守和综合素养,在平时的工作中要对学习"以人为本"思想给予重视并加强,在实际操作过程中来使这一思想得到应用,只有如此,才能更好地杜绝"假球""黑哨"等不良现象的发生。而对于体育运动爱好者来说,在观看体育比赛时,要保持平和、客观的心态,不要做出危害他人和社会的事件。

(四)坚持与国际社会的协调发展

任何文化的发展都不是孤立的,竞技体育文化也同样如此。在竞技体育文化发展的过程中还要坚持与国际社会的协调发展。中国自加入奥运大家庭后,就一直是其重要的一分子,并且取得了举世瞩目的成绩。在奥林匹克运动会上,中国有自己的传统优势项目,如乒乓球、羽毛球、跳水、举重等,我国在这些项目上有着绝对的实力和比赛经验,较易取得优异的比赛成绩。然而我们不应因循守旧,要主动将这些优势运动项目向全世界推广,加强同其他国家之间的沟通与交流,这样才能更好地促进以上各种运动项目的发展和创新,从而促进我国竞技体育的更好发展。

另外,对于一些我国潜在的优势项目和劣势项目来说,我们要认真学习和吸取国外的优秀方法和经验,并结合我国国情,走出一条适合我国发展的道路。总之,发展到现在,竞技体育文化与国际社会的协调发展已成为一个必然的趋势,我们要认清这个形势,更好地促进我国竞技体育文化的发展。

第四章 "一带一路"倡议下我国学校体育事业的发展研究

学校体育是现代体育的重要组成部分,是发展体育、促进健康、增强体质、传授体育练习基本知识、基本技术和基本技能的教育过程,它与德育、智育相结合,构成培养和促进人的全面发展的现代学校教育。学校体育的发展直接影响人才培养的质量,影响着国家的建设和前途。在"一带一路"倡议背景下,通过学校体育为祖国建设与发展培养身体健康、各方面素质全面发展的下一代就显得更加重要了,因此必须了解学校体育的发展现状,探索推动学校体育事业发展的新路径,充分发挥学校体育的价值与作用。

第一节 学校体育概述

一、学校体育的概念

学校体育是整个学校教育的有机组成部分,是指在以学校教育为主的环境中,运用身体运动、卫生保健等手段,对受教育者施加影响,促进其身心健康发展的有目的、有计划、有组织的教育活动。

二、学校体育的结构

从学校体育的概念来看,学校体育主要包括以下几个结构要素。

(一)运动教育

1.体育与健康课程

体育与健康课程是一门以身体练习为主要手段,以增进学生健康为主要目的的必修课程,是学校课程体系的重要组成部分。开设体育与健康课程对我国实施素质教育和培养德智体全面发展的人才具有重要的意义和作用。

2.课外体育活动

课外体育活动指学校在课余时间开展的面向全体学生的,以健身、娱乐活动为主要内容,以班级为基本组织单位,以满足广大学生多种身心需要为目的,促进学生身体、心理和社会适应能力和谐发展的体育锻炼活动。课外体育活动能丰富学生的课余生活,使学生愉悦身心,并以更加积极的态度和饱满的精神状态投入学习。

3.课余体育训练与竞赛

课余体育训练是利用课余时间,对部分在体育方面有一定天赋或有某项运动特长的学生,以运动队、代表队、俱乐部等形式对他们进行较为系统的训练,旨在全面培养学生的体能和身心素质,提高学生在某项运动上的技术水平,培养优秀的竞技体育后备人才。

课余体育竞赛是指充分利用课余时间,组织学生以运动项目、游戏活动、身体练习为内容,根据正规的、简化的或自定的规则进行的个人或集体的体力、技艺和心理的相互比赛。

课余体育训练和竞赛是相辅相成的两个学校体育活动,日常坚持不懈地进行课余体育训练能有效地提高课余体育竞赛的水平,而体育竞赛水平的提高又促使体育训练上升到一个新的台阶。

(二)健康教育

健康教育是以传授健康知识、建立卫生行为、改善环境为核心内容的教育。健康教育通过一系列的有计划、有组织的社会教育活动,改善学生不良的健康行为和生活方式,从而达到预防疾病,促进健康的目的。健康教育的核心是教育学生要建立和形成健康的意识,帮助学生了解哪些行为是影响健康的,并能自觉地选择有益于健康的行为生活方式。

(三)教育活动中的体育

苏霍姆林斯基指出,"运动场上的运动作用发挥是与一定条件及背景分不开的,只有在整个教学和教育工作中,对学生的身体和精神的和谐极为关注的情况下,这些活动(即体育活动)才能起到重大的作用。"

(四)家庭活动中的体育

家庭体育是学生在家庭中进行的,为了增进身体健康的各种各样的体育和健康保健活动。为了有效增进学生健康,可以采取一切积极有效的有利于身体健康的手段和措施,家庭体育活动就是其中一种非常重要的手段。

三、学校体育的目的

根据我国的教育发展现状和方针、社会的需要、学生的身心和年龄特点、体育以及学校体育的社会职能,可以将我国学校体育的目的确定为:促进学生正常生长发育,增强学生的体质、增进学生的健康,与学校各种教育相配合,培养学生良好的思想品德和意志品质,促使其成为具有德、智、体、美全面发展的社会主义建设者和接班人。下面就从确定学校体育目的的依据和实现的基本要求进一步阐释学校体育的目的。

(一)学校体育目的的确定依据

由上文学校教育的目的可以看出,我国教育的现状和方针、社会的需要、学生的身心和年龄特点、体育以及学校体育的社会职能等都是确定学校教育目的时的主要参考依据。

1.我国教育的现状和方针

从我国教育的现状来看,文化知识的传授仍然占据绝对主体的地位,学校体育仍处于一个边缘地位。因而在确定学校教育的目的时,要突出学校教育的重要性。教育方针是国家为了发展教育事业,在一定阶段,根据社会和个人两方面发展的需要与可能而制定的具有战略意义的总政策或总的指导思想,不同历史时期有不同的教育方针。在现阶段,我国提出了"坚持育人为本,德育为先,实施素质教育,提高教育现代化水平,培养德、智、体、美全面发展的社会主义建设者和接班人",可见,学校体育目的的制定与国家现阶段的教育方针相一致,是学校体育目的制定的直接依据。

2.学生的身体和年龄特点

学生的身心和年龄特点是指在不同的年龄阶段内,学生的身体和心理发展表现出一定的规律性的特征。身体的发展主要是机体的正常发育、身体素质、适应能力和基本活动能力的全面发展和提高;心理的发展主要是认知能力、个性心理特征和思想品德的形成与发展。学校体育的对象是学生,每个学生都会经历不同的年龄阶段和身心发展阶段,因而学校体育目的的制定要与不同年龄阶段的学生相适应,与学生身心发展的需要相符,这是确立学校体育目的的科学客观依据。

3.体育以及学校体育的社会职能

体育以身体练习为基本手段,以增强体质、丰富文化生活和提高运动技术水平为目的的人类有目的、有意识的社会活动,它具有健身功能、教育功能、娱乐功能、促进个体社会化功能等多种社会职能。作为体育的一大组成方面,学校体育也具有体育的一般社会职能,但在这个基础上,学校体育又显示着它独特的一面,即将教育功能与体育功能结合起来,发挥着增强体质、个性培养、娱乐、竞技等功能,只有充分发挥这些功能,学校体育的目的才有可能实现,这是确定学校体育目的的重要内部依据。

4.社会需要

社会需要是指社会经济、政治、科学文化的发展对学校体育提出的要求。这一要求往往通过社会对教育、体育的要求以及教育、体育对学校体育的要求表现出来,决定着教育以及学校体育应该培养一个怎样的人。这些要求具有时代性,是确定学校体育目的的主要外部依据。

(二)实现学校体育目的的基本要求

为顺利实现学校体育的目的,需满足以下几方面的要求。

1.提高学校体育的地位,进一步普及学校体育

当前我国学校教育的主要内容是向学生传授文化知识和技能,这是无可厚非的。但是单纯强调学习成绩和智力的培育,而忽视体育的重要性,会造成学生身心发展的不平衡,同时这也与我国现阶段的教育方针相违背,当然,学校体育目的的实现也就无从谈起。因而,社会和学校应该端正办学思想,采取有效的制度和措施,合理地保证学校体育的实施,保证学校体育目的的实现,并与德育、智育相配合,促进学生的全面发展。

2.激发学生体育锻炼的热情,增强学生体质,培养学生良好的思想品德和意志品质

在学校体育中,全面锻炼学生的身体、增强学生的体质是最重要也是最首要的任务和目的。为了实现这一目的,学校应该根据不同年龄阶段学生身心发展的特点,有计划、有组织地全面锻炼学生的身体,促进学生身体正

常发育,并全面发展学生的身体素质和基本活动能力。而为了能较好地完成这一目的,还必须以丰富多彩的内容和形式激发学生参加体育锻炼的兴趣和热情,培养学生体育能力,养成锻炼身体的习惯,以适应终身体育的需要。此外,学校体育的目的并不是单纯提高学生的身体素质,还应与学生的德育、智育等联系起来,培养学生良好的思想品德、坚强的意志品质和健康的文明行为,以实现学校体育促使学生成为具有德、智、体、美全面发展的社会主义建设者和接班人的目的。

3. 加强学校体育的管理

首先,要建立一套学校体育的管理体制、规章制度以及科学的评价标准,使学校体育工作规范化、制度化,并能充分发挥学校各个行政部门的作用,保证学校体育目的的顺利实现。

其次,应该加强学校体育师资队伍的建设,培养一批有能力、有学历、有经验的高水平学校体育骨干。

再次,应该加大对学校体育建设的资金投入,具备一定的体育场地和器材设施。

最后,学校体育工作也应该与劳动、军训、卫生保健等工作相结合,这样才能更科学地实现学校体育的目的。

四、学校体育的目标

(一)学校体育目标的概念

学校体育目标是指在一定时期和空间范围内,学校体育实践所要达到的预期要求、结果和标准,是学校体育指导思想和目的的具体体现。学校体育目标集中体现人们对学校体育与健康课程编制、体育教学实施、课外体育活动、课余体育竞赛和课余运动训练开展中的体育价值的理解,它关系着学校体育的发展方向,是评价学校体育工作效果的重要依据。具体来说,学校体育目标的内涵包括以下几方面。

(1)从字面意思来理解,学校体育目标实际上是一种尚未完成的事项,是一种期望达到的境地,它是对学校体育学习结果的期待和前瞻,在一定程度上能激励着教师和学生共同努力完成这个目标。

(2)学校体育目标是指在一定活动空间和时间内学校体育实践所要达到的预期效果,具有一定的阶段性和区域性。与学校体育目的的长期性和广度相比,目标更多地是指一段时间里,某一个地区的学生所要达到的预期效果。

（3）学校体育的目标是特定价值取向的反映，具有较强的可操作性。一般来说，学校体育目标会对学生经过一定的努力学习后所能完成的体育项目有一个清晰而明确的描述，并规定了学生的预期学习结果，所采用的行为动作也会明确，可测量、可评价。

（二）学校体育目标的结构层次

学校体育目标具有多个层次，各个层次形成了一个复杂的结构体系，按照不同的分类方法，可以将它划分为表4-1中的几种层次和类型。

表4-1　学校体育目标的层次和分类

划分依据	类型
时间长短	长期目标（总目标、分期目标） 中期目标 短期目标
学段	学前教育阶段体育目标 初等教育阶段体育目标 中等教育阶段体育目标 高等教育阶段体育目标
性质	条件目标（管理条件、师资条件、场地器材条件等） 过程目标 效果目标
内容	体育与健康课程目标 课外体育活动目标 体育教学目标

以上这些目标共同组成一个层次分明的学校体育目标结构体系。

（三）学校体育目标制定的依据

学校体育目标的制定要有一定的依据，这样才能确保目标的合理，使其符合科学的发展规律。具体要参考以下依据来制定学校体育目标。

1.学生的需要

学生是学校体育活动实施的对象，他们既是学校体育的客体，又是学校体育的主体，一切学校体育的成果都体现在学生的身上，因而学生的需要是学校体育活动开展的主要内容,也是学校体育目标制定的主要依据。各大高校在制定体育目标时,要将学生的身心发展需要和学习的需要、当前需要和长久需要以及学生天赋的自发需要和学生在后天形成的自觉需要统一起来,全盘考虑,要对学生在特定情况下的特殊需要进行了解,这样才能制定出与学生身心发展相符的学校体育目标。

2. 学校教育和体育发展的需要

学校体育既是学校教育的组成部分,又是体育的组成部分,这种双重属性决定了制定学校体育目标必须与学校教育和体育的发展相适应。因此在制定学校体育目标时,要注意以下两个方面。

第一,学校体育的目标要与学校中的整个教育体系相契合,不能违背学校教育的总体目标,要在适合学校教育的基础上促进学校教育的发展。

第二,要把学校体育的目标作为国民体育阶段性目标的一部分,学校体育目标既要为个体的终身体育奠定基础,也要为国民体育提供广泛的人才基础,促进体育的发展。

3. 学校体育开展的现状

各个学校体育的发展情况不同,因此在制定学校体育目标时要对学校自身的实际情况予以考虑,根据学校体育的环境和条件,并结合国家关于学校体育方面的政策规章等,仔细考察学校的师资状况、场地和设备的情况、经费的来源和支出等,力求使学校体育的目标制定符合国家的要求,符合学校的实际情况,并与学校教育和学校体育的发展趋势相结合,对未来学校体育的中期和长期目标做出适当的安排。

(四)实现学校体育目标的基本要求和途径

1. 实现学校体育目标的基本要求

在学校体育教育工作中,要促进学校体育目标的顺利实现,需要满足如下要求。

(1)面向全体学生贯彻学校体育教育

学校在贯彻公平、公正原则,面向全体学生的基础上实施体育教育,保证全体学生都享有体育教育的权利。在学校体育教育中,要创造一切条件,组织和动员全体学生参加各种形式的体育活动,使他们获得身心的全面发展。对于那些体育基础较好、具有运动天赋的学生,要利用已有的条件尽量满足他们的需求,提高他们的运动水平;对于运动基础较差,患有身体缺陷或某些疾病的学生，要根据他们的实际情况安排一些适当的保健体育活动。总之，要想学校体育工作得到全面的贯彻实施，就必须要面向全体学生，这样学校教育的目标才有可能实现。

(2) 系统开展学校体育活动

学校体育是一项系统工程，为促进这项工程的顺利运转，要求在整个学校教育的基础上系统开展学校体育活动。

第一，学校体育作为学校教育的有机组成部分，应该与学校的工作相结合。一方面，学校体育工作要遵守国家和政府的各项规章制度和政策，以及学校教育工作的各项规章制度，使学校体育各项工作同步进行；另一方面，学校体育教育在完成教学任务的同时，还要与健康教育、卫生保健等工作相结合，注意对学生进行体育卫生保健等方面知识的教育，并对学生的营养和学校环境卫生条件进行改善。

第二，体育课和课外体育活动是实现学校体育目标的两个基本途径。事实上，学校体育中每周仅两三课时的体育课并不能满足学生的需求和实现学校体育目标的需要，因而课外体育活动显得尤为重要。要想更好地完成学校体育教育的目标和任务，就要将课内和课外结合起来，使之形成一个不可分割的整体，共同促进学生的身心发展。

总之，在学校的整体教育中，要系统开展学校体育活动，使学生身心全面健康发展，使学校体育的目标顺利实现。

(3) 营造良好的学校环境条件

学校环境条件主要包括硬性条件和软性条件两个方面。硬性条件主要是指开展学校体育活动所必需的物质条件；软性条件则是指开展学校体育活动的校园氛围、学校传统、各项学校体育的规章制度以及心理环境等。这两个方面对于学校体育目标的实现都具有重要的意义和作用。主要表现在以下两个方面。

第一，硬性条件是实现学校体育目标的物质保障，学校应该加大体育器材设施等的投入，为学生更好地从事体育活动提供一个良好的环境。

第二，软性条件对学校体育活动的开展起到重要的辅助作用，因而学校应该努力构建学校体育的传统和良好风气，营造积极向上的体育氛围，促进学校体育目标的实现。

(4) 加强学校体育的科学研究

近年来，学校体育一直处在深刻变革之中，实践中出现的许多理论问题和实际问题亟须解决，这就需要对学校体育进行科学研究，以期更好地实现学校体育教育的目标。在进行学校体育的研究时，要与我国的基本国情相适应。我国地域广阔，各级各类学校的体育基础和发展极不平衡，不同学校、地区所面临的实际问题也各不相同,因此,有必要加强学校体育的研究,这是深化学校体育改革、提高学校体育质量的必经之路。

2. 实现学校体育目标的途径

体育课和课外体育活动是实现学校体育目标的两个基本途径。因此,体育课和课外体育活动担负着学生最主要的学校体育活动内容,是学校体育的中心工作和重要环节,因为其在学校体育中发挥的作用和本身的特点都各不相同,所以其在实现学校体育目标的过程中也各自具有不同的作用和特点。

(1)体育课

在现今我国的教育体系中,除了学前教育和研究生教育阶段,体育课都是国家教育部规定的各级各类学校都必须开设的必修课。每个教育阶段所开设的体育课都有相应的课程标准或教学大纲,按一定的班级授课。在通常情况下,体育课是学生毕业、升学考试的考试科目之一,它承担着对学生进行系统的体育教育的重任,通过体育教学能使学生掌握基本的体育知识,增强学生体质,全面发展学生的素质,从而实现学校体育目标。

(2)课外体育活动

课外体育活动是指体育课之外的学校体育活动,它具有内容丰富,形式多样的特点。主要包括早操、课间操、课外体育锻炼、个人体育锻炼、班级体育锻炼、课余体育训练、课外运动竞赛以及节假日组织的郊游等形式的体育活动,其活动形式和时间安排自由灵活,由学校工作计划和学校体育工作计划确定。课外体育活动对巩固和提高学生的体育知识和技能,丰富学生的课余生活等方面也具有重要的作用和意义。

因此,在学校体育工作中,应将课外体育活动与体育课结合起来,互相促进、密切配合,从而更好地完成学校体育任务,实现教育目标。

第二节　我国学校体育事业发展的现状分析

一、我国学校体育发展的现实背景

(一)社会的不断进步

学校体育的发展离不开社会进步,它是我国学校体育改革与发展的重要现实背景,这主要通过以下几个方面体现出来。

1. 社会进步改善了学校体育场地设施条件

随着我国经济的发展,我国对学校设施的投入力度在不断地加大,特别是在体育场地与设施上,基本上改善了学生参加体育活动无场地、无器材的局面,使学校体育教学内容改革的实现有了可能。特别是20世纪90年代以来,"快乐体育园地"的建设极大地激发了学生体育锻炼的热情。

2. 社会进步增加了学生的心理压力

优胜劣汰是当代社会的重要生存法则,这也引起了社会各领域的激烈竞争,导致生活节奏越来越快,使现代人的心理压力越来越大。对于学生来说,课业负担、升学压力以及人际交往等方面存在的问题使一部分人产生了心理障碍,如性情孤僻、压抑、情绪失常等。特别是独生子女,常存在着以自我为中心、自私、缺乏独立生活能力、缺乏协作精神、任性、逆反和意志薄弱等问题。体育运动能够缓解人们的精神压力,对于学生来说,学校体育的良好发展可以减轻他们所存在的心理问题的程度,甚至会解决某些心理问题。

3. 社会进步带来了"文明病"

现代文明在带给人类舒适和安逸的同时,也给人类的身心发展带来了消极影响。例如,在日常生活中由于过多摄入动物脂肪、高蛋白及糖类,导致肥胖、冠心病、高血脂等疾病发生率的上升;电气化与自动化程度的提高,导致体力活动越来越少,身体得不到有效锻炼等。这些问题对人类的健康造成了严重的威胁,对于青少年来说,由于学习负担繁重和运动不足,身体素质在不断下降,这就使得学校体育的发展迫在眉睫。

(二)教育事业的不断发展

学校体育发展是教育发展的一部分,因此,教育事业的不断发展是学校体育发展的一大现实背景。

随着人们对教育事业认识的不断加深,国家积极采取一系列措施来推动教育事业的发展。1993年,中共中央、国务院颁布了《中国教育改革和发展纲要》,指出:"进一步转变教育思想,改革教学内容和教学方法,克服学校教育不同程度存在的脱离经济建设和社会发展需要的现象""中小学要由'应试教育'转向全面提高国民素质的轨道,面向全体学生,全面提高学生的思想道德、文化科学、劳动技能和身体心理素质,促进学生生动活泼地发展""进一步加强和改善学校体育卫生工作,动员社会各方面和家长关心学生的体质和健康。"1997年,国家教育委员会下发了《关于当前积极推进中小学实施素质教育的若干意见》,指出:"素质教育要使学生学会做人、学会求知、学会劳动、学会生活、学会健体和学会审美。"1999年又颁发了《中共中央国务院关于深化教育改革全面推进素质教育的决定》,进一步强调:"健康体魄是青少年为祖国和人民服务的基本前提,是中华民族旺盛生命力的体现。学校教育要树立健康第一的指导思想,切实加强体育工作……确保学生体育课程和课外体育活动时间,不准挤占体育活动时间和场所。"国家出台的这些措施,不仅促进了教育事业的发展,也为学校体育的改革与发展提供了依据,正是在这样的现实背景之下,学校体育作为素质教育改革的一个重要方面,成为人们研究和关注的焦点,无论是在教学观念上,还是在教学形式、教学内容上都有了新的突破。

2000年,教育部下达了《关于在小学减轻学生过重负担的紧急通知》,明确规定:"不得增加周活动总量,更不得增加学科教学的学时,不得占用节假日、双休日和寒暑假组织学生上课",这一规定保障了学生进行体育活动的时间。2005年,《教育部关于落实保证学生每天体育活动时间工作的意见》出台,要求:"各地中小学必须按照国家有关中小学体育课开设的规定和要求,开齐并上好体育课""保证课外体育活动时间。凡没有体育课的当天,学校要组织学生参加一小时体育活动,课外体育活动时间应排进课表""实行大课间体育活动""落实必要的物质保障""加强组织管理""校长是保证学生每天一小时体育活动的第一责任人。"同时还要求:"建立督导、检查和工作评比制度,各级教育督导部门要将落实学生每天一小时体育活动工作,纳入对中小学校的综合督导内容及评估指标体系,加强督导检查。同时各级教育行政部门也要把这项工作,列为对学校日常工作的检查、学校校长年终考评以及有关的工作评比内容之中,定期进行检查、督促,使保证学生每天一小时体育活动工作落到实处。"这些详细的规定使学校体育的开展与监督有了可执行的依据,为学校体育的深入发展创造了有利的条件,推动了素质教育的全面实施。

(三)体育事业的不断发展

学校体育是体育事业的重要组成部分,学校体育的发展能够为体育事业输送更多的优秀体育人才,而体育事业的不断发展又能够营造良好的体育气氛,带动学校体育的发展。因此,在学校体育发展中,体育事业也是非常重要的现实背景。

20世纪80年代以来,受政治、经济政策的影响,我国体育事业走出低谷,如竞技体育步入世界强国,群众体育有了长足进步。1995年6月,国务院颁布了《全民健身计划纲要》,指出:"全民健身计划以全国人民为实施对象,以青少年和儿童为重点""各级各类学校要全面贯彻党的教育方针,努力做好学校体育工作。要对学生进行终身体育的教育,培养学生体育锻炼的意识、技能与习惯""要积极创造条件,切实解决学校体育师资、经费、场地设施等问题。"为学校体育的发展提供了政策依据。

2008年,北京奥运会的成功举办进一步刺激了中国体育事业的发展,激发了人们对体育事业的热情。我国运动员在体育赛事中取得的优异成绩也进一步促进了人们对体育事业的兴趣,随着我国经济的发展,体育产业也正处在蓬勃发展中,对体育人才有着强烈的需求,这些都促使着学校体育进行更为深入的改革,以便满足体育事业发展的需要。

总之,学校体育的发展是有其特定的历史背景和相应的现实背景,学校体育不仅是素质教育的重要内容,还是素质教育的重要手段,只有大力发展学校体育,才能发挥学校体育在"一带一路"倡议中的重要作用。

二、当前我国学校体育事业发展中存在的问题分析

(一)体育学科地位依然较低

新中国成立以来,学校体育作为学校教育的重要组成部分,发挥了重要的作用,体育课程也成为学校教学的必修课程。但目前学校体育的学科地位依然没有得到根本的改变,处在边缘化位置。

对学校体育在当今学校教育中地位的形象可以这样描述,"讲起来重要,干起来次要,忙起来不要"。新课程改革中,国家规定义务教育阶段中小学体育课1~2年级每周为4课时,3~9年级每周为3课时,但能够按照规定正常完成课时的学校不多。调查发现,"中学体育课(包括音乐、美术课)被改上其他课的占到37.5%。全国有18%的学校不设立体育课,22%的学校无法执行现行的体育教学大纲或课程,近50%的学校难以落实每天一小时的体育锻炼时间。在我国农村60余万所小学、7.8万所中学中,有19%的学生没有得到体育教育的权利,12%的学校体育教学处于随意状态。"多数学校领导不重视体育教学,对体育教师的工作不支持也不反对,在体育教学方面的投入极少,体育教师待遇较低,体育教学中场地与器材严重缺乏,体育教师工作积极性普遍不高,严重影响了体育教学质量和学生体质健康发展。学校体育教师紧缺,有些领导认为体育课可由其他的文化课老师兼任,因而对体育教师的引进持保守态度,多数学校体育教师要分担大量的工作,精力分散,不利于体育工作的展开。

"应试教育"现状下,升学压力不断增加,体育课成绩的好坏对学生的升学机会没有影响,老师和学生就容易把体育课看成是不重要的可有可无的课程,在升学面前,体育课或者体育锻炼显然不受重视,学校体育"每天锻炼一小时"的目标很大程度上成为一句倡导性的口号。除此之外,体育理论的研究与实践的关系较为分散,对社会形成的贡献不明显,具有较高指导价值的研究成果几乎没有,这就使体育学科的地位难以得到提高与改善。

(二)学校体育课程教学的价值取向问题

学校体育课程教学目标及其相互关系的问题是学校体育课程教学价值取向问题的主要体现。

20世纪50年代,我国体育理论界有过体育教学的目的与任务中以什么为主的争论。一种观点认为,应当以掌握"三基"为主,即掌握体育基础知识、基本技术和基本技能为主;另外一种观点认为,应当以促进学生体质的增强为主。前者认为,体育作为一门课程,学习和掌握体育基础知识、基本技术和基本技能,是由体育课程教学的本质所决定的。其理由是,不掌握"三基"就不可能进行科学锻炼,不能进行科学锻炼,就不可能有效地增强体质。这场争论没有结果。后者认为,以增强学生体质为主是由体育的本质功能所决定的,并以毛泽东同志"发展体育运动,增强人民体质"的题词为依据。

20世纪70年代末,随着"体质教育论"的出现,相关的争论又一次被提出。"体质教育论"对体育教学大纲的"三基"教学进行了批评,将其称为"自然主义体育的产物",是"传习式教学的反映",认为把"增强体质"作为"三基"教学的"副产品"是"本末倒置"的表现。于是就逐渐出现了身体素质练习、课课练、循环练习等。这次争论被一些人说成是"体质派"与"大纲派"之争,持续至80年代初,"体质派"占据上风。

20世纪80年代之后,"三维体育观"(生物观、心理观以及社会体育观)的出现严重冲击与威胁了"体质教育论"。受"三维体育观"的影响,很多人一致认为,体育课程教学这一系统是具有多功能和多目标的。主张要进一步开发体育课程教学的功能,充分发挥体育课程教学全面育人的作用。不同意把增强学生体质当作体育课程教学的唯一目标,并批评它是"纯生物体育观的反映""只追求个体水平上的生物学效果"而无视体育课程教学的心理学与社会学的功能与目标,会削弱体育学科在整个课程教学中的地位与作用。多目标论认为,增强学生体质不仅不是体育教学的唯一目标,甚至也不是体育教学的首要目标。有关学者对此提出了以下观点。

(1)如果人为地将增强学生体质看作是体育教学直接追求的首要目标,

就会毫无疑问地把体育课变成锻炼课,体育课程的存在也就没有了自己的学科意义,从而将体育课程教学与群众性体育锻炼的界线混淆。

(2)"超量恢复原则"是增强体质的生理学依据,要在非常有限的课次和课堂教学时间中将增强学生体质的目标实现,这是没有理论根据的,而且是难以实现的。

(3)引用我国教育家王策三教授对体育教学的论述作为权威论据。王策三教授在《教学论稿》一书中明确指出:"教学对体育也提供了特别有利的条件。首先也是提供科学的基础。专设的体育课,其根本职能就是对学生保护身体健康和科学锻炼身体提供理论知识和方法的指导,至于在每周几节有限的课时内对学生身体运动和体质发展所产生的影响,那还是第二位的事情。这种指导将影响学生一生身体的健康发展。"

21世纪以后,随着体育教学的深入改革,在体育课程教学的价值取向上,一开始有些人过分强调体育课程教学的心理学与社会学价值,因此突出体育课程教学的情感目标与社会适应目标,而忽略了体育知识技能价值的掌握,甚至还提出了"淡化技能教学"的口号。经过一段时间的争论与研讨后,争议逐渐得到消除。这就是后来在普通高中《体育与健康课程标准》中所指出的:高中体育与健康课程是一门以身体练习为主要手段,以体育与健康知识、技能和方法为主要学习内容,以增进高中学生健康为主要目的的必修课程。

从百年发展演变的历史,我国体育课程教学目标形成了以下的特点。

(1)在不同的社会历史时期对体育课程目标的追求有不同的侧重。

(2)无论社会如何发展,掌握体育知识技能,培养运动兴趣和习惯,促进学生身心的发展,始终是体育课程教学所要追求的目标。但侧重与表述方式在不同社会发展阶段是不尽相同的。

(3)体育课程教学目标既可能分化,也可能重新组合,还可能有新的拓展。

(4)体育课程教学目标表现出多元化的发展趋势。

(三)国家和社会对学生的体育要求与学生个体体育需要的矛盾问题

在20世纪80年代之前,我国学校体育尤其是体育课程教学中,因为历史方面的制约,过分强调国家和社会对学生的体育要求,从而忽略了学生个体的体育需要。在当时历史背景下,学校主要将体育作为"共产主义教育的重要手段",学校对学生进行体育教育以及学生参与体育锻炼都只是为了

"劳动与卫国",只是为了满足国家和社会的要求。在学校体育和体育教学中,如果有人提出要重视学生的体育兴趣与爱好,提出者就会经常被认为是具有"资产阶级体育思想";倘若学生提出个人的体育兴趣与爱好应当得到关注与重视,往往会被认为是"锻炼动机不纯"与"个人主义"。

随着素质教育的推行与教育的不断深入改革,在学校体育与体育课程教学中,学生的主体地位不断明确,国家和社会开始普遍关注与积极重视学生个体的体育需要和体育兴趣,这是之前所不可能发生的事情。在新制定的全日制义务教育《体育(与健康)课程标准》中强调了要"以学生发展为中心,重视学生的主体地位""激发和保持学生的运动兴趣""关注个体差异与不同需求,确保每一个学生受益。"

但是,在近年又逐渐出现了另外一种不好的倾向,即过分重视学生个体的体育需要和兴趣,而忽略国家和社会对学生的体育要求,甚至排斥与否决这方面的体育需求。将社会对学生的体育需要当作"传统学校体育思想的反映和计划经济的产物"。他们只是单纯以学生的体育兴趣为依据来对学校体育与体育课程的目标与内容进行确定与评价。

学校体育作为学校教育的组成部分,是一定社会政治与经济的产物,受到一定社会政治与经济的影响与限制,为社会政治与社会经济而服务。作为一个发展中的社会主义国家,我国发展教育的主要目的是对与现代社会需要相符合的德、智、体、美全面发展的社会主义建设者和接班人进行培养。作为学校教育的一个重要组成部分与大中小学的一门必修课程,体育应该为培养国家所需要的人才而服务。

学生个体体育需要可以集中概括为国家和社会对学生的体育要求,国家的意志和社会的共同利益能够通过其对学生的体育要求反映出来,学生群体共同的根本需要也能够从中得以体现,所以在很大程度上,国家、社会和学生的需要是一致的,并不存在绝对的不可调和的矛盾。例如,学习体育知识技能、体验运动乐趣、养成锻炼习惯、促进身心健康、为终身体育奠定基础等,既是国家和社会对学生的体育要求,也是学生个体的体育需要。这里存在一个个体的长远体育需要与当前情感(兴趣)需要的矛盾。诚然,学生所喜爱的任何一个运动项目或体育内容,只要运用得当,都可以用来强身健体和实现其他目标。所以,根据学生个体的体育需要来组织开展学校体育与体育教学活动是科学的,问题在于学生个体的体育需要各不相同,在实际工作中任何一所学校都不可能使学生各种不同的体育需要完全得到满足。即便是被大家所推崇的选项教学,由于客观因素也不可能完全根据学生的需要和兴趣从事体育学习和锻炼。所以,学生个体的体育需要与学校体育实际之间,可能存在的矛盾问题是学生个体的体育需要与国家和社会对学生的体育要求的矛盾的主要体现。此外,个别学生对学校可能提供的体育学习与锻炼的内容不喜欢,或者有些学生不喜欢体育,这也是矛盾的主要表现。

学生对体育的兴趣不是天生的,而是在后天的体育实践中形成和发展的。中小学生已有的某些体育兴趣,是比较有限的,而且也不太稳定,大多尚未形成兴趣中心。因此,他们已有的某些体育兴趣是可以改变和拓展的。要重视学生个体的体育需要和体育兴趣,但不是兴趣决定一切。应强调国家和社会对学生的体育要求,仍然是制订计划与实施学校体育的主要依据,但决不能以此为借口,忽视学生个体的体育需要和体育兴趣。

(四)学校体育中的统一性与个别性的矛盾问题

学校体育管理中的统一性反映了国家的意志及国家对学校体育工作的基本要求。学校体育管理工作中的个别性,反映了地方和学校的体育工作实际和特色。二者之间的关系不仅关乎国情,而且也关乎社会发展。

我国地大物博、幅员辽阔,由多民族共同组合而成,又是一个发展中的社会主义国家。在这一条件下,我国的学校体育应当有相对统一的要求,这主要是为了使学生能掌握必要的世界与民族的优秀体育文化,达到国家和社会对学校体育工作的基本要求,保证学校体育教育的质量。但是,也正是由于我国幅员辽阔,山区和平原、城市和农村、沿海和内陆等不同地区的经济、社会与教育的发展水平存在着很大的差异,而且不同地区的办学条件、气候条件与学校体育资源也存在很大的差别,所以不能对各地各校的学校体育工作进行强求。如果用统一的标准、统一的模式来要求各地各校各不相同的学校体育工作,实际上是对学校体育改革的否定,扼杀了各地各校学校体育特色,不仅是错误的,也行不通。

为了保证学校体育方针政策的贯彻与落实,促进学校体育目标的实现,在学校体育管理方面,国家制定并颁布实施了一系列法规性文件。如《学校体育工作条例》《学生体质健康标准实施办法》《初中毕业升学体育考试工作实施方案》《大中小学体育器材设施配备目录》等,这些文件对以下几方面提出了统一的要求与规定。

(1)学校体育的基本任务、基本方向、基本原则。

(2)体育教学、课外体育活动、课余体育训练与竞赛、体育教师、组织机构和管理。

(3)场地、器材、设施和经费以及学生的体质与健康等。

但是,针对如何贯彻与执行这些统一的学校体育管理法规,不同的省、市、区可从本地的具体情况出发制定实施细则与标准。

在体育课程管理方面,我国中小学实施统一的《体育(与健康)课程标准》,一方面对"课程目标""学习领域""内容标准"与"选择教学内容的基本要求"等做出了明确的统一规定,反映了国家的意志和对学生体育与健康的基本要求,各地各校都要贯彻执行;另一方面,对教学内容并不做出具体的规定,对学生的体育学习评价也没有制定统一的标准。教学内容可由各地各校自主选择,评价标准可由各地各校自己制定。在大学则实施《全国普通高等学校体育课程教学指导纲要》,也只规定"确定体育课程内容的主要原则",而不规定具体的教学内容。只要是有利于实现课程目标,符合原则,各校完全可以灵活选择教学内容。

尽管如此,学校体育中的统一性与个别性毕竟是一对矛盾,要统一什么问题;做到什么程度的统一;什么问题可以个别规定;个别规定的要求是什么等,这些问题都不是毫无变化的。随着社会的进步,学校体育发展水平将不断提高,因此学校体育的个别性与灵活性也会更加突出。

(五)教师的"教"和学生的"学"的矛盾问题

受保守落后的教育思想的制约,传统体育教学往往只强调以教师为中心,以教材为中心,将学生看作是被教育的客体,接受知识技能的容器。这种教育思想在体育教学中主要表现为不尊重学生的个体体育需求;忽略学生的个体差异性;没有关注因材施教和区别对待;不重视非智力因素在课程教学中的作用;不关注学生体育学习能力的培养等。教师在课程教学中控制一切和指挥一切,学生被动地围着教师转,跟着教师做。因而在一定程度上挫伤了学生体育学习的积极性,压抑了学生个性和主体性的发展。

现代教育思想认为,学生是学习和发展的主体,学习和发展是每一个学生的权利。教师的"教"是为学生的"学"服务的。为此,必须确立学生在体育课程学习中的主体地位。新制定的《体育(与健康)课程标准》较好地解决了这个问题,在明确体育与健康课程是实施素质教育和培养德智体美全面发展人才的重要途径的同时,强调以学生发展为中心,重视学生的主体地位;注重激发学生的运动兴趣和培养学生的运动爱好与专长;关注学生的个体差异与不同的运动需求,确保每一个学生受益。《课程标准》重新构建了学生在体育课程学习中的主体地位。

有关教师的主导性与学生的主体性,存在以下一些问题:片面地将学生在体育课程学习中的主体地位理解成"以人为本"与"以学生为中心",对学生在课程学习中的个人兴趣过分强调,"必须从学生的兴趣出发"的观点在课程内容的选择与课程实施中过分强调,片面地在教学目标方面对"愉快的情感体验"进行追求,学生运动技能的学习与体能的发展没有得到重视,只注重教学过程而不注重教学结果。而在微观上把教师的"教"与学生的"学"对立起来和割裂开来,认为要"由以教师为中心转变为以学生为中心""由以教为主转变为以学为主""学比教更重要",教学有时候可以没有教师,但却不能没有学生,如函授教学、远程教学;认为应当"学在前教在后",要"由导学式教学转变为学导式教学"等。

实际上,"以人为本"并不是现代教育的产物。在14—16世纪文艺复兴时期就提出了古典人本主义教育思想。18—19世纪以卢梭、裴斯泰洛齐等人为代表的新人本主义教育思想是"以学生为中心"的最初来源。卢梭在其《爱弥尔》一书中提出:教育"要以天性为师,而不以人为师"。这可以说就是"儿童中心论",也就是"儿童本位论"的渊源。到了20世纪初,美国教育家杜威对"儿童中心论"做了进一步的深化研究。杜威将儿童比作太阳,认为一切教育措施都应围绕这个太阳转,一切教育活动都必须"从儿童不变的本能、自发的兴趣和需要出发,以儿童自身的活动为教育过程的中心"。

20世纪60年代末,马斯洛、罗杰斯等人立足于当代社会,以人本主义心理学为基础,又对新人本主义教育思想作了进一步的研究,新人本主义教育思想在这一时期被称为"现代人本主义教育思想"。与古典人本主义和新人本主义教育思想相比,"现代人本主义教育思想"在弘扬人的个性,强调以人为中心,注重人的情感体验等方面与其是统一的。然而"现代人本主义教育思想"更关注的是对学生独立人格的培养,对学生在教学中的主体地位不断进行强调,对培养学生的创新精神十分重视,注意发挥非智力因素在教学中的作用。然而"现代人本主义教育思想"也有其片面与空想的特征。其理论基础存在唯心主义的一面,其教育目的过分强调"个人本位",过分强调个体的需要和个体的发展,过分强调精神层面而忽视物质层面,因而在一定程度上脱离了现实,脱离了社会,同时也就削弱了它自身对教育价值的认识。

因此,我国的体育课程建设,不能单纯地以学生、社会或学科个体为本位,而应该将三者有机结合起来为我国的体育课程建设的本位。这主要是受到世界教育思想发展给人们带来的启示的影响,同时这也是我国体育课程建设过程中总结出的宝贵经验。

在体育课程学习中,学生是主体,因此要将学生在课程学习中的主体地位确立下来。然而如何对学生主体的特点进行正确认识,有的学者对学生主体提出了三条质的规定性:学生是身心处于发育过程中(身心发育尚未成熟)的主体;学生主体的发展程度主要来自教育所施加因素的影响;学生是以接受前人经验为主的学习主体,是教育信息的能动接受者。

以上三条质的规定性,有利于人们正确理解学生在体育课程学习中的主体地位,有利于正确处理"教"和"学"的关系,具体如下。

(1)虽然学生是学习和发展的主体,但发展方向、发展程度主要由"教育所施加因素的影响"来决定。所以,那种片面认识"自主学习",让学生喜欢学什么就学什么,爱怎么学就怎么学,能学到什么程度算什么程度的做法,实际上是放弃教师的职责。表面上看来似乎发扬了学生的"主动性",但却无法使学生学到必需的体育知识、技能,无法使学生的身心得到有效的全面发展,而且还容易导致学生产生"体育没有什么可学,老师没有什么可教"的心理以及形成一种不虚心求学的态度,从而也就从根本上否定了体育教学。

(2)因为学生的身心发育还没有完全成熟,仍处于发展阶段,体育知识和经验非常有限,所以还需要不断激发与培养他们的运动兴趣,不断启发与引导他们的体育需求。因此,在体育课程教学中不能一切都围着学生的"兴趣"转,不能一切都由着学生的"天性"和"本能"。而应当根据教育目标的要求,把学生培养成为全面发展和符合社会需要的人才。

(3)对学生的"学"加以重视的同时不能忽略教师的"教",不能忽略教师在教学中的主导作用。在体育课程教学中,教师先于学生和优于学生掌握相关的理论知识、技术技能、教法手段以及运动经验,而且要深入理解《课程标准》和体育教材,并要做好课前准备工作,教师在教学过程中一定要将自己的主持和主导作用充分发挥出来。古今中外,任何课程的教学都是如此。即使是函授教学和远程教学,教材还得由教师来编写,教学也得由教师来设计。没有学生不成其教学,同样,没有教师也不成其教学,而是"自学"。教是为了学,学有求于教,教和学互为前提,相互依存,没有教师就无所谓学生,没有学生也就无所谓教师。素质教育重视学生在体育教学中的主体地位,但绝不是要贬低和排斥教师的主导作用。人为地将教师的"教"和学生的"学"割裂与对立,或提出谁比谁更重要和以谁为主等做法都是不科学、不可取的。素质教育强调充分发挥教和学两个积极性,以求获得最佳教学效果。

(4)从某种意义上来说,体育学习就是体育"经验和知识的获得"。学生是以接受前人经验为主的学习主体。教学就是要让学生快速、高效地掌握"前人的经验"。因此,我们在体育教学中运用"探究学习"时,不要排斥或否定"接受式学习"。绝不是所有的体育知识、技能,都要让学生通过自己的"探究"去"发现"的,否则体育教学就变成了体育科研了。

(六)体育教学中"死"与"活"的矛盾问题

体育教学中"死"与"活"的矛盾其实就是体育教学中生动活泼与严格要求的矛盾问题,有关这一问题的争论在之前就有过。由于对"死"与"活"的认识,受教学思想与教师水平的影响,在传统体育教学中,往往是一管就死,一放就乱,很难协调与统一,所以在一定程度上影响了学生身心的和谐发展,这一矛盾主要体现在以下两个方面。

1. 营造生动活泼的课堂教学氛围

《中共中央、国务院关于深化教育改革全面推进素质教育的决定》指出:要"尊重学生身心发展特点和教育规律,使学生生动活泼、积极主动地得到发展。"但是,从传统体育教学课中可以看出,通常是十分严肃而没有活泼,课堂上气氛沉闷,学生的表现过于死板,学生个性的发展在这一环境中难以得到提高。

生动活泼是相对于僵死呆板来说的。生动活泼是对"大一统"的解放。所谓"大一统"指的是用统一的规格、内容、方法以及标准来对不同的人进行培养。僵硬、刻板、沉闷与被动的教学氛围通常出现在"大一统"的教学过程中,这不利于学生个性的发展。宽松是相对于束缚的,只有不过分约束与限制学生,学生才能生动活泼起来;主动是相对于被动的,只有主动了,学生才能进行创造性的学习。然而宽松指的绝不是放纵,主动而生动活泼地进行学习,是学生主体能量的释放,是创造性的学习,而不是学生想学什么就学什么,能练成什么样就算什么样,更不是满足于表面上的愉快学习。提倡学生主动、生动活泼地进行体育学习的根本目的是培养学生的主体精神,促进学生个性发展。

鼓励学生主动进行体育学习的要求主要表现为以下几点。

(1)明确学习动机与目的

学生在体育学习中,必须要明确为什么学,为什么要上体育课,为什么要学体育,为什么要学某项教材,为什么要做某一练习,学习这些内容到底有什么用,对自己到底有什么好处。否则只能被动、盲目地学习。如果教师不知道为什么要教,学生不知道为什么要学,那么教和学就很难发挥其主动性,也很难生动活泼起来。

(2)尽量满足学生个体的体育需要

需要产生动机,动机确定目标,目标引导行为。不符合学生个体需要的体育,学生的学习和锻炼就缺乏内驱力,学生就不太可能主动学习。因此,我们应积极开发学校体育资源,在满足国家与社会对学生的体育要求的同时,尽可能满足学生的体育需要。

(3)给学生留出必要的自主学习的时间

在体育课中有计划地安排时间让学生自主学习,这比选择性学习更加宽松,更加自由,也更富于个性化。自主学习并不是"放羊",它是在教师指导下,学生根据自己的需要,或是发展自己的体育特长,或是弥补自己某方面的不足,或是巩固与提高所学的技术动作,所进行的有目的、有计划的锻炼。在锻炼中,教师根据学生的需要给予必要的启发、引导和帮助。需要注意的是,在学生自主学习中,一定要做好安全管理工作。

(4)让学生有选择地进行学习

在体育教学中,如果一切都规定死了,学生只能按规定学习,没有任何选择的余地,那就根本谈不上主动、生动活泼。选择性学习,是在教师根据《课程标准》的要求,对课堂教学进行整体设计的前提下,让学生根据自己的实际,选择教学目标的层次、练习形式、练习难度以及练习伙伴等。虽然这种选择,目前还受到许多因素的制约,但随着我们教学观念的更新和教学条件的改善,在体育教学中选择性必将得到越来越充分的体现。

(5)启发和鼓励学生进行创造性学习

创造性学习是主动地、生动活泼地进行学习的最高体现。体育教学内容丰富多彩,体育手段多种多样,体育形式千变万化,同一目标可以采用不同的方法去实现,同一方法又可实现不同的目标,从而为学生的创造性学习提供极为有利的条件。创造性学习的关键,主要取决于教师的教学设计,并对学生给予方法上的指导。无论学生的创造性学习是否成功,教师都应给予鼓励。

(6)引入柔性教学管理

柔性教学管理是相对于刚性教学管理提出来的。刚性教学管理的职能是计划、组织、指挥、协调、控制,管理的方式强调权威性和强制性,要求学生严格遵守各项教学规章,管理的原则强调课堂常规和组织纪律,强调集体性和统一性。而柔性教学管理的职能是教育、协调、激励、互补,管理的方式是非强制性的心理影响,把管理者的意志变为被管理者的自觉行动,管理的原则是内在重于外在,个体重于群体,身教重于言教,肯定重于否定。引进柔性教学管理的方法有利于创造宽松、有情感的人文环境,有利于学生主动学习。但至柔至刚都是不可取的,因此必须坚持刚柔相济的原则。

(7)科学运用激励性教学评价

教育心理学研究证明,学生的学习行为与学习结果,如果能得到他人特别是教师的认可与肯定,可以进一步坚定学习信心,激发新的学习动机,获得新的学习动力,提高学习的主动性和积极性。为使学生能更加主动地、生动活泼地进行体育学习,体育教师应学会运用激励性教学评价方式,以积极的方法肯定学生的学习行为与学习结果。但运用激励性评价时必须科学合理,实事求是,恰如其分,如果滥用或言过其实,效果可能适得其反。

(8)创建民主、和谐的师生关系

紧张或对立的师生关系必将造成学生的心理负担,破坏学生的学习情绪。学生不可能在紧张或对立的师生关系中主动进行体育学习。现代人本主义教育家罗杰斯十分强调学习中人的情感因素，主张师生间应建立一种平等、和谐、良好的关系，教师应成为学生的朋友和知己，成为学生学习的鼓励者、促进者和指引者。

2. 严格要求要讲究方法

在体育教学中强调营造生动活泼的教学氛围并不是对严格要求的排斥与否定。但是传统体育教学中，"严格"与"死板"是相伴随的，只要贯彻"严格要求"，就会使课堂教学氛围"沉闷""死板"。在传统半军事化的体育教学过程中，只要有严格的课堂纪律约束，全班学生就会表现出整齐划一的动作，显得十分死板。随着教育改革的不断深入，尤其是实施素质教育以来，因为不断对学生主体性的弘扬与个性的发展进行强调，所以对课堂气氛沉闷、呆板进行批评的现象不断增加，这虽然有利于学生的个性发展，但是同时也忽略了严格要求。

实际上，不仅是学校体育目标的实现需要贯彻严格要求，而且素质教育的实施也需要贯彻严格要求。教会学生做人是实行素质教育的首要目标。当然，做人的标准具有多方面要求，然而现代人不能缺乏严谨这一重要的素质与作风。要对严谨的作风进行培养，就需要贯彻严格要求。体育本来就与严谨有着非常密切的关系，只是因为一些教师出现了认识上的偏差和工作上的失误，在体育教学过程中，特别是在课间操中，不能严格要求学生，对学生在体育活动中表现出来的懒懒散散、马马虎虎、随随便便、应付差事、阳奉阴违等现象，熟视无睹，听之任之。这不仅不利于良好体育学习与锻炼效果的取得，而且也不利于学生严谨作风的形成，对此必须高度重视。然而严格要求不是对学生的强制管理，不是一味排斥学生，更不是体罚学生。在体育教学中，贯彻严格要求需做到以下几点。

（1）严格要求必须合理、可行

严格要求并非越严越好，严要严得合理。严格要求应是教学之必须，是为了有序开展学校体育活动和实现学校体育目标。提出的要求要符合学生的年龄特点、认知水平和运动能力，是学生经过努力可以达到的。对学生的批评应当公正、中肯，符合实际情况，符合学生的觉悟程度。教师批评学生时，态度要和蔼，循循善诱，以理服人。

（2）有令必行，有禁必止

在学校体育活动中特别是在体育教学中，教师布置的任务和提出的要求必须严格贯彻执行，做到有令必行，有禁必止。只有这样学生才能养成良好的学习作风。

(3)教师要以身作则

教师凡是要求学生做到的,首先必须自己做到。无论在课上或课后,无论学生在场或不在场,无论有人看课或没有人看课,教师都必须表里如一,树立榜样的形象,发挥榜样的积极作用。

(4)要严而有度

严格要求与生动活泼是一对矛盾,它们是对立统一的。在体育教学中并不是一堂课自始至终一严到底的。一堂课犹如一首诗、一个乐章,必须有张有弛,起伏跌宕,富有节奏。因此,必须要严而有度。

(5)要持之以恒

贯彻严格要求必须持之以恒才有效果,千万不能时紧时松,一次课一个样,弄得学生无所适从。更不能平时上课要求松,有人看课要求严。

在体育课上严格要求主要体现在以下几个方面。

第一,对学生学习态度、精神面貌、学习作风的从严要求。

第二,对学生完成基本学习任务与自定学习目标的严格要求。

第三,对学生完成自定练习数量和完成质量的严格要求。

第四,对学生队列练习的严格要求。

第五,对学生安全学习的严格要求。

"大一统"教育教学指导思想与贯彻严格要求不得法是造成过去在体育教学中出现的僵死、压抑、沉闷等现象的主要原因,严格要求本身的问题并不是主要缘由。实施素质教育要求统一严格要求与生动活泼,二者缺一不可。

(6)既要一视同仁,又要区别对待

凡属于思想品德、课堂纪律、学习态度等问题,无论是对班干部还是一般学生,无论是对体育尖子还是对体育差生,都要一视同仁。但方法可因人而异(如批评)。凡属于能力问题,要区别对待,不能用一个标准、一种规格来要求千差万别的学生。

(7)建立和谐的师生关系

如果师生之间关系好,即教师提出的要求较高,批评较严,学生也能理解,愿意接受;如果师生关系不好,学生容易产生逆反心理,同样的要求,有的学生就是接受不了,总认为老师是在故意为难他。要建立和谐的师生关系,首先要求教师尊重、信任、关心、爱护、理解学生,和学生友好相处,从而获得学生的理解与信任。

(七)主动学习与强迫学习的矛盾问题

在教育改革不断深入和素质教育全面推行的条件下,体育教学中学生的主体地位受到了一定的重视,主要表现为教师鼓励学生发挥自己的主体性;鼓励学生自主进行体育学习;激发学生学习的主动性与积极性,使学生主动学习,而不是被动地、强迫地进行学习。但也有大部分学校实行的是"半军事化"的管理,不考虑学生个体的体育需要,导致学生对体育缺乏兴趣,甚至产生厌学情绪,被动参与严重压抑了学生的个性发展。

有人对20世纪初清华学校(现在的清华大学)公然推行的"强迫运动"进行了研究:每天学生都必须参加10分钟的早操与课间操;每天下午课外活动时间一到,学校的图书馆、实验室和教室都要进行"清场"锁门,学生不得留在室内,必须到运动场去参加锻炼,并制定了"五项运动"标准,只要没有达到标准的学生就不被批准毕业,也不能出国留学。研究认为,这一"强迫运动"有利于促进清华学生体质的增强,也有利于体育传统与体育风气的形成。这一经验对现代学校体育教学具有借鉴意义。

实际上,现在学校体育中所建立起来的一系列规章制度,如初中毕业生升学考试体育的制度、大、中、小学生的体育合格标准,把课间操、课外体育活动排入课表,并规定学生必须参加,以及《国家体育锻炼标准》达不到良好水平,不得评为"三好学生"等,都具有一定的强制性。这也是"依法治教"与"依法治体"的表现。如果学校体育没有这些强制性的制度保证,参加课间操的学生就会不断减少,学生也不会自觉参与课外体育活动,这对学生身心素质的发展非常不利。

在学校体育工作中,我们要从实际出发,有效调整学生主动参与和制度保证强迫其学习的关系。

(八)学校体育与竞技体育之间存在斗争

我国关于"土洋体育"的争论始于20世纪30年代。"土体育"指的主要是我国的传统体育,以武术为代表;"洋体育"主要是指从西方传入的近代体育,以竞技体育为代表。虽然发生这场争论的历史背景比较特殊,但从这场争论的本质来看,就是体育文化中民族性和世界性、传统性和时代性之间的矛盾关系。

学校开展课余运动训练,不仅是我国竞技体育发展的需要,而且也是我国学校体育自身发展的需要。1979年,教育部和国家体委联合制定与颁发了《高等学校体育工作暂行规定》和《中、小学体育工作暂行规定》,这两个规定都明确提出:学校体育要"贯彻普及与提高相结合的方针。重点抓好普及,同时也要不断提高体育运动技术水平。"1990年,国务院批准颁发《学校体育工作条例》,强调了这一问题,提出"学校体育工作应当坚持普及与提高相结合"的原则,"提高学生运动技术水平,为国家培养体育后备人才"。此外,学校课余运动训练的开展,加强对学生运动特长的培养,也是一些学生的体育需要。所以,一般来说对学校开展课余运动训练,持反对态度的同志是个别的,绝大多数人是赞同的。但他们认为,学校领导不应该只重视运动队训练而忽视体育教学与群众性体育活动的开展;教育行政部门与学校体育管理部门在评价学校体育工作时,不应该只看学校运动竞赛的成绩。这些意见值得参考。

但是在学校体育教学中,对竞技体育的态度有两种不同的观点。有些人极度反感体育教材中出现的竞技运动项目,认为竞技项目与健康的关系不大,而仅仅是以竞技体育为中心的表现,其与课程目标完全相反,必须革除。但是有的人认为,在体育文化宝库中,竞技体育是精华,体育教师与学校体育理论工作者,研究与阐述学校体育的人文精神与社会价值时,举的例子大多是竞技体育的特点与功能。实际上,田径、体操、篮球、排球、足球、乒乓球、羽毛球、游泳、武术等竞技体育项目早已成了我国体育课程的主要教材。

在新一轮的体育课程教学中,学校大力提倡选项教学,竞技体育项目是学生所选的最多的项目。通过学习与锻炼竞技体育项目,有利于学生身体健康素质的发展。《体育(与健康)课程标准》中提出,让学生较好地掌握一两个项目的技术与战术和应当"十分重视培养学生的运动爱好和专长",所指的基本上也是竞技体育项目。因此竞技体育与课程目标无关的说法是错误的,在学校不应该被排斥竞技体育。在中小学中开展竞技体育项目时,要注意以中小学生的年龄特点及教学时数为依据,适度降低运动技术教学的难度和要求,简化运动规则,改进场地器材等。所以,在体育课程与体育教学中如何正确认识与对待竞技体育,仍是一个值得继续深入研究的问题。

第三节 "一带一路"倡议下我国学校体育事业发展的策略

在"一带一路"倡议下,我国可采取以下策略来推动我国学校体育事业的深入发展。

一、加强体育教学的深入改革

体育教学是学校体育事业中最重要的内容,发展学校体育事业,关键是要发展体育教学。而改革体育教学的弊端是实现体育教学发展的基本路径,体育教学包括体育教学思想、体育教学目标、体育教学内容、体育教学方法、体育教学评价等要素,改革与发展体育教学应从这几个要素来着手进行。

(一)体育教学思想的改革

体育教学思想是体育教学的先导,是一种社会意识形态。科学的体育教学思想不仅要与社会发展规律、体育发展规律相符,还与体育认识的规律相符,这样才能更好地发挥体育教学思想对体育教育的指导意义。

随着社会的发展和生活水平的提高,人们把体育作为娱乐和消遣活动的愿望日益明显,终身体育将成为人们日常生活中的基本需要。高校作为大学生受教育的最后阶段和进入社会的准备阶段,以正确的体育教学思想指导高校体育教学,以增强大学生体质,培养其体育意识,养成自觉锻炼的习惯是我国高校体育教学应特别重视的重要工作内容。

(二)体育教学目标的改革

树立正确的体育教学目标有利于顺利完成体育教学任务,实现体育教学目的。在体育教学过程中,体育教学目标要始终服从教学目的这一事实,不能随意改变。当然,体育教学目标作为一种策略,具有一定的灵活性,它既要考虑增强学生体质这个本质特点,又要考虑包含心理的、非智力的、人文目标的、社会的等多项目标要求,使学生具备可持续发展能力。只有当这些因素都有机地结合起来,在体育教学过程中科学地分步实施和实现的时候,才能说体育教学目标与教学目的是协同一致的。

(三)体育教学内容的改革

改革与发展体育教学,需要选择正确的体育教学内容,只有这样,才能更好地强化体育的多功能目标。在体育教学实践中,体育教师对体育教材内容的选择,既要考虑其生物性价值,也要考虑其教育性价值,还要将科学性和实效性相结合。在体育教学中要将身体锻炼知识、运动技能和手段的掌握、健康水平评价、运动技术原理等合理地贯穿在整个教学过程中,使这些要素有机结合,从而适应现代体育与健康教育相结合的发展趋势。

(四)体育教学方法的改革

体育教学方法是实现教学目标、达到教学目的的重要因素之一。在新的历史发展阶段,要发展体育教学,必须改革传统落后的教学模式,采用多种教学方法,充分发挥学生的主体作用。例如,运用"磨难体育"教学方法可以使学生接受挑战,磨炼意志;运用"快乐体育"教学方法能激发学生学习的兴趣,使学生获得良好的体验,在快乐的气氛中达到增强体质的目的;运用"游戏体育"教学方法可以规范学生的行为,使学生严格按照规则来约束自己的行为。

(五)体育教学评价的改革

评价对体育教学具有非常重要的导向作用,科学的体育教学评价方法对提高体育教学质量具有重要意义。

在体育教学中,科学的体育教学评价方法,不仅要客观地评价体育教学的结果,更要重视整个体育教学的过程。在对学生进行评价时,不能简单使用以体能来反映体质状况、以技能反映教学效果的评价方法,而是应反映学生提高的幅度和可能产生的深远影响,从而构建将体育教学的结果评价和过程评价有机结合,侧重于发展,着眼于未来的体育教学科学评价体系。

(六)体育教学安全教育

在体育教学中,因为教学环境的特殊性,学生容易发生损伤事故。因此,通过体育教学经验的积累,体育教师必须全面考虑所有可预测的危险因素(表4-2),在体育教学过程中尽量消除一切可以消除的潜在危险,为学生的健康与安全提供保障。

表4-2 体育教学中可预测的危险因素

可预测的危险因素	举例
因学生的思想态度产生的危险因素	如莽撞行事、擅自行事、准备活动不充分等
因学生身体差异产生的危险因素	如力量不及、动作难度太大、对运动不熟悉、缺乏必要的保护与帮助等
因学生身体状况产生的危险因素	如学生伤病期间勉强参加运动引发危险等
因器械坏损和不备产生的危险因素	如绳索折断、双杠折断、球拍头脱落飞出等
因场地条件变化产生的危险因素	如雨雪地上的滑倒、塑胶地破损的绊倒等
因特殊天气产生的危险因素	如酷暑时的长跑、苦寒中的体操、暴雨的淋浇等

具体来说,学校应制定保障运动安全的有关安全制度,并配备安全设备,限制危险的教学内容和教学手段;在容易发生危险的体育设施上安装必要的保护装置,做好警示标志。体育教师应在体育教学的整个过程中贯彻

落实安全运动与安全教育原则,及时向学生讲解体育安全知识和要领,教同学们互相帮助的技能,时时刻刻地提醒学生要注意安全,提高学生的安全意识与自我保护能力。

二、实现课内外与校内外一体化

现代课程论认为,课程指的是为实现课程目标在教师组织指导下一切课内外活动的总和。大课程观的确立为学校体育走向课内外与校内外一体化奠定了理论基础。新一轮的体育课程改革,就是"从大课程观出发,将体育的课堂教学与课外、校外的体育活动包括运动训练纳入课程之中,形成课内外、校内外有机结合的课程结构"。新的课程结构中体育课程与学校体育的界线不够明显。所以,实施新的体育课程,要求各级各类学校及体育教师不仅要认真将课堂教学搞好,而且还要认真组织好课外与校外的丰富多彩的体育活动,以使学生的全面发展需要得到满足。

有关调查研究显示,"国民经济发展到一定水平,人的体质健康某些指标呈下降趋势;而与体质健康相关的某些人体生理指标的提高,必须要有一定锻炼时间、量和强度的积累;如果每周体育活动的总量仅仅是2~3节体育课,那么通过体育教学提高学生某些生理机能的作用也是微乎其微的。"不仅大多数发达国家的社会实践证明了这一情况,而且我国学生体质健康调查结果也充分证明了这一情况的客观存在。

我国学生体质健康某些指标的持续下降,引起了我国社会与政府的广泛关注与高度重视。《中共中央国务院关于深化教育改革全面推进素质教育的决定》强调指出:"学校要树立健康第一的指导思想,切实加强体育工作""确保学生体育课和课外体育活动的时间。""健康第一"不仅是学校教育的指导思想,更是学校体育与体育课程的指导思想。要深入贯彻与全面落实这一指导思想,促进学生体质健康,学校体育就必须走课内外、校内外一体化的整体改革道路。因此,有力促进学校体育课内外、校内外一体化的进程是促进学生健康发展的迫切需要。

为了适应"课内外、校内外有机结合的课程结构"的需要,必须充分开发和利用体育课程资源,具体从以下几方面着手。

(1)从课程时间来看,要充分合理地利用课程计划规定的教学时间外、早晨、课间、课外、双休日、节假日的时间。

(2)从课程的空间来看,合理开发校内外一切可以用来进行体育锻炼的场地空间,如社区、家庭、少年宫、业余体校、体育俱乐部,以及江河、湖海、田野、山林、草原、沙滩等,从而为学校体育课内外、校内外一体化发展提供有利的条件。

(3)从人力资源来看,要积极动员体育教师、班主任、辅导员、有体育特长的其他学科教师、校医、共青团与学生会的干部以及体育特长生等,使这些资源充分发挥自己的作用。

总之,学校体育必须冲破课堂与校园藩篱,向课内外、校内外一体化的方向发展。

三、向多样化的方向与趋势发展

(一)学生个体体育需要的多样性

《体育(与健康)课程标准》要求要对学生不同的体育需求加以关注,满足学生自我发展的需要。但不同学生的体育需求是有差别的,而且同一学生的体育需求也是多种多样的,如有健美需求、健身需求、发展体育特长的需求、娱乐需求、调节身心的需求等。学校体育的多样性发展必须以学生个体体育需求的多样性为基础动力。

(二)学校体育内容的多样性

为了满足学生不同的、多种多样的体育需求,必须促进学校体育内容的多样化发展,开展不同类型的体育运动课程及课外活动,具体如下。

1.个体健身类的体育项目

个体健身类的体育项目包括发展肌肉练习、健美运动、越野跑、健身操、山地自行车、长走等。此类项目可以个人进行锻炼,很少受到一些因素的限制,可以在校内或校外进行,使学生的健身需求得到满足。

2.反映时代特征的现代体育项目

反映时代特征的现代体育项目包括篮球、足球、跆拳道、体育舞蹈、攀岩等。此类项目具有很高的挑战性,有利于发展学生个性,符合青少年学生的身心特点,能使学生实现自身价值和加强社会交往的需求得到满足。

3.休闲体育项目

休闲体育项目包括网球、台球、保龄球、乒乓球、羽毛球、游泳、冰雪运动、轮滑、滑板等。这些项目具有较强的娱乐性及较高的技术性,运动量的大小可以适当调节,能够使学生愉悦身心的需求得到满足。

4.民族、民间体育项目

民族体育项目包括武术、散打、导引养生等,民间体育项目包括跳绳、跳皮筋、跳方格、踢毽子、跳竹竿、荡秋千、爬竹竿等,将这些项目作为学校体育资源与体育课程资源,可满足学生健身、娱乐等多种需求。

总之,为了与学生个体的体育需求相适应,在未来的学校体育中,必须有效开展健身、健美、娱乐、竞技以及民族民间等各种类型的体育项目,并将健身、健美与娱乐体育项目作为体育教学的主导内容。

(三)学校体育组织形式的多样性

学校体育特别是学校课外体育的形式随着学生体育主体意识的不断加强必将发生相应的变化。为了适应学生的不同体育需要,学校应以自身具体条件为依据对多种多样的体育俱乐部进行组建。这些体育俱乐部大致可以分为两大类:以健身、健美、娱乐为目的的群众性的体育俱乐部;以发展学生体育特长、提高运动技术水平为目的的竞技体育俱乐部。

学校体育社团也是非常重要的学校体育组织,是由学生自己组织、自己管理、自由参加的群众性体育团体。通常各社团是由学生会、团委,学校体育教研部(室、组)对其进行指导,其形式大都是单项体育协会,如游泳协会、篮球协会、健美协会以及网球协会等。学生根据协会的有关章程自愿报名参加,交纳一定的会费,民主选举管理人员。高校已经普遍出现了这一形式的体育社团。

学生体育社团还有全国性的综合体育团体,如全国中学生体育协会、全国大学生体育协会等,有的省(市)、地(市)、县(市)也建立了相应的大、中学生体协。组织相同级别的学生体育竞赛是地方体协的主要任务。通常地方体育协会与基层学校的单项体育协会不存在领导与被领导的关系。

由于学校体育特别是大中学校的课外体育,正向着自主确定锻炼目标、自主选择锻炼内容、自主组织锻炼的方向发展,所以必须要相应地拓展与丰富学校体育的组织形式。但根据我国的国情和学校的实际,一些传统的行之有效的学校体育组织形式还应该被广泛采用。例如,定期组织全校性的会操、体育节、运动会,或以班级为单位组织的远足、郊游、野营等。

四、重视培养学生的终身体育意识

在传统学校体育中,学生体质健康的近期效益受到了高度的关注与重视,而关于学生体育意识、兴趣、习惯和能力的培养与提高,却没有予以同等程度的重视,致使很多学生毕业离开学校以后,就不再进行体育锻炼,或不知道怎样进行体育锻炼了。在深化学校体育实践中,广大学校体育工作者深刻地认识到,增进学生健康、增强学生体质不是一劳永逸的,要使人终生享有健康,就必须让体育伴随人的终生。因此,学校体育既要重视其近期效益,又要重视其长远效益。要加强终身体育教育,培养学生正确的体育价值观,提高学生的体育意识,使他们养成经常锻炼的习惯,掌握科学健身的知识与方法,形成独立进行科学锻炼的能力。

改革开放以来,终身教育与终身体育思想在我国得到了广泛的传播与认同,并在国家颁发的有关文件中做出了相应的规定,如1995年经国务院批准颁发的《全民健身计划纲要》中强调指出:"要对学生进行终身体育教育,培养学生体育锻炼的意识、技能与习惯。"1996年颁发的《全日制普通高级中学体育教学大纲》中明确提出:"掌握体育的基础知识、基本技能,提高学生的体育意识和能力,为终身体育奠定基础。"

进入新世纪后,在新一轮的基础教育与高等教育的体育课程改革中,更加强调学校体育中的终身体育教育,各级院校应将此纳入课程标准中,有关部门应以法律文件的形式做出明确的规定与要求,将终身体育教育真正落到实处。

第五章 "一带一路"倡议下我国民族传统体育事业的发展研究

我国民族传统体育事业在"一带一路"倡议中也是重要的发展内容。通过"一带一路"倡议,可以将我国优秀的民族传统体育文化内容更好地推向世界,促进我国民族传统体育事业得到更好发展。本章就"一带一路"倡议下我国民族传统体育事业的发展进行研究。

第一节 民族传统体育概述

一、我国民族传统体育概念的界定

关于民族传统体育概念的界定,在民族传统体育产生和发展的过程中,由于不同的研究者对其有不同的理解和认识,因此也会产生不同的见解。1989年由人民体育出版社出版的《体育史》一书,把民族传统体育界定为近代以前的体育竞技娱乐活动。《民族体育》认为民族体育是指具有民族特色的体育活动;《体育人类学》认为民族传统体育是某一个或几个特定的民族在一定的范围内开展的,还没有被现代化,至今还有影响的体育竞技娱乐活动。有学者把民族传统体育界定为在中华大地上产生并流传至今的,和在古代由外族传入并生根发展且有中华民族传统特色的体育活动。也有一些学者将少数民族传统体育简称为民族传统体育或民族体育。

综上所述,我们认为民族传统体育是指在中华民族不同历史时期,不同地域产生开展的传承下来的具有浓厚民族传统特色的各种体育活动的总称。

二、我国民族传统体育的起源

(一) 种族繁衍

种族繁衍是原始人类除觅食之外的另一件大事。觅食为了生存,而种族的繁衍则是为了延续后代。为了实施氏族外的婚配,居住分散而又相对闭塞环境中的许多少数民族都有男女集体交往与求爱的节日和活动,以利于种族的繁衍。另外,由于自然环境恶劣,在择偶观念上少数民族则十分注重男子的身体状况与劳动能力,体育竞技则给了青年男子充分显示自身的智慧和力量以及获取姑娘青睐的机会,符合少数民族英雄崇拜的心理和性选择的需要,这也是少数民族传统体育起源与发展的一种重要驱动力。因此,为能够直接接触创造机会显得尤为重要。许多少数民族传统体育都与青年男女的社交有关,甚至就是专为两性交往提供机会而开展的活动。如壮族的"抛绣球",维吾尔族和哈萨克族的"姑娘追",苗族的"跳月""芦笙踩堂",瑶族的"踏歌"等活动。又如广西苗族、瑶族和侗族的"射弩",在古代不仅是战争传信工具和防身武器,而且还常常被作为青年男女表达爱慕之情的一种信物。

(二) 生产劳动

生产劳动是促进原始体育活动萌生的重要因素。20世纪70年代,在山西阳高许家窑文化遗址中,考古工作者挖掘出了古人类化石以及数以万计的石器。该文化遗址距今已有10万年的历史,其中挖掘出1 500多枚大小不一的石球。据专家们考证,这些石球是当时许家窑人狩猎所用的最有力的投掷武器。后来,随着弓箭等先进的战斗工具的发明和出现,人们猎取野兽的能力逐渐提高,很少再需要用到石球这种笨重的工具。于是石球的功能便开始向娱乐性转化,扔石球的目的不再是为了击伤或击倒野兽,而只是为了消遣,增加一些欢乐的情趣。在距今4~5万年前的西安半坡人文化遗址中发现了三个石球,被放置在一个三四岁小孩的墓葬中,距今约有7 000年的历史。由此可以看出,这些石球已不仅仅是狩猎的工具和保卫自身安全的武器,同时也被作为一种游戏流传开来。

弓箭是狩猎民族的主要狩猎工具之一。根据东汉应劭《风俗通义·卷二·封泰山禅梁父》一书记载,"乌号弓者,柘桑之林,枝条畅茂,乌登其上,下垂着地。乌适飞来,后从拨杀,取以为弓,因名乌号耳",由此可以得知,原始人可能是通过发现桑柘这一类树木的弹力而将其制成了弓箭,因而古代的良弓亦称"乌号"。"乌号"的发明是在原始狩猎时代的一件盛事,恩格斯在《家庭、私有制和国家的起源》一书中明确指出:"弓箭对于蒙昧时代,正如铁剑对于野蛮时代和火器对于文明时代一样,乃是决定性的武器。"自弓箭出现以后,狩猎的效率大大提高。后来,当人们学会种植庄稼和饲养牲畜的时候,狩猎也不像以前那样重要了,人们弯弓射箭已不再是为了射得野兽饱腹充饥,而是为了显示射箭技艺。因此,射箭活动开始带有体育的性质。

(三)宗教祭祀

在原始社会,人类对自然现象往往存在某种恐惧感和不理解,由此而懵懂地认为万物是有灵的。原始宗教便是在这种万物有灵的观念上产生的,主要包括图腾崇拜、自然崇拜和祖先崇拜,以及在此基础上产生的原始巫术活动,其中图腾崇拜和原始巫术对民族传统体育产生了极为深远的影响。

关于图腾崇拜,根据相关古文献记载和考古研究资料可知,我国上古时期就有关于鸟、蛇、蛙、虎、熊等多种图腾。关于长江以南广大地区的赛龙舟活动,据说最初也是龙图腾崇拜的一种仪式。闻一多先生在《端午考》和《端午的历史教育》等文中认为,龙舟竞渡早在屈原之前就在古越族中盛行了。古越族人为表示他们是"龙子",有"断发纹身"的习俗,而且还有乘着刻画成龙形的独木舟在水中模仿龙的姿态进行竞渡的比赛活动。我国的民间传统体育活动,除赛龙舟外,包括纸龙、舞龙灯等体育活动都有龙图腾崇拜的踪迹可循。

原始巫术的产生,是基于原始人类恐惧和不理解各种自然现象,并认为自然界与人相互之间可以产生影响的认识。其主要目的是通过一定的巫术形式来祈祷狩猎成功、庄稼丰收、家畜强壮多产等。拔河就是一种祈祷丰收的巫术活动,人们希望通过众人的拔河之力感应农作物,使之借助这种力量茁壮成长,从而获得来年的丰收。

伴随着原始宗教信仰的出现,崇拜祭祀仪式也开始逐渐渗透到人们社会生活的各个方面,在生产劳动与日常生活中都要举行一定的祭祀。每每遇到重大的祭日,祭祀仪式就更为盛大,而作为一切宗教祭奠的主要组成部分的舞蹈,则贯穿于宗教仪式的始终,从而促进了原始舞蹈中萌芽状态的民族传统体育的发展。此外,由于各个民族崇拜和祭祀的"神灵"不同,祭祀中所跳的舞也有所差别,譬如自命为"虎族"的彝族在祭祖时,人们仍要身披"虎衣",在雄浑的锣鼓声中,模仿虎的动作翩翩起舞。又如汉族的"傩舞"、白族的"绕之灵"以及傈僳族的"飞舞"等舞蹈都是祭祀中体育活动的典型舞蹈。

(四)军事战争

在原始社会进入氏族公社阶段后期开始,便出现了华夏、北狄、东夷、西戎、南蛮五大重要势力。这五大民族势力的内部或外部为了争夺生存空间或为了复仇不断引发原始战争,这些原始的军事活动便是促成民族传统体育萌芽的一个重要的社会因素。

关于传统体育的萌芽,在战争的相关记载中就已出现。《管子·地数篇》载"葛芦之山,发而出水,金从之出,蚩尤受而制之,以为剑铠矛戟,是岁相兼者诸侯九。"(《诸子集成》第五册 382 页)其中,对传统体育还有更为详细具体的描写,如《述异记》记载:"轩辕之初立也,有蚩尤兄弟七十二人……与轩辕斗,以角抵人,人不能向,今冀州有乐名蚩尤戏。其民两两三三,头戴牛角而相抵。"(《百子全书》第七册,浙江人民出版社,1984 年影印本)从这些传说中,大致可以看出角抵(后来的摔跤、角力、相扑等)运动最早起源于蚩尤,据说他还是铜兵器剑、矛、戟等的发明者。这些虽然不一定是真实的历史,但属于东夷民族集团英勇善战的蚩尤部落改进了原始兵器则是可能的。原始兵器往往是模仿兽角、鸟嘴的形状制造的,后来随着战争规模不断扩大和频繁爆发,而出现了专门的武器,主要有石弹、石刀、石斧和石铲,以及石或骨制的标枪头和弓用的矢镞等武器。

战争在很大程度上促进了武器和战斗技能的发展,同时也加强了对战斗人员的身体训练和军事技能训练。如南朝梁人宗《荆楚岁时记》引刘向《别录》中的记载:"蹴鞠,黄帝所造,在练武士,本兵势也"。可以看出,蹴鞠最早便是为了训练将士,以提高其战斗力而被创造出来的一项运动。

(五)经济活动

经济活动对民族传统体育的萌生也起到了不可忽视的重要影响。在自然经济时代,散居在山区各村寨的少数民族,由于农事繁忙以及交通不便的缘故,一般在节日里才会有相聚的活动。许多传统的节庆集信仰、娱乐、社交、经济等多种功能于一体,也是商人们难得的交易时空。有些体育活动及其节庆本身就是商人们出于商业活动的需要而创造出来的。例如,侗族的"抢花炮"被称为"侗家橄榄球",是流行于湘、黔、桂的独具特色的侗族传统文化体育活动。节庆期间,村民卖掉自己的土特产,同时买回日常生活用品,因此,花炮节对于活跃经济具有一定的促进作用。

(六)健身娱乐

对于人们来说,健身娱乐是从事民族传统体育活动最基本和最直接的价值追求，正是出于各式各样的健身与娱乐的目的，各族人民创造出了多种多样的有益于健康和身心愉快的民族传统体育活动。健身娱乐相对于从生产劳动、宗教祭祀、军事战争中衍生出的民族传统体育模式来说，更多的是源于人们的创造，其根植于民族生产和生活方式、风俗习惯、民族意识。因此可将健身娱乐单独作为民族传统体育产生的一种模式来研究。

　　古代民间的娱乐活动十分丰富多彩，广大民众依靠自己勤劳的双手与聪明才智，创造出了各种戏曲、舞蹈、杂技以及丰富多彩的民族传统体育，以此丰富生活，增进身心健康。如在宋代市民十分喜爱踢毽子的体育活动，当时的临安城有专门制作毽子的手艺人。有关踢毽子的民谣，明代《帝京景物·卷二·春场》中有详细记载："杨柳儿活，抽陀螺；杨柳儿青，放空钟；杨柳儿死，踢毽子；杨柳儿，发芽儿，打拨儿。"由此可以看出，当时的民间娱乐健身活动是十分活跃的。又如蒙古族的"那达慕"大会，八月的草原，金风秋爽，牛羊肥壮，牧民们喜庆丰收的季节到了。到时候他们便开始酿制马奶酒，屠宰牛羊，准备各种美味的食品，举办不同规模的"那达慕"，进行被称为"男儿三艺"的射箭、赛马、摔跤等传统体育比赛。"那达慕"一般举行5~7天。每逢此时，牧民们穿着崭新的民族服装，骑着马、赶着车，从四面八方汇集而来。在绿茵草地上搭起毡帐，烤羊肉，煮奶茶。整个草原呈现出人欢马叫、炊烟袅袅、一片欢腾的盛世景象。进行放风筝、荡秋千、抖空竹、踢毽子、跳皮筋等大量的民间体育游戏，这是各民族根据自身的娱乐目的、借助一些外部自然条件和其他生产劳动成果或经验而创造出来的。

　　在体育游戏中，多数儿童体育游戏是基于健身娱乐的目的而产生的。由于儿童具有天生的好奇心、游戏欲和创造力，他们往往能够创造出一些形式活泼、内容新颖的体育游戏。"老鹰捉小鸡"的游戏受到我国南北各地儿童的喜爱，在激烈的"老鹰"和"小鸡"的较量中，儿童获得了娱乐身心的效果。如中国台湾民间有一种儿童游戏叫"围虎陷"。游戏时众多儿童拉着手围成一个圆圈，一人充当羊站在圈里，另一人作为老虎站在圈外，并随时可以冲进圈里抓羊或者从圈外直接伸手抓羊。在老虎要冲进圈里抓羊时，围成一圈的儿童要尽力阻拦老虎进入圈中。老虎四次抓住羊则说明圈里的羊已经被老虎吃光，老虎获得最终的胜利。这是一种通过对动物生活的想象和模拟而产生的游戏。又如山东民间的"老虎叼羊"、广西仫佬族的"凤凰护蛋"等儿童游戏，也都是一种对现实生活的联想和创造。有些成为少年儿童的娱乐活动，往往具有较强的普适性，是各民族喜爱的传统体育活动。总之，这些儿童游戏往往是为了满足儿童娱乐玩耍的需求而创造出来的，都具有很好的健身效果。

　　可以说，人们对娱乐活动的需求是娱乐活动得以创造的最终目的。值得强调的是,只有身体活动特色鲜明、身体活动能力影响游戏成效的活动,才被称为体育游戏。

(七)教育传承

教育作为一种手段,是传承自身生活经验用以提高后代认识和实践能力的一种最主要方式。原始教育最初尚未从生产过程中分化出来,成为一种专门的活动,实际上是在生产劳动实际过程中进行的简单生产技能的传授。

在氏族公社时期便出现了最早的文字(记事符号)、信仰、风俗习惯、艺术等观念,教育内容也逐渐变得复杂。关于当时的教育,毛礼锐在其《中国古代教育史》中提到"氏族公社成员除在生产实践中受教育外,又在政治、宗教和艺术活动中受教育。他们参加选择领袖、讨论公共事务以及宗教等社会活动,利用游戏、竞技、唱歌、舞蹈、记事符号进行教育,利用神话与传说作为材料和手段"。此时的教育是在劳动之外进行的,模拟化的劳动动作代替了直接传授劳动技能的活动,而大量融入了由人设计的各种动作和活动形式。

新中国成立前夕仍处于原始社会末期阶段的鄂温克人,一直保持着一种习惯,即"男子达到十几岁时,即开始跟随父兄学习狩猎技术,父亲有义务给新猎手准备一支猎枪,负责教育。这种教育,是通过游戏和体育来完成的"。由此可以推断出原始教育中包含着大量的体育内容,并且这些体育内容带有明显的地域性特征,这是由于散居在不同区域和不同环境下的各个民族,需要学习和掌握不同的生产劳动技能与劳动工具,因此,在各个民族的原始教育中,便包含对各自独特的传统体育内容的学习和利用。

三、我国民族传统体育的内容

我国的民族传统体育有着五千年的发展历史,在这一过程中也逐渐形成了丰富多彩、各具特色的传统体育项目,并代代相传。据1990年《中华民族传统体育志》统计,我国已搜集到的55个少数民族的传统体育项目有676项,汉族民间体育项目有301项。其中主要内容包括武术、引导术、民间体育游戏、少数民族传统体育等。

(一)武术

武术是以攻防技击为主要内容、以套路演练和搏斗对抗为运动形式、注重内外兼修的中国传统体育项目。无论是对抗性的搏斗运动,还是势势相承的套路运动,其技术核心都是中国传统的技击方法。武术作为中华民族传统体育文化的代表,是传统武术与传统文化结合的产物,其文化属性在社会中所呈现的诸多价值角色,也必然伴随着传统武术的长期生存与发展。武术具有明确的体育属性,武术内涵主要涵盖了古代哲学、兵学、导引养生学、中医学、美学、气功等学科领域的理论成果而形成,同时还注重内外兼修,结合诸如整体观、阴阳变化观、形神论、气论、动静说等,被誉为"博大精深"的文化体系。传统武术发展成现代体育项目,其健身价值就显得更为突出。即使是武术中的太极推手、散手这一类由二人直接进行身体对抗的项目,也能使练习者在规则的限制下通过掌握一些身体运动的技能和方法,以最终实现强身健体的目的。

1. 武术的概念

武术概念是人们认识、研究武术的基本依据。在其漫长的历史进程中,不同的历史时期对武术表述的词语也不尽相同,但是武术的本质属性——技击性却始终没有变化。早期武术称为"手搏""白打",这两种表述直接突出其搏斗、击打的特性;春秋战国称"技击",其包含了技术的特征;汉代初年称为武功、武艺,分别包含反映武术本质属性的技艺和功力;清初又借用南朝《文选》中"偃闭武术"中的"武术"一词;民国时期称"中国武术"为"国术";新中国成立之后仍沿用"武术"一词。

关于武术的定义,《中国武术百科全书》做出如下解释:"武术是以技击动作为主要内容,以套路和格斗为运动形式,注重内外兼修的中国传统体育项目。"该定义包含了两层含义:一是以技击动作为内容的体育项目;二是注重内外兼修的中国传统体育项目。

2. 武术的内容与分类

武术运动深受各族人民的喜爱,有着十分广泛的群众基础,且各民族均有自己独特的风格和套路。"击"和"舞"是武术运动的两个显著特点,其内容主要表现为:"击"即"技击",即从徒手搏斗的拳术发展为搏击敌人的武艺,在民间有着根深蒂固的传统;"舞"即"武舞",也就是现在流行的套路形式,它与"技击"的搏击性有一定的差异。

(1)按运动形式进行划分

武术可分为套路运动和搏斗运动两种类型。

(2)按功能进行划分

武术可分为竞技武术、健身武术、实用武术和学校武术四种类型。

套路运动是以技击作为素材,以攻守进退、动静疾徐、刚柔虚实等矛盾运动的变化编成的整套练习形式。套路按照演练形式又可分为单练、对练和集体演练三种类型。

所谓搏斗运动，是指两个人在一定条件下，按照一定的规则进行的斗技、斗智的对抗性实战形式。目前被列为竞赛项目的主要有散打、推手等。

(二) 导引术

所谓导引，是指以肢体活动为主，并配合呼吸吐纳的一种运动方式。"古代的康复体育运动即为导引"，导，指宣导气血；引，本义是开弓，引申为伸展，伸展肢体之义。导引术是中国传统养生术和体疗方法之一，意、气、形三者相结合是导引术最显著的特点。即运动肢体身躯以练形，锻炼呼吸以练气，并且以意导气行。秦汉时，导引术有了很大的发展，《淮南子》一书中就已经有关于利用模仿动物进行养生练习的记载，其中包括"鸟伸""熊经""虎顾""猿躩""凫浴""鸱视"等，此即所谓的"六禽戏"。1973年，湖南长沙马王堆3号西汉墓中出土了一幅《导引图》，其中彩绘有44个各种不同人物动作的导引图像，这是迄今所发现的最早的、最完整的古代导引图解。其中，《导引图》的一个主要内容，便是大量模仿动物形态的仿生类导引，这一图解深刻反映出中国古代体育尤其是养生体育中仿生性这一重要特征。又如宋、元时期逐渐形成的完整体系的太极拳和八段锦等，就是具有导引特点的康复体操。它以肢体运动、呼吸运动与自我按摩相结合，以强身健体、治疗疾病为目的。在几千年的发展历程中，导引术逐渐发展成为一个博大精深、特点鲜明的体育养生和医疗体系。

秦汉以后，在先秦阴阳五行哲学思想和精、气、神等原理的影响与推动下，行气术已开始形成系统的体系。行气，又称为吐纳、炼气、服气、胎息等，是在意念指导下的一种呼吸锻炼。

关于古代的一些养生功法，许多养生学家对此进行了深入研究和整理。其中，按摩术与行气、导引术一样，也逐渐成为养生活动中的一项重要内容。从形式上来说，太极拳属于武术的拳术，具有技击的特色。但太极拳吸取了导引、行气和按摩术的特点，与武术的技击完美地结合在一起，充分地体现了中国古代养生体育的特色和发展方向。在华夏民族的传统体育形式中，保健养生体育中按摩术式的流行与发展，充分体现了中华民族传统体育文化独特的民族特色。

(三) 少数民族传统体育

所谓少数民族传统体育，主要是指生活在特殊地域的人群世代传承的表现本民族文化特色的身体活动。少数民族传统体育反映了各民族意识和多方面活动的文化财富,它是各少数民族在其长期的历史发展过程中不断积累和保存下来的一种体育活动。在我国,一般把除汉族以外的55个民族称之为少数民族。而几乎每一个少数民族,都有着自己独特的传统体育活动内容。

少数民族传统体育,体现了不同社会形态的遗痕,比如珞巴族原始时代的弓箭;也表现出各民族不同特征的形式,比如藏族的牦牛比赛;同时还反映出其不同的地域特点,比如游牧民族的马术。从文化人类学的视角看,绚丽多彩的民族传统体育活动与种族繁衍、生产劳动有关,还有许多身体活动均带有很强的军事性。在我国少数民族地区的宗教仪式、婚丧嫁娶、喜庆丰收等各种节日中,民族传统体育出现的频率之高是其他文化所不能比拟的。比如我国西南许多民族的秋千和丢包、蒙古族的打布鲁、瑶族的跳鼓、哈萨克等民族的姑娘追、回族的木球、朝鲜族的跳板、苗族的划龙舟、傣族的跳竹竿、高山族的竿球、侗族的哆毽、赫哲族的叉草球、羌族的推杆等传统体育活动,以其在民族文化体系中最具有代表性的文化特质,突出地再现了民族特色、民族心理和民族意识。

时至今日,少数民族传统体育已经从传统的娱乐及其文化的附生物转变为具有独立特征的传统体育运动项目,其内涵变得更为丰富,外延也得以充分的扩张,体育的竞技性也更为规范和鲜明。从总的趋势看,少数民族传统体育的原始宗教色彩逐渐淡化,而变得日益世俗化。年复一年、代代相传的那些特定身体活动,不仅是民族物质、精神和社会生活的重要组成部分,同时还起着维系民族生存和团结的重要作用,而且也逐渐内化为一种民族性格的象征。

(四)民间体育游戏

民间体育游戏是民族传统体育文化的一个重要组成部分。在民间遗存了大量传统体育游戏,并被广泛流传和开展。然而,随着现代社会的发展与进步,有很大一部分带有民族特色的传统体育游戏逐渐被人们淡忘,有的濒临失传或已经消失。游戏是游艺民俗中最普遍、最常见、最有趣的娱乐活动。主要流行于少年儿童中间和节日里成年人娱乐节目之中。有些游戏项目在发展中逐渐完备,最后形成了竞技项目或杂技艺术。古往今来,我国各民族各地区的民间游戏活动种类和样式繁多,许多民间游戏活动在性质、方式以及游戏者的范围等诸方面存在着某些相同或者是相似之处。综观我国纷繁众多的民间游戏活动,比较典型的有儿童游戏、季节游戏、歌舞观赏游戏、智能游戏、斗赛游戏、杂艺游戏、助兴游戏、驯化小动物游戏以及博戏等多种类型。

民间体育游戏和民间体育竞技活动是从民间文化中演变而来的两种重要的民族传统体育活动,它们之间存在着千丝万缕的联系。在许多具体的民间游戏活动项目中存在着程度不同的竞技特征,而民间竞技的许多活动项目中也存在着不同的游戏特征。如我国古代的传统民间竞技活动踢毽子,早在1 500年前的北魏时期就已经有此活动了。宋代高承的《事物纪原》中指出了当时毽子的形式,也说明了踢毽子与蹴鞠活动的渊源关系。在宋人周秘的《武林旧事》一书中记载了"毽子"基本技巧有4种,即两脚向内侧交替的踢法"盘",屈膝弹毽的"磕",用脚外侧反踢的"拐",用脚尖正踢的"蹦"。另外,踢毽子还常有花样技巧比赛,常用肩、背、腹、胸、头等身体各部位与两脚配合,做出各种姿势,使毽子经久不落地,缠身绕腿,翻转自如。这种民间赛技巧竞技活动也带有明显的游戏性质。又如跳皮筋游戏,"小皮球,香蕉梨,马莲开花二十一……"这首古老的跳皮筋童谣曾伴随一代又一代人的成长。它本是一种边跳边伴唱的游戏活动,其带有明显的自娱特点,后来这种游戏逐渐发展成竞技活动,但是仍然能够从中看出其游戏的痕迹。边竞赛边玩耍,兴趣盎然,其乐陶陶,这正是我国众多的民间竞技游戏活动最为显著的特征。

与传统的民间竞技活动相比,近现代形成的体育竞技活动有着自身的特点。传统的民间竞技活动是玩耍与竞赛的结合体,竞技的过程始终充满玩耍的乐趣。相对来讲,近现代形成的体育竞技则是较为严肃认真的比赛。从我国古代盛行的竞技活动蹴鞠与近现代的足球比赛来看,两者之间有着直接的传承关系,但比赛的氛围是大不相同的。蹴鞠比赛过程中,玩耍自娱的随意性特点则时时显现出来,而在现代足球比赛中却不具有这种随意性的特点。

以现代生产方式与现代技术为物质基础的全球化,在不同层面上衍生出一定的制度文化与精神文化。"以竞技体育为主流的正规体育虽然仍旧是制约传统体育游戏发展的障碍,但是欧洲和其他地方的传统体育和新生的民间游戏已经开始对竞技体育提出了挑战。"在全球化的冲击下,各民族都从自身的需要出发,在适应全球化文化发展的基础上,力求使自身民族文化适应新时代发展的需要。

四、我国民族传统体育的分类

为了能够更为准确和全面地认识我国的民族传统体育,则需要对民族传统体育的内容进行科学、系统的分类。

分类,又称为归类,是指根据事物的相同点和不同点将事物集合成类的过程,是科学研究不可缺少的手段。分类不仅是民族传统体育文化比较研究的基础,同时也是民族传体统体育项目内容的框架。民族传统体育项目,在总体格局上呈现出多元性特征,在地域分布上则呈现广阔性特点,在社会发展方面则具有不平衡性,因而对民族传统体育项目的分类较为复杂。其分类的方法可按照性质、民族以及项目特点、作用和功能、地域分布等为依据,归纳成不同的类别。主要有以下几种分类的方法。

(一)根据民族传统体育的性质和作用进行分类

1.健身养生类

此类型游戏的主要目的是为了健身、养生、康复和预防疾病。游戏项目多种多样,如导引、太极拳、气功等,动作一般比较简单、动作轻缓,强度较小,长期坚持锻炼,可起到增进健康和预防疾病的作用。

2.娱乐类

娱乐类民族传统体育项目富有趣味性,能给人带来一种轻松愉悦的体验,休闲娱乐是其主要目的。它大致包括棋艺、踢打、投掷、托举、舞蹈等项目,其中棋艺主要指各民族棋类项目,以启迪智力为主,如象棋、围棋、藏棋等;踢打有踢毽子、打飞棒、踢沙包等;投掷有抛绣球、投火把、丢花包、抛沙袋;托举通常以托举器物或负重为主,如掷子、举皮袋、抱石头等;舞蹈有接龙舞、跳芦笙、耍火龙、打棍、跳桌等。

3.竞技类

竞技类是指按竞赛规则规定的比赛场地、器械以及其他特定的条件进行的体力、技战术以及智力等方面的竞赛。其中包括珍珠球、龙舟、蹴球、毽球、木球、押加、秋千、抢花炮、打陀螺、武术、马术、射弩、民族式摔跤、踩高跷共14个项目被列为全国民运会的正式比赛项目。此类项目包括单人和集体项目,又可分为体能、竞速、命中、制胜、技艺等多种类型。

(二)根据运动项目的形式与特点进行分类

按民族传统体育运动项目的形式和特点进行划分,可大致分为跑跳投类、水上项目、球类、骑术、武艺、射击、舞蹈以及游戏等。其中跑跳投项目主要包括跳板、跑火把、跳马、投沙袋、雪地走、丢花包、掷石等;球类项目有木球、珍珠球、蹴球、毽球、叉草球等;骑术项目有赛马、姑娘追、刁羊、赛牦牛等;水上项目主要包括龙舟竞渡、赛皮筏、划竹排等;武艺项目主要包括打棍、摔跤、斗力、顶杠、各族武术等;射击类项目主要包括射弩、射箭、步射等;

舞蹈项目主要包括跳竹竿、跳绳、踢毽子、皮筋、跳花鼓、跳房子、跳火绳、东巴跳等;游戏项目主要包括秋千、跳绳、斗鸡、打手毽等。

(三)根据不同的民族所开展的项目进行分类

我国是一个由56个民族组成的多民族国家,每一个民族的传统体育活动都具有各自的民族特色,并具有深刻反映本民族文化的特征。由于我国民族众多,形成了大聚居、小杂居的现象,有的项目仅为一个民族所仅有,有的项目则可在多个民族中开展,众多民族在相当大的范围内难以完全趋同。因此,根据不同民族所开展的项目进行分类,有助于我们了解不同民族所开展的各类体育项目,并明确区分其各自的特点。

(四)根据地域进行分类

我国地域辽阔,不同的区域在自然地理环境、社会历史和文化、经济类型、生产和生活方式、风俗习惯以及民族心理等方面均有着明显的差异,这也使各区域的民族体育具有各自不同的特色,为了从整体上把握民族传统体育概貌及地域性特征,可按照我国地域分布情况分为东北地区、西北地区、中原地区、长江中下游地区、东南沿海地区、西南地区,以便对各区域民族开展的传统体育项目进行分类。

以上对民族传统体育的四种分类方法均有各自的特点与局限性,在具体的实践过程中,可根据研究的目的和任务,而采用不同的分类方法,以利于展示民族传统体育内容的广博性,使我们更全面和深刻地认识民族传统体育,并正确把握其发展规律。

五、民族传统体育的特点

民族传统体育作为中华民族优秀文化的重要组成部分,是人们长期实践和不断积累的结果,在历史发展进程中,民族传统体育受地理环境、社会生产、生活方式、文化水平以及宗教民俗等影响,逐渐形成了鲜明的特征。

(一)民族性

民族性是指民族传统体育的形成与发展过程中各民族社会生活的综合反映。中华民族是一个多民族的国家,民族传统体育也是不同民族在长期的生产实践和社会活动中创造出来的,带有鲜明的民族特色。

我国是一个多民族的国家,各民族都拥有自己民族独特民族色彩和民族风貌的传统体育项目,这也在很大程度上丰富了我国民族传统体育的形式和内容。而这些众多的民族传统体育项目作为蕴含着强烈民族气息和内涵的文化形式，自然也带有强烈的民族性特征，成为本民族和地区文化的象征。如藏族的赛牦牛、纳西族的东巴跳等都是其他民族所没有的。即使是同一体育项目，也各有其民族特点。例如，维吾尔族式摔跤"且里西"、彝族式摔跤"格"、藏族式摔跤"北嘎"等，虽然都是民族式摔跤，但比赛方式和规则都各不相同。

不同的民族体育项目由于其开展的地域、环境的不同，自然也会深受开展地区和环境的民族语言、民族性格、风俗习惯、生活方式、宗教信仰等的影响，在民族体育的精神、要求等方面表现出不同的差异，这也使民族传统体育文化呈现出相对的独立性，而这种独立性实际上也是民族传统体育文化民族性的一个展示。

(二) 地域性

某一民族传统体育项目的形成必然是在一定的民族区域范围内，经过长时间的发展而逐渐形成的。而民族区域环境内的自然条件、文化背景等的不同，也使这一民族传统体育项目带有一定的地域性特色。例如，世居北方的蒙古族，过着随草逐迁的游牧生活，他们善骑射，这也使该民族形成了以赛马、射箭为主要内容的民族传统体育项目。而对于世居南方的苗族，主要生活在"八山一水一分田"的云贵高原地区，该区域内山脉河流众多，因此也形成了抢花炮、赛龙舟、爬杆、射弩、打陀螺等适合在山间盆地开展的传统体育项目。这些传统体育项目的不同，实际上也反映了民族传统体育的地域性特点。

造成民族传统体育地域性特色的原因主要包括以下几方面。

1. 地理环境

地理环境的不同是造成民族传统体育地域性的主要因素。具体来看，各民族所处的地理环境以及地理环境所带来的自然条件不同，加之交通不便、信息量少、受经济自给性和地方封闭性的影响，其民族传统体育自然带有十分明显的地域性，人们常说的"北人善骑，南人善舟"就是这个道理。例如，藏族生活于青藏高原上，这里独特的地理环境以及民俗风情，也感染了藏族的传统体育项目，其抱石头、北嘎、押加、拔河、赛牦牛、谷朵、掷股子、踢毽子、赛跑等大多带有粗犷、勇敢的特点。而满族生活在"白山黑水"的东北地区，这里森林茂密，山间河流纵横，因此狩猎与采集成了该民族生产方式中最重要的内容，这也成为满族民族传统体育项目（如采珍珠、赛威呼等）上的反映。

2. 人文环境

人文环境也是造成各民族传统体育地域化差异的一个重要因素。这些人文环境主要包括民族文化、风俗习惯、民族心理等。例如，北方人崇尚勇武，因此在北方地区，力量型民族传统体育项目较多，如摔跤、骑马等；南方人性格较为平和细腻，善于思考，因此在南方地区，心智类和技巧类民族传统体育项目较多，如爬油杆、上刀杆等。

3. 生产方式

各自区域自然环境独特，生产方式也有别，很容易造成各民族间体育差异。例如，从事畜牧业生产的蒙古族、哈萨克族等，得天独厚的生产、生活方式创造了赛马、刁羊、骑射等马上骑术项目。苗、侗等少数民族，在以小农经济为主的农业生产中，牛的作用较大，因此保留了在节日里"斗牛"的风俗。另外，畲族的赛海马、登山；高山族的投梭镖、挑担赛、舂米赛；壮族的打扁担等都来源于当地人民的生产劳动。

（三）文化性

民族传统体育是我国传统文化的重要组成部分，它的产生与发展与民族文化、民族风俗一样与各民族地区人民的政治、经济、文化生活息息相关，蕴含着各民族不同的历史文化气息，因此可以说，它也具有文化性的特征。

举例来说，舞龙运动作为龙文化的主要表现形式，是在"龙文化"的大背景下，经过人们不断加工和创造，发展至今的一项内容丰富、形式完美、表演技巧高超并带有浓郁民族色彩的体育竞技运动项目。舞龙运动是我国几千年祖祖辈辈传承下来的一种重要的文化形式，通过舞龙运动使广大民众在舞龙中，体验到对华夏民族一定程度的亲切感和归属感。正是中国传统文化的渗透和影响，才使民族传统体育彰显出"刚健有为""中庸思想""天人协调"等文化特征，这与当代西方竞技体育的体育思想和方法完全不同。

（四）传统性

民族传统体育是民族世代相传，经漫长的历史岁月，沿袭发展而来的，它一般有传统性的特征，而这一特征主要表现在以下几方面。

（1）民族传统体育即使受到冲击也很难改变，能顽强地保存下来。

（2）民族传统体育由于流传了较长时间，因而有广泛的群众基础，被社会所承认。

（3）民族传统体育有浓厚的民族特点，并带有本民族传统社会经济形态的烙印。

(4)民族传统体育通常是该民族的传统文化标志之一,具有民族凝聚力。

(五)交融性

在数千年的发展过程中,民族传统体育形成了独具风格的文化体系,逐渐成为一个相对封闭而又开放的系统。而在民族传统体育形成与发展时期,随着各种不同类型文化模式的相互碰撞与交流,社会的进步、文明程度的提高,以及各民族之间交流与渗透,民族文化得到进一步融合,而在此过程中,民族传统体育自然也会得到相互交融、互相学习,从而体现出某些共融性的特点。

(六)传承性

传承性是民族传统体育在实践上传承的连续性,同时也是民族传统体育活动的一种传递方式。作为文化的传承应该包括两部分,即物质的传承和非物质的传承。

民族传统体育作为一种非物质文化的表现形式,只有通过口传身授的方式进行传承,才能使某种民族传统体育项目得以世代相传,在自然淘汰中逐渐形成一种相对稳定的文化传统或文化模式。总体上讲,民族传统体育的传承方式主要有群体传承、家庭(或家族)传承和社会传承三种。群体传承项目如在各种风俗礼俗、岁时节令,以及大型民俗活动中所保留的民族传统体育活动的影子。家庭传承项目和社会传承,则主要表现在武术等一些专业性、技艺性比较强的项目。

(七)娱乐性

大多数民族传统体育项目在形成最初主要是以消遣娱乐为主要目的的,而在正式形成后,又受其所处地域、民族等的影响,成长为具有一定模式的民族文化活动。因此可以说,民族传统体育是人类在具备起码的物质生存条件的基础上,为满足精神需要而进行的文化创作。例如,秧歌就是一种自娱自乐的体育活动,人们主要在农闲时或节日当天扭秧歌,以此表达自己的喜悦心情。再如,苗族、壮族、彝族、瑶族和布依族等少数民族的人们喜欢打铜鼓,打铜鼓的同时伴歌伴舞,用歌舞来辅助表演动作,风格淳朴,传达出浓郁的民族特色和欢快的气氛,这些体育活动受到各民族的欢迎,为节日增添了喜庆色彩。

(八)多样性

受我国地域辽阔、风俗各异等因素的影响,中华民族的各个民族都有自己的传统体育项目,而将所有的传统体育项目加在一起,数量近乎1 000个,可见我国民族传统体育项目的数量之多。这些数量多样的传统体育项目也充分展示了我国民族传统体育的多样性特征。

另外,我国各民族传统体育动作结构各异,技术要求也不同。舞龙、舞狮、龙舟竞渡、扭秧歌、拔河、风筝、武术、打陀螺、马术、踩高跷、荡秋千等各种活动都具有各自不同的技术特征。民族传统体育项目中,有按竞赛规则规定的比赛场地、器械以及其他特定的条件进行的智力、体力、心理、技术、战术等方面的竞技体育活动;也有以养生、健身和预防疾病为目的的导引、太极拳、气功等;还有富有趣味性、轻松愉快的各种民族舞蹈、围棋、钓鱼等娱乐性体育。而这也表现了我国民族传统体育的多样性特征。

(九)竞技性

早在我国的原始社会时期,我国就已经出现了民族体育的萌芽。到了先秦时期,民族体育被运用到培养锻炼士兵体能的过程中,而为了增强锻炼的效果,民族体育的竞技性得到了进一步的发展,这一方面显示了人类在自我生理锻炼上的发展,另一方面也满足了人们的竞争心理及实现自我价值的需要。例如,赛马、叼羊、射箭、赛龙舟等,都充满着激烈的竞技性特点。

(十)不平衡性

在自身发展的过程中,民族传统体育会受到许多来自内外部双重因素的影响和制约,在发展形态、流传范围等方面,表现出明显的差异。其中,对民族传统体育造成影响的内部因素包括活动的组织形式、参与人数、社会功能等;外部因素主要来自自然环境和社会领域两个方面。这些因素纵横交错,参差不齐,最终导致了民族传统体育发展程度的不平衡。

具体来看,民族传统体育的不平衡性主要表现在以下几方面。

1.发展形态的不平衡

不同的传统体育项目在发展形态上也呈现出明显的不平衡性,其中发展得较好的如武术、摔跤、围棋等,不仅已形成了一种规则系统化、模式固定化、活动人群常规化的成熟体育形态,而且开展得较为频繁;发展得一般的如木球、抢花炮、珍珠球等,仍然只在小范围内流传,但却呈现出多民族共同参与的趋势。

2.流传范围的不平衡

根据开展区域和参加人数两个标准，大致上可从流传范围的角度将我国的民族传统体育分为只在全国范围广泛开展并拥有一定国际影响的项目、在某个民族聚居区广泛开展但尚未流行于全国的项目与仅在某一地区、很少一些人中开展而不被广泛了解与实践的项目三类。其中，第一类如武术、摔跤、毽球、舞龙、舞狮等，是我国民族传统体育中最重要、最典型的组成部分；第二类如藏族的赛牦牛、维吾尔族的叼羊、苗族的打毛毽等，是我国民族传统体育中富有民族风格的组成部分；第三类较少，目前已不多见，是民族传统体育中亟待发掘和整理的内容。

六、民族传统体育的功能

作为一项体育运动，民族传统体育不仅蕴含着本民族的文化内涵，而且能够满足个体和社会的需要，此外还能促进人类社会的发展和民族文化的融合。因此可以说，民族传统体育具有多元化的功能，而这些多元化的功能主要体现在以下几方面。

（一）历史功能

民族传统体育作为传统文化的一个重要内容，它是在一定历史条件下产生的，并随着本民族的发展而不断获得传承的一种文化形式，因而蕴含着丰富的历史文化信息，它体现了一定历史环境下，本民族的生产、生活等自然生态状况和特定的政治、经济、科技、军事、文化等状况，因而也具有显著的历史功能。

首先，由于民族传统体育通常是由于某种历史事件或者某个重要人物的原因，而逐步形成发展起来的，这些事件和人物对于民族传统体育的传承与拓展起到了至关重要的作用。因此，它可以间接地反映出这段历史，成为了历史文化的重要载体。

其次，民族传统体育可以体现出某一历史时期的物质生产、生活方式、思想观念、风俗习惯和社会风尚，它是人们文化生活中最活跃、最积极和影响最直接、最广泛的社会实践活动，是现代一切体育运动项目的主要源头。

最后，民族传统体育是一种产生于民间的、而非官方的、随着本民族口头和言行流传下来的活态的文化形式，它身上所蕴含的历史文化信息，不仅能够弥补官方历史之类正史典籍的不足、遗漏或讳饰，帮助人们更加准确、全面、真实、接近地去还原历史和文化，而且能够为人们认识特定时期的历史提供形象的实体化文化。因此,我们必须深刻地认识民族传统体育的历史价值,了解其重要性,从而确保民族传统体育能够一代代地流传下去。

(二)健身功能

民族传统体育作为重要的健身手段与人的身体活动密切相关,可以在娱乐身心的运动中逐步改善民族体质,提高各民族人民健康水平。从具体的动作形态来看,民族传统体育大多是由人的肢体运动、头脑运动等组合而成的运动锻炼形式,它能够促进有机体的生长发育,提高锻炼者的身体素质,改善锻炼者的中枢神经系统的机能,增强锻炼者对环境的适应能力,可见,民族传统体育具有健身的功能。

举例来看,在我国的民族传统体育项目中,木球、珍珠球、键球、蹴球、马术、龙舟、打陀螺、抢花炮、秋千、射弩、押加、武术等都能通过参加者的身体运动锻炼参加者的身体机能,提高其运动能力,改善和提振人的身体的各项机能。

另外,民族传统体育中的"导引养生术""五禽戏""太极拳""八段锦"等民族传统体育项目,本身就具有自我修复、自我调整、自我保健、自我娱乐与自我发展的功能,集健身、娱乐、治疗、预防疾病功能于一身。因此,也能帮助锻炼者增强自我的身体素质。

(三)健心功能

愉悦身心是民族传统体育的功能之一。民族传统体育活动凭借着自己独特的魅力、积极健康的文化娱乐方式吸引着越来越多的人前往参与,不仅成为人们休闲生活中的重要内容,而且也在很大程度上促进了人的心理健康。

随着社会的迅速发展,生活节奏的不断加快,西方文化熏陶出来的以物质利益高于一切的竞技体育理念,导致了竞技的异化,忽略了人体精神与外形的和谐,长期如此容易造成人的生理和心理负荷的过重,造成精神紧张和身心疲劳。而在民族传统文化这片沃土上成长起来的民族传统体育蕴含着含蓄深邃、天人合一、朴质内向、积德长寿的思想和理念,更好地契合了现代人"身心和谐发展"的主题和思想,因而也更适合现代人的需要。

(四)教育功能

体育作为人类教育的组成部分之一,源于漫长的原始社会。据《中国古代教育史》记载:"氏族公社成员们除在生产实践中受教育外,又在政治、经济和文体活动中受教育,他们利用游戏、竞技、舞蹈、唱歌、记事符号等进行教育。"可见,民族传统体育在产生之初,本身就是在生产生活中,通过体育运动对下一代进行的生产、生活技能的传授和教育。其中,部分民族传统体育项目是该民族对后人进行生产生活能力教育,如彝族的飞石索、维吾尔族的赛马、蒙古族的赛跑、藏族的射箭、怒族的过溜索、哈尼族的采茶舞、彝族的织麻舞、拉祜族的芦笙舞、佤族的狩猎舞等,这些传统体育项目中大都包含着该民族生产动作、生产技能等,对下一代的生产与生活具有较大的教育作用。

(五)娱乐功能

民族传统体育是一种能够使运动者和观赏者都能通过体育运动获得身心愉悦、情感调节、撷取运动中的欢愉之情与审美体验的运动。在现代社会中,人类物质生活水平的不断提高以及闲暇时间的不断增多,使越来越多的人开始以体育作为自己休闲娱乐的重要方式。与一般的竞技性体育项目相比,民族传统体育项目不仅蕴含着本民族的文化,而且趣味性较强,因而逐渐成为人们休闲娱乐的重要选择。可见,民族传统体育也具有较强的娱乐功能。

具体来看,民族传统体育的娱乐功能主要体现在以下几方面。

1. 整个活动过程重在表现激情,而不强求动作的准确性和实用性

在许多民族传统体育项目中,人们大都更重视活动的激情,而不在意动作是否标准和实用。例如,拉祜族有一项只限于未婚女性的民族传统体育项目,名叫"蜡河毕"。蜡河毕是一种生长于山谷间的爬藤植物,拉祜族人用它的果实蜡河毕豆作弹丸,在一块空地上支起一块木板或石片作靶子,让未婚女性站在距离木靶5~10米的地方用蜡河毕豆弹击。而拉祜族人用蜡河毕豆弹击木板的方式也十分有趣,她们有的用双膝夹击目标,有的用脚尖推击目标;有的用脚背甩击目标,有的用足弓推击目标;有的用手指弹击目标,有的用脚趾夹击目标;有的在闭上眼摸到靶前用手将豆抛击目标,有的身体前倾用双手将豆抛击目标;等等。这些击靶的动作千奇百怪,十分有趣,人们并不在意参加者的动作是否准确,而只在意是否能击到靶子。

2. 大多民族传统体育项目的动作都可以在基本的动作规范内自由地加入一些创造性元素

民族传统体育项目大多在少数民族的节庆、余暇之时开展,在开展的过程中,参加运动的人可以在具体的体育动作中,在基本的动作规范内发挥自己的创造性,加入一些模仿性、创造性的动作,从而使民族传统体育变得更

加生动、随意,其娱乐性也大大加强。

3.大多数的民族传统体育项目不含显著的功利性目的

在大多数的民族传统体育活动中,人们追求的不是功利性的目的,如实际的胜利,或是实际物品的获取,而只是单纯的娱乐消遣。例如,拉祜族中有一项名叫"长札吸峨"的跳绳活动,运动时,两人甩绳,两人跳绳,跳绳者需要在跳绳的过程中一人手执一枚橄榄,跳时将橄榄放在地上,同时由另一人再将橄榄拾起,然后这样轮流反复进行。这项运动并不追求能否取得胜利,而只追求跳绳过程中的娱乐。

(六)宗教功能

作为文化的一个重要组成部分,宗教在人类社会早、中期时代占有非常重要的地位。在这一时期,宗教演化出了许多不同的形式,这些形态各异的文化形式在政治、经济、文化、社会等诸多方面都刻下了深深的烙印。民族传统体育作为民族传统文化的一个重要组成部分,自然也深受宗教的影响。因此,从这一方面来看,不少民族传统体育存在着宗教的功能。

以藏族的传统体育项目"转山"为例,它就具有宗教补偿的功能。这项传统体育项目一般会在藏族的传统节日转山节也称"转山会""沐浴节"开展,其间,藏族群众会身着民族服装,汇集到寺庙里燃香祈祷,焚烧纸钱。然后转山祭神,祈求神灵保佑。可见,这项传统民族体育运动中蕴含着藏族人民虔诚的信仰,而这也使"转山"这项传统体育项目具有了宗教的精神补偿功能。

具体来看,民族传统体育的宗教功能主要体现在以下几方面。

第一,不少民族传统体育项目的开展时间会受到宗教信仰的限制。

第二,不少民族传统体育项目不仅存在着强身健体的功能,还有着该民族祈神驱鬼的功能。

第三,不少民族传统体育项目是该民族祭祀鬼神的重要组成部分。

(七)经济功能

首先,民族传统体育以其特殊性、文化性、娱乐性等特点,成为吸引游客前来的一个重要因素,而利用这些民族传统体育资源建立起的具有地域特色的经济模式,有助于促进本地区的经济发展。

其次,民族传统体育具有现代体育不具备的文化性、多样性、特色性、娱乐性等特点,因而很容易形成民族传统体育的产业化发展道路。在发展民族传统体育产业化的过程中,民族传统体育消费,民族传统体育用品市场、娱乐市场、表演市场等的建设等都能进一步拓展人们的建设娱乐消费空间，满足人们日益增长的健康消费需求。

（八）民族团结与交往功能

民族传统体育作为体育的一个分支，是一种群众性的社会活动，而对于少数民族来说，它又是一种民族性的活动。

这一性质决定了民族传统体育与其他文化要素一样，也具有一种民族凝聚的功能。另外，民族传统体育作为一种综合性较强的民族文化的载体，包含着中华民族的共同文化、共同区域、共同社区和群体的人们的生活方式、审美情趣与价值观念，因此，它也最容易激发开展一定范围内的民族内聚力，从而促进民族的团结与发展。

与此同时，民族传统体育项目的开展需要社会群体的共同参与，因此它也常是各民族在现实生活中进行集会的一种方式，是人们进行人际交往的互助场所和中间链接。民族传统体育以其娱乐、健身、竞技等特性，将人们从各个地方集中在一起，让人们在运动的过程中进行交流，从这一层面来说，民族传统体育也具有促进民族交往的功能。

七、民族传统体育的传统文化特质

（一）民族传统体育以"天人合一"思想作为文化的基础

作为中华民族传统体育哲学基础的是"天人合一"的自然哲学。"推天道以明人事"是中国人特有的思维方式。天人关系是中国传统文化的一个基本命题，中国哲人是从天人关系问题的深思中，来领悟人生的意义及理想的生存模式。天是人确立自我，认识自己价值和使命，构建人生理想的参照。

在民族传统体育文化的范畴中，"天人合一"是说人和自然在本质上是统一的，一切人事，均应顺乎自然，不违背自然，方能获得生存与发展。《易经》中反复强调，天地是一个统一的整体，把人看成是自然界的组成部分。民族传统体育文化的突出特点就是在于重精神，轻物质；重过程，轻结果。在民族传统体育实践中，重练内，轻练外；重神，轻形；在练习步骤上重整合，轻分解。民族传统体育在长期的实践中体会到，作为体育运动对象的客体——人的自身与宇宙自然，二者有着内在的紧密联系，因而在民族传统体育的实践中必须使人适应自然，顺乎自然，达到二者的统一与一致，方能实现最终的目的。

(二)民族传统体育奉行"崇文尚柔",通过"伦理"实现教化的功能

由于受到中国儒家传统文化的影响。民族传统体育赋予功能主要集中在体育的政治、经济等其他方面的功能,民族传统体育表现出重视伦理教化。儒家先哲把道德需要作为人的最高需要,道德价值作为最大的价值。

以展示道德理念为标准的民族传统体育活动形成了"寓教于体,寓教于乐"的原则,竞赛的首要任务不是突出运动竞赛成绩,比赛中并不鼓励去争取胜利,而是追求在竞争中实现道德的培养与升华。于是民族传统体育化身为"成德成圣,完成圆善"的一种手段。如儒家先哲推崇的射礼,要求射者"内志直、外体直、然后持弓矢牢固,持弓矢牢固,然后可以言中"。唐代木射,将"仁、义、礼、智、信、温、良、恭、俭、让"作为取胜标记,其伦理教化的意图,再明显不过了;韩愈非议马球运动时也曾指出:"苟非德义,则必有害",其价值观念,也很显然。司马光在《投壶新格》中的论述更为典型:"投壶者不使之过,亦不使之不及,不使之偏颇流散,所以为中也。中正,道之根柢也。"约成书于元明问的《蹴鞠图谱》,还以专章论述儒家"仁、义、礼、智、信"怎样在蹴鞠中体现,踢球应以"仁义"为主等。这种以"礼""仁""义"等作为去规范和衡量民族体育的标准,导致了民族传统体育重伦理教化的特性。

(三)民族传统体育推崇"整体""和谐"传统文化观

中国传统体育特别重视整体性与和谐性。中国传统体育注重以整体的概念描述人体运动过程中形体、功能、意念、精神诸方面的活动,以及这些状态与外部世界的联系。所谓"手眼身法步,精神气力功","形神俱练,内外兼修";"采天地之气,铸金刚之身",通过意识活动和肢体动作的演练来"悟道",逐步达到"与天地神相交通"的意境,进而"天乃通,道乃久,殁身不殆",反映了追求身心、机体与自然的协调发展整体效益的健身价值观。中国传统体育代表项目气功、太极拳等,都是在意念的主导下"以意会神,以意调气,以气促形,以行会神"。通过意识与肢体的活动,使"心灵交通以契合神道"。它借助于人体内部物质系统的信息流、能量去维持与外界时空环境的有序活动,进而调节机体的新陈代谢,保养生命。锻炼过程中多采用基本功练习与完整练习相结合的方法,充分体现了中华民族追求平衡和顺其自然的主体化思维方式。

(四)民族传统体育追求"快乐""和平"的文化理念

民族传统体育活动,在伴随各民族的发展过程中,与民俗、民风、生活习

惯紧密结合在一起,与人们的生活结合在一起,与人们的生活发生互相的渗透。人们通过传统体育活动,可以获得快乐的体验、感受精神的愉悦、营造和谐的生存氛围,逐渐使得传统体育产生了一种更加深层次的文化追求,即对"快乐"、"和平"、"安逸"生活的追求。

因为通常的民族传统体育中以强身健体为目的的表演性、娱乐性项目相当多,这些活动大都安排在业余时间进行,欢庆丰收、欢度佳节、祝贺新婚、闲暇消遣,将体育寓于娱乐之中,扩大欢快的氛围。例如,黎族的跳竹竿,每逢黎族的传统节日,如正月十五、三月三的夜晚,人们酒足饭饱,穿着盛装,蜂拥到村前村后的草坡上,燃起篝火,打着火把,一组一组的跳竹竿。这项活动是有八人持八根竹竿在两头,跪在地上,伴随着音乐、锣鼓,一分一合地打,另有四到八人在竹竿的空隙中来回流动。参加这项活动和在旁边观赏的人都会觉得很有趣。再如苗族的划龙舟,龙舟就是雕刻、制作成龙的样子的船,涂有红、绿、金、银、白各种颜色。划龙舟的人有鼓手、锣手、水手之分,分别负责指挥、敲锣和划水,穿着不同颜色、式样各异的服装。比赛时,几十个披红挂绿的龙舟在大江中直奔,锣鼓声声,烟花阵阵,再加上两岸观众的助威呐喊,更是气势不凡。壮、黎、侗、苗、瑶、彝、布依等族都喜爱打铜鼓,打铜鼓时伴以歌、载以舞,边歌边舞,表演各种动作,开展比赛,风格淳朴,具有浓郁的民族特色和欢快气氛。

(五)民族传统体育文化中存在着森严的等级制度的特质

在《易传》看来,整个自然界及人类社会都是遵循一种自然演进的规律而产生的。君臣、父子、夫妇、上下、贵贱、尊卑、长幼等,用礼义加以区别、规范,做到上下有别,长幼有序,各有差等,在这种分别差等中,礼起到了至关重要的作用。整个社会只有严格分别、遵循这种等级关系,使彼此不相逾越,才能达到天下稳定的社会目标。如西周的射礼,不仅有大射、宾射、燕射、乡射之分,而且对统属阶层和不同等级性身份的人,使所用的弓箭、箭靶,伴奏乐曲以及司职人员等都有严格的区别与规定。"秋狝"大典,根据礼制规定,在围猎的最后阶段,要由皇帝所在的"黄幄"射出第一箭,歼兽活动才能开始。《宋代·礼志》上规定了打马球的各种仪式,有皇帝参加的比赛,第一球一定要让皇帝打进,"对御难争第一筹",女子在封建社会地位极为低下,参加体育活动的权力和条件受到多方限制。中国的传统武术,没有具体的动作规定和比赛规则,交手过招中强调礼让在先,点到为止,不战而胜;体育行为恪守"中正平和,敦厚温雅"的理念,以至于在最具竞技实质的武术搏击中,也要"立身中正,随身就屈","动急则急应,动缓则缓随"。

(六)民族传统体育"淡竞争、重养生"的文化特质

中国人的传统思维中非常看重温和的性情,讲究性情自然,这种自然是内在的,更应属于自我感知的范畴内,而不是一种向外的宣扬与展现。"知其心者,知其性也,知其性则知人"。因此,当这种理念匹配上民族传统体育后就出现了人们参与传统体育在于养生而非竞技的态度。这种态度当然可以体现我国儒家"和"的思想,不过体育运动就是体育运动,过分看淡竞技的属性,过分在体育运动中秉承"中庸之道",最终只会让人以为自然界是不可征服和改变的,人只能受自然界的摆布,从而使华夏祖先抗争精神匮乏。这种安于现状,缺乏竞争,倡导守柔不争等大陆民族的依附特点,都在不同程度上抑制了竞争精神,竞争难以成为民族精神的主流,造成了民族传统体育的竞争性难以发展。这与西方主流竞技项目的理念完全相悖,进而使民族传统体育项目在今天发展缓慢,甚至表现出裹足不前的状态,这与其淡看竞争的本质思想有莫大关联。

民族传统体育是中国传统文化的一部分,它既可以反映出民族体育的文化属性,又可以反映出传统文化的特点。无论是从民族传统体育过去的产生,还是现在的发展,都与特定的文化环境紧密相连。它不仅仅受到传统文化的深远影响,而且不断地汲取文化的特性,使自身也具备了与文化环境相一致的文化属性。

第二节 我国民族传统体育事业发展的现状分析

我国民族传统体育的发展现状主要体现在两个方面,即民族传统体育项目的发展和民族传统体育理论建设。下面主要对我国民族传统体育项目的发展现状展开论述。

我国民族传统体育项目内容丰富、种类繁多,并且每一个项目都有其独特的理论,这些项目的理论建设能在一定程度上推动我国民族传统体育项目的发展。可以说,无论是单个民族传统体育项目研究还是民族传统体育宏观理论体系;无论是民族传统体育的历史研究、比较研究还是跨学科研究、发展战略研究等,这些都为民族传统体育项目的发展提供了理论导向,对民族传统体育教学项目、娱乐项目、健身项目、表演项目和竞技项目等实践内容给予了丰富和发展。

一、健身娱乐类项目的发展

在我国民族传统体育发展初期,各种运动项目基本上是以休闲、健身为主。经过一段时间发展,诸多的民族传统体育项目,特别是具有较强健身价值、娱乐功能的项目,顺应了历史和社会发展潮流,逐渐融入广大人民群众的日常生活之中。由于我国幅员辽阔、区域经济差异较大、民族众多、传统体育项目地域分布较广,因此,各地区、各民族的健身、娱乐类传统体育项目的活动形式、社会地位和发展状况也存在着很大差异。其中民族传统体育中健身、娱乐类项目又可分为以下几类。

(一)以节日、集会为主的项目

此类民族传统体育项目主要以集会活动和参加各种节日活动为主,内容丰富多样、影响广泛,多用于增添愉悦情绪、营造节日气氛。该类民族传统体育项目主要包括潍坊的风筝节、苗族的拉鼓节、蒙古族的那达慕大会、温县国际太极拳年会、地方和全国性的舞狮大会等。

(二)大众流行的健身娱乐项目

此类民族传统体育项目的主要目的是休闲娱乐和大众健身,具有动作简单、易掌握,设备要求低,不受时间和空间限制,易于推广等特点,多在普通社会大众之间开展,是我国民族传统体育项目在社会发展中的主要内容,也是我国实施全民健身的良好素材。此类民族传统体育项目主要有跳绳、放风筝、中国象棋、中华养生术等。

(三)以地域发展为主的项目

此类民族传统体育项目具有地域性的特点,比较符合当地的风俗传统,具有浓厚的民族特色,但不具有广泛的普及性,只局限于在某一地域或某些地区范围的少数民族群众中开展。此类民族传统体育项目主要有壮族的拾天灯、蒙古族的叼羊、苗族的爬花竿等。

(四)以地方协会为组织的项目

此类民族传统体育项目主要由地方协会组织,它是由社会不同团体成员有组织地进行的各种活动,属于社会活动形式的一种。其目的是健身、娱乐、巩固团队成员之间的关系。该类民族传统体育项目主要有武术协会开展的武术交流大会、围棋协会开展的围棋比赛、登山协会开展的登山旅游活动等。

二、竞技和表演类项目的发展

我国民族传统体育主要以娱乐性和健身性为主，但经过长期发展和演变，以及在社会各种因素和西方竞技体育的影响下，我国民族传统体育也逐渐具有了竞技性，这就使部分民族传统体育项目逐渐走向了竞技行列。由于受国际体育竞技化趋势的影响和奥林匹克"更快、更高、更强"宗旨的启发，一些民族传统体育逐渐发展成为与西方体育模式相近似的竞技类体育项目，其中一些民族传统体育项目甚至走进了组织较规范、竞技性较强的现代化体育运动会。

目前，我国政府对民族传统体育事业的发展给予高度关注和重视，除了制定和实施一系列有利于发展民族传统体育的政策和措施外，还组织一些具有较强竞技性和较高表演价值的民族传统体育项目进入各种类型的运动会，甚至有的民族传统体育项目还设立了专门的运动会，如全国舞龙舞狮比赛、全国武术套路和散手比赛、全国大学生武术比赛、武术表演大赛以及其他形式的邀请赛、对抗赛、争霸赛等。经过长期发展和完善，我国民族传统体育项目中也开始出现了一些新的竞技比赛，如全国散手比赛，太极拳推手比赛、国际武术比赛等。此外，经过相关部门的不断修改和制订，各项目竞赛规则日益完善、比赛成绩的量化客观评判日益成熟，这些竞技类项目的发展对我国武术事业以及民族传统体育的发展起到了极大的促进作用。北京奥运会的成功举办，为我国传统武术的发展带来了新的机遇和挑战，我国传统武术开始迈向国际体育盛会行列，吸引着国际体育人士的广泛关注。

由于受到各种因素的影响，我国以表演和竞技为主的民族传统体育项目的训练任务主要集中在我国各省区专业队、省市竞技体校、院校表演队和省市民族传统体育项目训练基地，民族传统体育各个项目尚未形成科学化训练。除了传统武术竞技项目有较为系统的训练体系外，其他民族传统体育项目的专业性训练还需要做很多的工作。所以，我国民族传统体育项目的专业训练还需要进一步发展和完善。目前在我国民族传统体育项目中，舞龙、舞狮和传统武术的专业化训练体系发展较为完善，而其他项目，如珍珠球、秋千、赛马、打陀螺、木球、射弩等则很少涉及。因此，必须改变以传统武术等少数项目为主的尴尬局面，改革和挖掘具有竞技性的民族传统体育项目，使我国民族传统体育中的各个项目建立起完善的训练体制，使各个民族传统体育项目在保留民族特色的基础上能适应当前的竞技化比赛，促进民族传统体育的竞技化发展是非常必要的。

第三节 "一带一路"倡议下我国民族传统体育事业发展的策略

一、建立健全民族传统体育的发展机制

我国高校体育教育在汲取各民族传统体育文化精华方面负有不可推卸的责任,这是因为高校体育教育具有自身独特的功能和优势。传播倡导区域性传统体育活动,使之成为不同区域和人群的健身方式,将极大地促进人类各群体的健康。这是现代经济条件下,高校必须为所在地的经济、社会和文化的发展服务的客观要求。因此相关职能部门必须制定积极而实效的政策,建立健全民族传统体育在各大高校的发展机制,确保其在高校体育工作中应有的地位,以调动各高校开展民族传统体育教学和训练的积极性,早日形成有利于我国民族传统体育发展的高校体育文化氛围。

二、把握民族传统体育的发展方向

随着现代体育全球化的迅速发展,我国民族传统体育受到了强烈冲击,其中部分项目已濒临消亡。因此,我国各高校民族传统体育教育应肩负起发展民族传统体育的历史重任,积极采取措施,使我国民族传统文化得以大力传承与快步发展。各普通高校都应积极努力挖掘地方资源和特色项目,将民族传统体育引入高校体育课堂,使大学生受到传统体育文化的教育和熏陶,深入了解和体验传统体育文化的内涵,提升民族传统体育文化的内在品质,让具有时代色彩和现代人文精神的民族传统体育,立足于世界文化之林。

三、推进高校民族传统体育课程的改革

高校民族传统体育的发展,还需要不断推进民族传统体育课程的改革。我国高校的体育课年限较短,为此可在适当延长大学本科体育课年限的基础上,对高年级学生可采用必选课的形式进行课程或俱乐部教学,并以学分制的办法进行管理。这样就可大大增加大学生对民族传统体育的习练时间,扎实地掌握锻炼方法以及确保民族传统体育在高校开展的效果。另外,学校教师和领导应积极发掘独具特色的地方资源和引进少数民族体育,拓

宽课程内容,以激发学生的学习兴趣和学习热情。高校应该结合自身条件和地域特点,形成自己的特色教学,逐渐形成具有中国特色的高校民族传统体育教学模式,使我国民族传统体育的教学更为丰富多样。

四、将民族传统体育教学、训练与科研相结合

事实告诉我们,仅在民族地区培养民族传统体育人才远远达不到预期的效果,必须在青年学生比较集中的高校中培养,通过鼓励各高校开设内容独特、健身价值高、表现形式新颖的民族传统体育项目的教学和研究,并运用科学的方法和原理对所选择的项目进行系统性研究,使该校成为系统研究某一民族传统育项目的学术权威。由此才能使所开设的项目更易被大学生认同和接受,才更有利于激发其学习兴趣和学习热情,这对于民族传统体育的普及和发展起着不可忽略的重要作用。此外,还要鼓励各高校积极申办民族传统体育项目训练基地,培育出一批高素质、高水平的教练员和运动员队伍,带动高校相应民族传统体育项目的开展,不断提高我国民族传统体育的教学水平和训练水平。

五、加强各类学校民族传统体育教材的建设

加强各类学校民族传统体育教材建设,对推进我国民族传统体育的发展有着重要作用。加强我国民族传统体育教材的建设,创编优秀民族传统体育系列教材,可有利于我国民族传统体育文化的传承和发展。在编写全国统一的普通高校民族传统体育教材、创编大学民族传统体育系列教材的同时,也要考虑做好中小学民族传统体育教材。中小学体育教育是大学体育教育的基础,加强中小学的体育教育,对于大学体育教育的发展有着重要的推动作用。

六、建立健全民族传统体育常规的竞赛体制

建立健全民族传统体育常规竞赛体制,有利于民族传统体育朝着更规范、更健康的方向发展。定期举办的民族传统体育运动会和单项邀请赛等,可激发各高校开展民族传统体育项目,并促使高校形成有效的训练、比赛周期,保证学生的兴趣在课外得以继续延伸和发展。这样可有效地引导和激发学生的参与热情,推动少数民族传统体育的普及、发展以及运动技术水平的提高,使其更具有观赏性和吸引力。

第六章 "一带一路"倡议下我国休闲体育事业的发展研究

随着人们物质生活水平的逐步提高以及业余时间的不断增多,人们在日常休息之余越来越倾向于参加一些能修身健体、愉悦身心的休闲体育运动,推动了我国休闲体育事业的发展。现代社会中,休闲体育的影响力非常大,它不仅影响人的观念与健康,同时还对体育经济甚至是整个国民经济具有重要的影响。鉴于此,在新时代,我们必须响应"一带一路"倡议,分析我国休闲体育事业的发展现状,探讨如何通过发展休闲体育事业来促进跨区域的融合发展,构建共建、共享、共赢的繁荣之路。

第一节 休闲体育概述

一、休闲体育的概念

广义的休闲体育是指具有娱乐和休闲功能的各种体育活动,广义的休闲体育运动和体育运动的其他领域属于对立统一的关系。竞技体育的目标是最大程度地促使人类运动能力的提升及不断推动人类挑战运动极限,倘若竞技体育的某些项目能够运用到休闲生活中,也可称其为休闲体育运动。体育教育是指对受教育者进行运动技能教育和运动知识教育,进而促使受教育者掌握一些体育锻炼方法,学会一些体育项目的运动技术,受教育者学会的运动技术和运动方法有利于运动者养成良好的休闲活动习惯,最终有利于受教育者的终身。大众体育是指具有健身特征、娱乐特征以及社会交往特征的群众性的体育活动,大众体育和广义的休闲体育运动大体相同,可将休闲体育运动看成大众体育的一个组成部分。

综上所述,休闲体育与体育运动的其他各个领域之间存在着外延联系。当休闲活动被用于竞技时,即可将其称为竞技体育;当休闲活动被用于娱乐休闲时,即可将其称为休闲体育。一般可以将休闲活动的目标和功能作为划分其类别属性的重要依据。

需要注意的是，休闲体育作为相对独立的区域，与其他体育运动也存在着某些区别。根据休闲体育运动的目的和作用，可将其概念定义为：休闲体育运动是指人们在闲暇时间进行的、以满足自身发展需要和愉悦身心为主要目的的、具有一定文化品位的体育活动。

二、体育休闲的特征

（一）时代性

休闲体育是在一定历史阶段和文化背景下产生与发展起来的。在不同的历史时期，休闲体育物质文明和精神文明各有不同，因而所产生的休闲活动方式也各不相同，体育休闲活动随时代的进步而演变。

通过观察和总结历史发展进程发现，无论在任何社会时期，体育活动一直存在，最终发展成一种被百姓接受和喜爱的休闲活动方式。即使是在神权的统治之下的中世纪（5~15世纪）欧洲，也很难抑制民众追求身体游戏的需要，少年儿童始终是游戏的先锋，他们将武士的打斗演变成自己进行身体娱乐的活动形式。当然，休闲体育运动毕竟是社会文明的一种表现，在很多情况下，它与社会科学技术的发展水平都有密切的关系。我们能够看到，如今所流行的体育休闲活动与20世纪初相比发生了很大的变化，如今的体育休闲活动常常是与科学技术以及材料革命相结合，而之前的活动更加倾向于进行身体的自然活动。

（二）自发性

美国休闲学专家杰弗瑞·戈比认为："休闲（leisure）是从文化环境和物质环境的外在压力中解脱出来的一种相对自由的生活，它是个体能够以自己所喜爱的、本能地感到有价值的方式，在内心之爱的驱动下行动，并为信仰提供一个基础。"休闲体育活动同样是人们在休闲时间内所进行的一种自发性的主体活动，它完全是出于一种个体或某一群体真正的主体需求，在个人能够自由支配的时间里进行体育活动，不包含任何的强制、被动或者非自愿成分。在体育活动中，由于是主体自觉自愿的需要而参与，因此它不仅直接满足个人身心发展的需求，而且这种良好的情绪体验会更好地激励其持久参与的积极性，并形成良性循环。

自发性是人类自觉意识的一种体现。在社会高度发展的当下，休闲不再只是劳动后的一种休息和放松。在人类闲暇时间不断增多的情况下，休闲已成为每个个体的一项基本生活权利，是个体生活的重要组成部分。当前人们具有充分的自由意识，在休闲体育运动中能够反映出群众对闲暇时间的支配权。

（三）参与性

休闲体育具有很强的实践性，它需要人们的亲身参与，同时在参与过程中体验并获得某种感受，或者通过自身活动的结果来表达出自己的观点或者理念。没有自己亲身参与，就不能从中获得预期的感受，也不能完整表达自己的情感。有些人将观看体育比赛和体育表演也纳入到休闲体育运动的范畴，并将休闲体育运动分为参与型与观赏型两种。经常会有演员与观众之间的互动，但我们却始终不能认定这是观众在演出。因此，休闲体育运动应该是活动者参与其中、亲身实践的过程。事实上，休闲体育运动所能够实现的各种功能与作用，都是在活动者参与过程中体现出来的。

休闲体育的参与性特征主要体现在体验上，这是人类进行感知的一个过程，在这个过程中，人们不断对感知进行处理，需要进行一定的情感投入。体验并不是简单的感觉，是一种感觉的深化与发展，它需要对某种行为做出有意识的解释，它是与当时的时间与空间紧密联系的精神过程。休闲体育运动正是一种直接的身体体验活动，在人们进行身体体验的过程当中，会产生一定的情感、情绪以及心理体验。现代社会中人们由于工作压力以及城市生活的紧张，使人们更倾向于选择和寻找一些轻松的、快乐的东西来进行放松，这种放松是心理上的放松，人们通过参与休闲体育运动来体验自我身心的解脱。现代休闲体育运动减少了竞争的因素，人们在参与过程中考虑更多的是过程，这个过程就是人们进行体验的过程。因此，人们进行的休闲体育运动的指向是对于过程的体验，表现出明显的参与性特点。

（四）选择性

体育休闲的选择性特点是指体育休闲运动可以自由选择，自主选择性强。目前，随着社会的发展，从事休闲服务的人逐渐增多，因此，许多休闲活动进入了社会经营性场所，这就意味着老百姓要为休闲支付一定的费用，但是由于经济条件的限制，许多人不能经常坚持参加需要付费的休闲活动。此时他们就可以自主进行选择，可以在公园、广场或者家中等场所进行散步、跑步等休闲活动。休闲体育以其选择性特征而得到了大众的喜爱。

（五）灵活性

休闲体育的灵活性特点主要表现为人们可以随时随地进行体育休闲运

动。现代社会竞争非常激烈,人们生活节奏不断加快,如果付出过多的时间来进行体育休闲活动势必会成为人们的一种负担。但有些体育休闲活动不需要人们专门抽出时间来进行,可以在茶余饭后的零散时间、工作间歇时间进行,甚至在早晚坐公交车的时间里也可以活动,这些活动的时间可长可短,由参与者根据个人的实际情况而定。

(六)愉悦性

体育休闲运动的愉悦性是从体育休闲的功能方面来讲的。在各种形式的体育休闲活动中,人们不必为从事锻炼的花销而发愁,不必为动作的笨拙而苦恼,更不必为锻炼不达标而沮丧。人们在体育休闲活动中可以忘记烦恼,全身心地投入到运动中来,在运动中享受既健身又健心的愉悦。

(七)多样性

体育休闲的多样性具体是指体育休闲运动方式的多样性。体育休闲活动是人们在闲暇的时间中从事的活动,它有各种各样的形式,人们可以自由选择自己感兴趣的活动形式。可以以集体的形式进行,也可以以个人的形式进行,可以安静地进行,同样也可以在音乐的欢快节奏中进行。人们可以选择的锻炼形式有慢跑、散步、扭秧歌、跳交谊舞等,这些形式的锻炼都能够满足人们的精神需求。

(八)层次性

休闲体育的层次性是指休闲活动人群的年龄层次、活动内容的难易层次以及活动方式的经济消费水平层次。这三方面层次的划分具有深远的社会意义,同时也反映了休闲体育研究的不同视角。

通常情况下,不同年龄阶段的人有着各不相同的需求与爱好,这种需求与爱好对于人们体育休闲方式的选择会有直接的影响。少年儿童一般会对一些新奇的个人活动,如轮滑、滑板、小轮自行车等感兴趣;青年群体则对具有一定挑战性和对抗性的活动更加感兴趣,如篮球、足球、网球等;中年人更加注重体育活动的品位和档次,而老年人则喜欢交流互动性较强的活动。一般来说,在休闲体育分层中,年龄是决定性因素。

内容的难度是完成活动所要求的技术标准高低的问题,这是一些人选择体育休闲活动方式的一种依据。这种选择主要是活动者对自己运动能力进行评价后做出的决定,运动能力比较强的个人主要选择技术动作难度较高的运动项目;而个人运动能力自我评价较低者,那些无须多大努力就能够做到的活动项目是他们主要选择的对象。

活动方式的经济消费水平是一种社会性特征显著的分层,与个人的社会身份以及阶层表征具有紧密联系。一些体育休闲活动方式明显属于高消费,这些活动的参与者必须要拥有相当雄厚的财力,带有明显的炫耀性消费特征;而另一些体育休闲活动方式则可能对个人的经济情况有一定程度的要求,不仅能够反映一个人的身份地位,同时还能够反映他们的运动能力;一些人更愿意选择那些不需要太大开销,就可以开心愉快活动的运动项目,他们也没有多余的金钱花费在休闲体育活动当中,所以他们也不在乎自己选择的活动属于哪个层次。

许多形式的消费最初属于奢侈范围,然而随着社会的进步与发展,这些奢侈的消费形式越来越大众化,成为广大群众必要消费的内容。休闲体育运动的发展趋势与此相似,许多项目在刚开始阶段只有部分人参与。在这种情况下,通过这些项目可以完全体现个人的身份,这些项目属于具有炫耀性消费特征的休闲活动。例如,保龄球运动在刚刚传入我国时,几乎仅属于白领阶层的运动,个人的经济实力决定了人们能否参与该项运动,所以在这一阶段保龄球运动成为划分社会阶层的活动之一。随后,伴随着我国保龄球馆数量的不断增多和价格的大幅度降低,使得保龄球运动逐渐朝着大众化方向发展,其之前具备的划分社会阶层的功能也随之消失,并且逐渐发展成为一项一般性的体育休闲活动。

(九)时尚性

在21世纪的今天,参与休闲体育活动已成为一种社会时尚。第一,人们进行体育休闲活动能够表明自己与某个社会阶层的平等性等级;第二,人们参与体育休闲活动能够体现出自己与另外某个阶层之间所存在的差异。人们参与体育休闲运动时的动机、目的、心态、情感等一般情况下会处在舍勒贝格所表述的时尚双重性之中。例如,人们在进行体育活动时,总是要遵守相应的规则与要求,但在进行休闲体育运动时,人们却总是不情愿遵守这些活动规则以及相关规范,因为这些东西多少会造成一种文化性的压力,而休闲体育运动恰恰是试图摆脱各种外在压力的一种行为方式。

根据舍勒贝格的理论来分析,参与休闲体育运动的人们和休闲体育本身完全具有现代时尚的几个重要的双重性特征。例如,休闲体育一方面并不在乎物质的和实际的东西,但同时又始终不能够脱离那些具体的东西;人们对于休闲体育的态度也包括了积极参与以及完全无所谓两种对立的情绪;人们总是试图逃避那些在休闲体育中必须承担的相应责任,等等。

时尚性是一种社会事物与社会发展的趋势以及社会需求协调统一的表现,人们对体育的需求由于社会物质文明的不断发展而逐渐强烈起来。一方面,作为时代的青年人不只是时尚的代表,同时也是时代风气的传播者;另一方面,由于青年人充满青春活力,是"娱乐的先锋"。体育不仅是表现其青春活力的重要载体,而且还能够使参与者产生愉悦的情感,形成一种良好的交流与互动,同时还可以宣泄情绪以及发散多余的精力。因此,在现代社会的不同时期,休闲体育一般都会成为青年人的一种时尚。

随着社会经济的迅速发展,人们的思想在不断进步,因而也创造了大量新的休闲体育运动,并在全球化背景下将这些运动迅速向全世界范围内传播,逐渐演变为一种全球性的休闲体育运动。在信息时代,人们不断接受新的思想与内容,因此,一种休闲体育运动形式随时可能被另一种形式替代,这种快节奏是现代社会发展的一大特点。此外,一种新的休闲体育运动的产生与发展,开始总是在少数人当中流行与传播。人们一方面通过参与休闲体育运动以表明自己的某种身份或地位;另一方面则以此表现自己与另外某阶层存在的差异。例如,高尔夫球运动在流行之初被标榜为贵族富人的运动,因此有很多富人都"被热爱"上了这项休闲体育运动。

三、休闲体育的价值

休闲体育的价值主要表现在生理、心理、经济文化、社会等几方面。

(一)生理价值

1. 提高人体免疫力

参加休闲体育活动可促进人体免疫系统功能的提高。调查发现,经常从事气功、太极拳等体育休闲活动的老年人的免疫系统功能要比不锻炼的老年人更强。

2. 增强脑力

体育休闲活动对机体的器官和系统能够起到刺激与按摩的作用,这样就有利于促进神经系统功能的改善和血液循环,从而促进脑细胞的代谢,充分发挥大脑的功能,增强脑力。

3. 延缓衰老

实践证明,经常进行适宜的休闲体育活动是人们保持健康和延缓衰老的有效手段之一。例如,经常坚持长跑运动能够改善心肺的功能,增强肌肉组织的力量,还可以增加关节的韧性和调节人们的精神,这些都有利于人们保持长久的活力,延缓衰老的过程。

4. 预防或减少疾病

很多人发生疾病都与其缺乏体育锻炼有关,各种疾病严重威胁着人们的健康,因此必须通过运动锻炼来预防疾病发生,休闲体育运动是预防或减少这些疾病的有效方式。研究表明,长期坚持进行休闲体育活动能够增加血液中高密度脂蛋白胆固醇的含量,而这些高密度脂蛋白胆固醇可以将沉积在动脉壁上的胆固醇运送到肝脏进行代谢,从而减慢主动脉粥样硬化斑块的形成与发展,最终起到防止疾病发生的作用。

(二)心理价值

1. 培养良好的社会态度

经常参加体育休闲活动,不但可以提高认识能力,还可促进情绪智力的增强。人们在活动过程中,获得丰富的情感体验,从而更好地认识与控制自己的情绪、情感。与此同时,人们还可以从这些体验中认识到他人情绪与情感的表现方法,这样有助于个体认识能力和情绪智力的提高,能够对个体形成良好的社会态度产生积极影响。

2. 形成良好的团队意识

在休闲体育活动中,人们因为共同的兴趣、爱好而聚集起来,形成了一些正式的或者是非正式的群体。这些群体中的每个人都要遵循共同的行为准则,人们的行为一定程度上受到了准则的约束和规范,这对于培养人们的团队意识、集体意识与协作意识非常有利。在休闲体育活动中形成的这些团队意识能够满足人们的个体归宿需要,有利于形成良好的社会心理氛围,最终符合社会主义精神文明建设的需要。

3. 提高人际交往能力

集体性的休闲体育活动要求人们共同参与,因此在参与过程中能够增加人们相互接触的次数,拓宽参与者人际交往的宽度和广度。与人们在工作中的交往不同,在休闲体育活动中不存在职业、地位、年龄和文化背景等方面的差异,人与人之间的沟通障碍得到了很大程度的消除,人与人之间的感情沟通变得更加顺畅和有效。在人与人进行沟通的过程中,能够得到他人的帮助与支持,进而对个体思想、情绪和行为产生积极影响,推动参与者产生协作思想与利他行为,最终建立起良好的人际关系。

(三)经济价值

1.积累国家建设资金

休闲体育业是第三产业的重要组成部分,具有加快货币回笼速度、增加货币回笼数量、稳定市场、防止通货膨胀以及积累国家建设资金的作用。在市场经济中的一切经济活动都必须通过货币来完成,如果货币的投放量过多或者过少,就会引起通货膨胀和通货紧缩。一旦出现通货膨胀就必须采取措施扩大消费,回笼货币。休闲体育业就是回笼货币的有效方式,主要包括以下两个方面。

(1)人们直接参加休闲体育活动来进行消费,同时,提供相关的指导、咨询和服务等来获取货币。

(2)出售或者出租休闲体育活动需要的相关设备,采用这种方法不仅回收了货币,还从盈利中以缴纳税收金的方式为国家建设积累了一定的资金。

2.优化国民经济产业结构

随着社会的发展,休闲体育活动逐渐增多,休闲体育业也逐渐出现,这是典型的第三产业。当生产力发展到一定阶段时第三产业就必然迅速发展,一个国家的经济越发达其第三产业在国民经济中所占的比重就越大。第三产业也是社会发展的标志,它能够带动其他相关第三产业的发展,对优化产业国民经济的结构起着重要作用。

3.增加就业机会

从本质上来看,就业指的是劳动者在一定社会经济条件下,以特定方式参与社会劳动,并从中得到物质和精神满足的一种机会。就业问题是社会所面临的重要问题,它不仅关系到个人的生存发展和享受问题,还关系到社会的稳定,乃至国家的发展问题。休闲体育业作为新兴的第三产业,是一种具有服务性和生产性的综合性产业部门,它的发展必然会为社会提供更多的就业岗位,从而促进社会的安定和国家的发展。

(四)文化价值

文化有广义和狭义之分。广义的文化是指人们在社会中所从事的各类活动,以及在这些活动中所创造的全部成果,它既包括物质生产和物质产品,又包括精神生产和精神产品,还包括各种社会事物、社会现象和社会过程。狭义的文化是指相对于物质文化的一种精神文化,是指与精神生产直接有关的精神生活、现象以及过程,价值观、社会意识或思想以及道德是狭义文化的主要内容。文化是人类特有的社会活动的积淀。

休闲体育是一种特殊的社会文化现象,在市场经济条件下,人们越来越关注这种文化现象的文化价值。休闲体育的文化价值主要是指休闲体育活动本身的技术规格、形式以及休闲体育设备的样式、装饰、商标等方面所反映的人们精神文化观念和心理等信息的属性的大小。它的重要特征就是借助休闲体育所承载的文化价值,推进社会文明进步,促进人民生活水平和生活质量的提高。

(五)和谐价值

和谐价值是指休闲体育具有满足社会主体构建和谐社会需要的作用,主要包括实现社会政治和谐发展的价值、实现社会经济和谐发展的价值以及实现社会精神和谐发展的价值。

第二节　我国休闲体育事业发展的现状分析

一、我国休闲体育兴起与发展的原因

休闲体育在我国起步晚,发展时间短,只有几十年的历史。改革开放后,各种外来事物的涌入使人们的观念不断开放,这就为休闲体育的兴起提供了可能,经济的发展更为休闲体育的兴起奠定了物质基础。具体来说,休闲体育在我国的兴起与发展离不开以下几方面的原因。

(一)思想解放

思想解放是我国休闲体育兴起的重要原因之一。改革开放以前,政治运动是国家政治生活的基本主题,甚至经济建设和社会文化建设通常也以政治运动的方式来运作。面对"不服从者不得食"的处境,迫于生存的压力,封闭保守、遵规守矩只能是最好的选择。体育生活方式的内容、手段、方法等受意识形态、资源来源等刚性制度的制约,被封闭在狭小的天地内,并具有极强的意识形态色彩,体育生活方式只能趋向封闭保守,别无它选。

改革开放使我国社会政治生活发生了巨大变化,结束了以阶级斗争为纲、政治运动不断、社会长期处于动荡的年代,进入了以实现社会主义现代化为目标、以经济建设为中心的社会稳定发展时期。宽松的政治环境,和谐

的社会氛围,丰富的文化生活,多样的休闲方式,都使人们的自主意识得到了张扬,个人行为选择的自由度不断加大,社会消费结构、消费生活方式越来越受到人们的关注。思想的解放为休闲体育的兴起解开了观念的束缚,社会上逐渐形成了文明、健康、科学的体育生活方式,人们逐渐认同和肯定新型的、现代化的体育生活内容,人们的体育生活方式已从以往的健身为主的单一形式,走向娱乐、消遣、健身、交际并举的多元形式,从同质性、单一性向异质性、多元性进行转变。休闲体育逐渐进入人们的生活,为人们所喜爱,为社会所关注,它不仅成为个体发展的需要,也成为社会发展的需要。

（二）经济发展

经济发展为休闲体育的兴起奠定了重要的物质基础。只有经济发展到一定水平才能推动现代休闲体育事业的发展,因为经济的发展可促进人民经济实力的增强,促进现代休闲体育消费,从而推动休闲体育的发展。工业化、信息化、现代化的到来,为劳动时间的缩短和闲暇时间的产生提供了可能,为休闲体育提供了物质基础和时间保障,使人们从封闭、保守、落后的传统生活方式迈向开放、文明、健康的现代生活方式成为可能。近些年来,随着物质生活水平的提高,人们对科技文化知识的需求欲望也日益强烈。在这种形势下,我国人民的文化知识水平已经有了较大幅度的提高。文化素质的提高必然会使人们的消费心理、消费习惯、消费结构、消费层次发生改变,在保证基本的衣、食、住、行需求以外,必将投入更大精力和财力来进行适应时代发展要求的休闲体育消费。尽管我们还没有达到休闲社会的水准,但无论从日常生活的作息时间比率衡量,还是按一生的劳作休闲比率衡量,我国的经济发展已经为民众获得休闲奠定了坚实的物质基础,人们在物质生活方面的支出在总收入中所占的比重越来越小,而把更多的钱向非物质的方向比如文化的、休闲的消费方向转移。正是在市场经济时代,在经济高速发展、政治稳定的环境下,社会为人们的多样性文化选择和休闲体育消费方式提供了丰富的物质基础。

（三）科技发展与休假制度的实行

科技发展和休假制度为休闲体育的兴起提供了技术基础和时间保证。近年来在引进、吸收、消化的基础上,我国休闲体育项目的设施设备水平也将在技术的推动下产生明显的飞跃。目前,我国已经有许多现代休闲体育研究机构成立,这些机构将为我国现代休闲体育事业的发展奠定坚实的技术基础。20世纪90年代中期开始,我国实行每周5天工作制,每周休息2天,同时为了扩大内需促进国民消费,我国还实行了黄金周制度,再加上其他节假日，人们有了充裕的休假时间，从而也有了更多更高的消费需求。

(四)我国潜在的休闲体育市场

我国存在着巨大的休闲体育消费市场也是休闲体育之所以能在我国兴起和发展的重要原因。目前来看，尽管我国人民的消费水平还不很高，还有一小部分人没有摆脱贫困，但全国大部分人口都已解决了温饱问题，正在向小康生活迈进。这就意味着人们将会有越来越多的资金用于物质以外的精神消费，其中的重点之一就是现代休闲体育消费。

二、我国休闲体育发展的成果

自20世纪90年代初休闲体育在我国兴起以来，其不断发展并取得了以下成果。

(一)大众对休闲体育越来越了解

大众的休闲生活方式是衡量社会发展的一个重要指标。社会生产力水平的快速提高给人们享受高科技带来了便利，但也在一定程度上导致人们与大自然渐行渐远。大众回归自然、促使身心健康、完善个性发展的需求，是当前休闲体育兴起和发展的内在动力。随着人民群众对休闲体育了解的不断加深，投入一定的资金来参与休闲活动和娱乐活动，从而提高身体素质，提升生活品质已成为现代人新的追求和风尚。

(二)大学生成为休闲体育的生力军

休闲体育产生和发展后，高校校园也随之出现了越来越多的休闲体育项目以及不同种类的体育项目，如太极拳、瑜伽、骑车、爬山等。这些休闲体育项目在逐渐渗入高校师生日常生活的同时，还出现在不同的以休闲体育为主要活动的大学生组织和协会中，如轮滑协会、户外运动协会等。休闲体育活动以及相关组织和协会的出现，在很大程度上满足了大学生在不同方面的体育锻炼需求，为大学生的人际交流提供了更多的机会，对大学生交际、合作等多方面的社会性能力均有较为深远的影响。

(三)户外运动快速兴起和发展

户外运动在20世纪90年代传入我国，经过20多年的发展，不同的户外运动项目在我国均获得了较快的发展。深入分析我国户外市场的发展状况发现，当前我国户外运动在稳步发展。据不完全统计，我国不同类型的户外运动组织已超过2 000个,且仍在不断增加。在大众生活水平日益提高、各项休假制度日益完善的情况下,人们在户外运动方面的需求不断增加,此外不同种类的休闲游、自助游以及亲子游等电视节目的播出,也在很大程度上刺激着户外运动的发展。未来我国户外运动的规模还将会进一步扩大。

(四)休闲体育营利性服务组织机构明显增加

休闲体育业作为典型的第三产业之一,其发展状况与国家经济发展水平是息息相关的,要想为休闲体育业的发展奠定良好的物质基础,则需要经济发展水平达到良好的发展阶段。休闲体育要想获得良好发展,以下两方面的内容是必不可少的,即个人可支配收入的多少以及闲暇时间的多少。21世纪,广大群众的文化素质不断提高,因此人们选择和参与健康、科学、文明休闲体育属于正常现象。伴随着休闲体育营利性服务组织机构的不断增多,休闲体育服务将成为21世纪我国经济增长的一个新亮点。

(五)体育硬件设施条件不断改善

在我国逐步进入小康社会,坚持以国家和地方政府投资为主,同时鼓励和接受社会各界力量的多元投资政策的推动下,我国体育场馆和设备状况得到了大幅度改善,具体表现在社区、公园、学校、广场、街道以及体育场馆中增加了很多新型体育器材和体育设备,体育设施条件的改善为广大群众选择和参与休闲体育活动提供了良好的物质条件。

(六)不同层次人群选择的活动项目呈现出多样化

不同层次的群体对休闲生活有不同的需求和追求,具体表现为广大群众在休闲体育项目、内容以及场地方面表现出的差异性。例如,青年人则倾向于选择街舞、户外运动等富有活力和动感的休闲体育项目;老年人倾向于选择散步、门球、太极拳等有氧代谢且能够对其心肺功能产生积极影响的休闲体育项目。经济状况较好的人群则倾向于选择高尔夫球、赛马等档次较高、消费水平较高的休闲体育项目;经济状况一般的群众则倾向于选择跑步、登山等花费较少、简单易行的休闲体育项目。

三、我国休闲体育发展的问题

(一)体育场馆、器材等条件无法满足大众需求

我国在体育投入以及运动场馆器械的建设方面与我国广大百姓休闲运

动的实际需要，以及与发达国家体育场馆的设备状况相比依然存在明显的差距，当前社会现有的经营性娱乐健身场所的收费情况依然较高，这两方面的因素均会对我国休闲体育的发展产生消极影响，因此应动员社会各方面的力量来进一步改善休闲体育发展的物质条件。

(二) 地区性发展差异明显

调查发现，我国休闲体育的发展存在明显的地区性差异，即沿海地区发展较好、内陆地区发展较差，一线、二线城市发展较好、三线、四线城市发展较差，城镇发展较好、农村发展较差。进一步分析后发现，主要原因是我国经济发展存在地区差异，经济水平决定了人民的生活水平，而且也在很大程度上决定了休闲体育的发展前景。因此我国地区经济发展严重失衡，所以休闲体育的发展也出现了地区性差异问题。

(三) 缺乏休闲体育经营人才

休闲体育业不仅是第三产业，同时还是一项生产性事业。在市场经济条件下，一些体育服务可能会进入市场流通领域，进而转变为商品。当体育服务转换为商品后，其运行环节与运营环节均需要遵循商品流通规律，进而才能产生预期的经济效益。然而，在我国休闲体育市场的初级发展阶段，休闲体育经营人才的短缺对市场的进一步开发与扩大造成了制约。因此，培养休闲体育经营人才至关重要，同时还应当不断招聘与吸收热爱经济和体育事业的多样化人才，进而通过改善休闲体育经营人才短缺的问题，来为我国休闲体育市场的进一步开拓和发展奠定坚实的人才基础。

(四) 休闲体育产业的发展缺乏科学的管理

投资休闲体育产业在近几年是我国产业发展的一大热点，但因为缺乏有力的宏观调控，很多项目一哄而上，而这些投资者又缺乏市场管理水平，对市场的需求无法准确把握，在没有经过社会调查的情况下盲目上马，结果造成项目结构失衡，有些项目供大于求，造成行业内部的恶意竞争、资源浪费严重、经济效益低下的后果。

四、影响我国休闲体育发展的因素

(一) 经济发展水平

休闲体育发展的物质基础是由经济发展水平决定的。按照国际研究资料显示,"当恩格尔系数达到65%时开始出现娱乐型消费,当达到40%~50%时,其消费呈现持续增长的态势"。目前,在我国城镇居民的家庭中,其恩格尔系数还低于50%,进入40%~50%的中等生活水平。但我国目前生活在国际贫困线以下的人口在总人口中还占有相当的比例。所以,全面建设小康社会还具有较为艰巨的任务,要做到发展东南沿海城市的同时还要大力发展西北边陲农村;城市人口需要健康,而农村人口更需要温饱,所以,要促进休闲体育的均衡发展,"农村是重中之重"。

(二)城市发展规划

由于城市化发展,必然会导致从事较低效率的农业劳动人群,向着较高效率的第二、第三产业劳动转变,它也是经济发展和社会进步的综合体现。马克思曾指出:"城市的集中具有聚集着社会前进的历史动力的历史意义。"毫无疑问城市化是一把"双刃剑",在给人们带来舒适和便利的同时,也为人们的生活方式和生活环境带来许多不利的因素。

美国休闲学专家杰弗瑞·戈比认为,全球都市化的发展趋势使得城市规划越来越受重视,对人们的休闲利用进行规划(如艺术、文化、体育、戏曲、博物馆、图书馆、公园、自然保护区、野餐、社交活动和其他消遣)也将逐渐成为一个关键性问题。这就是说,不应削弱休闲服务在日常生活中的地位,相反应将此放到重要的位置上来看待。

在现代城市建设和发展中,政府并不关心什么样的休闲方式更有利于提高城市居民的生活质量,也就是说关于休闲空间的规划,还未引起重视。

要想使休闲方式得到有效的发展,必须在城市中构建相应的休闲空间。这也应该得到现代城市发展规划的侧重考虑。但事实上,在我国的一些现有城市中,由于人口密集、交通阻塞、环境污染严重、活动空间拥挤、绿化空间缺乏等原因,使人们的生活质量不高,有空闲时间而无必要的活动空间。从这个意义上讲,在城市规划中发生这种状况与其缺乏正确而健康的休闲观念和思想有很大的关系。现代城市社会学指出,在进行城市规划时,应对人的生存和发展进行充分的考虑。国际现代建筑协会制定的《城市规划大纲》中指出:"城市应按居住、工作、游憩(休闲)进行分区和平衡后,再建立三者联系的交通网。"可见,在城市规划中,考虑游憩(休闲)所需的空间,是极其重要的一个组成部分。

(三)体育场馆普及程度

由于休闲人口在消费层次、年龄上存在差异,所以他们对休闲体育场所和环境的要求也有差别。因此,发展休闲体育,要针对不同的人群提供便利的休闲场所和物质条件。据调查,有10%的居民在双休日选择了"动"的体育作为休闲形式,如果把"静"的(如棋、牌等)体育项目也归入统计数据的话,其休闲体育的选择可达到47%。但目前休闲体育还存在许多不尽如人意的地方:据有关调查,有35%的人反映休闲体育场所太少;有18%的人认为场地质量差;有15%的人反映一些好一点的运动场所收费太高,不敢问津;有8%的人认为体育场所的服务不佳;有18%的人认为社会组织的休闲体育项目太少。同时我们还应注意到,我国与发达国家标准相比,在休闲锻炼的实际需求上存在明显的差距,如我国体育场馆的人均使用面积还不到0.6平方米,而在发达国家已经超过了2平方米,美国达到14平方米。而我国体育场馆用于群众体育的也只有10%。针对这些问题,国家应采取有效的措施来改进,促进休闲体育的全民化发展。

(四)都市化迅速发展

改革开放以来,我国城市化进程不断加快,城市人口也不断增加,同时城市数量也有明显增加。西方发达国家的经验表明,伴随着城市化水平的提高,大众体育将获得较快的发展。我们国家是一个农业大国,农村人口城市化后将出现一些新问题,如新市民的文化素质、健康意识、生活方式以及体育资源等,都会对人们的健身休闲活动产生影响。因此,在城市化发展过程中,应采取各种积极有效的措施来引导和鼓励新市民逐步养成与现代化发展相协调的思想观念、生活方式以及行为习惯。同时在新社区建设中,要注重对大众健身场地设施的规划与建设。

(五)物质需求不断增长

在现代社会里,日益完善的社会物质条件,可以使人们各式各样的物质需要得到满足。但在满足人们丰富物质需要的同时,也刺激了人们对物质的欲望,为了满足自己不断增长的需要和欲望,人们开始不停地去工作,以获得更多的金钱来满足自己的这种需要和欲望。另外,当今社会已经成为一个完完全全的消费社会,人们有无限的消费增长量。日用物品更新频繁,维持日常开销也需要更多的钱。为了使自己保持住某一层次的生活水准,人们不得不付出更多的时间投入到工作中。这样一来,从事休闲活动的时间就减少了,即使是有益于身心健康的体育活动也被忽视。

(六)社会竞争日趋激烈

当今社会高速发展,社会变化越来越快,社会结构越来越复杂,而且社会竞争也异常激烈。这种竞争实际上是人的社会生存的竞争,迫于压力人们不得不提高自己,这样,人们余暇时间中用于休闲体育活动的时间被挤占或挪用。

人们为了应付日趋复杂的社会结构和日益加速的社会变化,经常处于疲惫状态,这也使人们的休闲潜力在很大程度上被弱化。人们不得不为了适应工作的需要而花时间学习新知识,占用了余暇时间。也使体育休闲活动的时间大大压缩,甚至人们完全没有了余暇时间。

(七)体育生活方式的形成

体育生活方式通常是指在一定社会客观条件的制约下,社会中的人、群体或全体成员为一定价值观所指导的满足多层次需要的全部体育活动的稳定形式和行为方式。它也是人们生活方式中的一个重要组成部分,并受到自然、社会和自身条件的制约。其中自然条件指的是自然地理环境,社会条件指的是政治、经济、文化、教育、风俗、习惯与大众传媒等,自身条件则是指个人的身体状况、劳动条件、经济收入、消费水平、休闲时间的占有量以及接受教育的程度等。可以看出,体育的生活方式完全可以反映出人们怎样生活的问题,由于从"吃饱"的旧生活方式到"吃好"的新生活方式之间的过渡期太短,人们一时还不能适应这突如其来的变化。因此,积极引导人们形成健康向上的体育生活方式有利于人类健康发展和生活质量的提高。

(八)求职者失业时间的延长

当今社会,失业成为许多国家面临的一个严峻问题,我国同样如此。在我国,求职者至少有5%~20%以上都处于长期失业的状态。甚至在劳动力短缺时,这种情况依然得不到缓解。而对于这些失业者来说,可能会多出许多自由支配的时间,但是他们缺乏资金和良好的教育,没有必要的社会关系,所以没有从事体育休闲活动的条件与心情。

(九)现代科技休闲方式时间增长

随着现代电子、信息技术的发展,电视、电子游戏、上网、网络游戏等已经成为许多人在闲暇时间进行娱乐的主要方式。在我国,公众余暇时间支配在看电视和上网的时间上,占有较高比重。据央视—索福瑞媒介研究有限公司(CSM)对中国各地电视观众观看电视的时间调查显示,其中34岁以下的消费者每天观看的时长是1小时30分钟。显然这种被动的、静态的、空间封闭的娱乐休闲方式,已经成为人们最主要的休闲方式,它将人们从以动态为特征的体育休闲方式上吸引过去,使人在遥控器、鼠标等现代科技产品中消耗余暇时间,而且在年龄构成上,不同年龄段的人都有表现出增长的趋势。这不仅挤占了人们体育活动的时间,更有甚者,已显露出取代体育休闲活动的端倪。这类电子娱乐、游戏产品的盛行,对于像休闲体育这样有益于身心健康的休闲方式的发展来讲,无疑会产生巨大的负面影响。

休闲体育发展到现在,已经形成了它独特的综合体,它将教育、科技、文化集于一身,影响社会的方方面面。也正因为如此,休闲体育的发展出现了各种矛盾。在早期的工业社会,由于休闲体育的发展处于萌芽阶段,其内外的矛盾相对简单。到了工业社会中期,已经基本形成了现代休闲体育的存在模式,其地位也在社会生活中基本稳定,与社会其他结构之间也形成了较为紧密的联系,产生了相对复杂的内外矛盾。但一个明显的社会生活方面的原因是休闲体育能满足人们娱乐和参与的欲望。不管能不能实现,人类都有娱乐、休息和参与的愿望,这一点是休闲体育出现和发展的原动力。我们也注意到,现代工业文明在促进休闲体育发展的同时,也使一些休闲体育活动走向衰亡,主要是因为社会的发展使人们的观念发生了转变。然而,休闲体育还是具有强大的综合发展能力,在不断借助外部条件迅速发展的同时,还能够主动适应自身所处的环境,创造对自身发展更有利的条件。

第三节 "一带一路"倡议下我国休闲体育事业发展的策略

在"一带一路"倡议下,我国可以从以下几方面来推进休闲体育事业的不断发展。

一、引导人们树立正确的休闲体育消费意识

人民大众作为休闲体育的消费主体,只有树立了正确的休闲体育消费意识,才能积极参与休闲体育活动,增加这方面的消费比例。

正确引导人们树立休闲消费意识可以从以下几个方面着手。

(一)加大宣传

休闲体育作为群众体育的基础,是人类文明、科学、健康生活方式的组成部分。休闲体育发展与我国全民体质的增强,健康水平的提高和生活质量的改善都有着密不可分的关系。因此,各级政府部门要加大对休闲体育的宣传力度,利用各种传媒进行宣传,通过宣传、引导、强化广大群众的休闲体育消费意识,提高大众参与休闲体育的积极性,增强全民的健身意识,使

休闲体育在良好的舆论环境中发展。

(二)积极培养消费主体

引导人们形成正确的休闲体育消费观念,完善休闲体育设施建设,提供丰富多彩的不同层次的休闲体育服务。为了满足不同消费者的需求,还应根据消费者不同的年龄、职业、收入和兴趣爱好,开发出多类型、多层次的休闲体育消费品市场,从而积极引导大众消费。

二、扩大休闲体育投资渠道

不论是休闲体育的发展,还是休闲体育文化的建构,都需要一定的资金投入。在休闲体育资金投入方面,国家相关部门支持和人民群众支持是非常重要的两个方面。

(一)国家相关部门的支持

我国休闲体育的发展因资金短缺而受到了制约,这个问题一直困扰着各级政府部门。因此,政府部门应对群众体育活动增加财政拨款并形成制度,以用于扩建体育场馆和辅助设施等。

(二)人民群众的支持

对于休闲体育资金的投入,光靠国家财政拨款是不可行的,还需要人们的共同努力。

首先,需要相关部门积极引导和鼓励依靠社会力量对群众体育进行赞助。

其次,积极培养国民花钱买健康的思想观念。

最后,在国家、社会、个人共同出资出力的条件下,需要人们共同努力做好利国利民的大事。

三、建立休闲体育专门组织管理机构

建立休闲体育专门组织管理机构能有效促进社会休闲体育的开展,这也是和谐社会下构建休闲体育文化的组成部分。在建立休闲体育专门组织管理机构的同时,也要加强对体育骨干队伍的培育与建设。

（一）建立相关专门组织管理机构

建立完善的休闲体育组织管理机构，需要从国家到省、市、县要专门设立分管群体工作的部门，再由这些部门组建群众体育协会、体育指导中心、俱乐部，形成广泛的大众体育社会管理网络，有效地组织、指导群众进行科学的健身活动，特别是老年人口的体育工作，是发展休闲体育的重要因素。

（二）加强体育骨干队伍建设

建设休闲体育骨干队伍主要是培育一批优秀的社会休闲体育指导员，主要从以下几方面来进行。

(1)加强社会对休闲体育指导员和休闲体育骨干的培训和使用。
(2)不断提高休闲体育骨干的业务素质和服务能力。
(3)努力发挥休闲体育骨干的中坚力量作用。
(4)加强和完善体制检测工作，加强和完善体质检测工作，建立一套科学合理的体质评价系统。

四、积极开展休闲体育的教育

教育能为休闲体育的发展提供一定的理论基础。在和谐社会背景下，发展休闲体育离不开休闲体育教育工作的开展。

（一）加强休闲体育教育

1. 将开展休闲体育教育作为实施全民健身计划的重要途径

"全民健身计划"针对的是全体国民，儿童、青少年是重点对象，在各个地区、各个人群中有步骤地实施全民健身计划，有利于促进国民素质和健康水平的提高，推动我国物质文明与精神文明建设，促进国家和中华民族的繁荣发展，而且对子孙后代也具有积极而深远的影响。当前，我国实施全民健身计划需要重点考虑的是，怎样动员越来越多的人去参与健身活动，通过何种方法来促进计划目标的实现。在教育改革的背景下，通过休闲体育教育来实施健身计划、实现计划目标是一个非常有效的方法。全民健身计划目标需要人们持之以恒地参与健身活动才能实现，而人们只有体会到活动的乐趣才会主动参与其中并长期坚持下去。人们怎样才能体会到活动的乐趣，这主要取决于两方面，即活动内容的趣味性和活动的气氛。休闲体育教育能够帮助人们树立休闲意识，引导人们深入体会活动的乐趣，从而使人们坚持不懈地参与健身活动。

2. 更新观念，树立科学休闲观

休闲对于任何人而言，都是一种充分而完整的人生享受，其在丰富生活、提高生命意义方面具有非常重要的作用。马克思曾深刻论述过闲暇时间给人带来的积极影响，他指出节约劳动时间就相当于增加自由时间，即增加个人充分发展自我的时间，而个人的充分发展是最大的生产力，其对劳动生产力的提高又会产生积极的作用。可见，马克思不但对劳动时间的节约十分重视，而且对闲暇时间的价值也给予了高度的重视。对于每个人来说，闲暇都是一生中的宝贵财富，促进个人的充分发展，进而推动社会的进步与发展是这一财富的价值体现。

3. 学校、社会与家庭之间展开积极的互动

在全球化时代，资源共享是普遍现象，这在教育领域也能够体现出来。高校体育教育和大众体育之间具有密切的联系，高校应抓住机遇与社会、家庭进行积极的互动，从而实现资源优势的互补。例如，在场地设施上，学校一方面可以向外界开放体育硬件设施，为各种青少年、中老年运动休闲比赛的举办提供物质支持，还可以通过社会赞助的途径来筹集资金，对各种培训班与俱乐部进行组织，从而对学生及周边社区居民的健康与休闲意识进行培养；另一方面，学校可以将街道、公园等公共健身场所和自然资源充分利用起来，从而为学生提供良好的运动休闲环境。

再如，在人力资源上，学校可以利用周末和节假日的时间将学生和教师组织起来，使师生共同参加一些野外郊游活动，这样不仅能够促进师生关系的加深，还能够对师生进行运动休闲教育。这种大环境的活动方式对学生户外运动休闲意识的树立、正确运动休闲态度与价值观的形成也有积极的影响。

4. 注重学术研究

西方国家对休闲及休闲体育的研究起步早、时间长，取得了丰富的研究成果。与西方国家相比而言，我国对休闲体育及其教育的研究还处于起步阶段，还需要大量的科研人员不断努力，加大研究力度。我们可以设立相应的研究机构，创办休闲体育研究刊物，编写实用性的教材或读物，开发和研制休闲体育用品，以此来促进休闲体育及其教育的健康发展。

(二)培养休闲体育相关人才

通过休闲体育教育，积极培养符合时代发展的休闲体育的专家和休闲经营人才。另外，为了保证休闲体育的科学性，还可以建立休闲体育的相关咨询机构，培养大量的休闲体育指导人员。

五、大力开发休闲体育市场

开发休闲体育市场不仅是休闲体育发展的必然趋势，还是和谐社会下休闲体育文化构建的组成部分。开发休闲体育市场可采取以下策略。

(一)积极开发户外休闲体育项目

休闲体育的体验质量在很大程度上由环境条件决定。因此，休闲体育服务机构的首要工作任务就是保护和改善环境。我国蕴藏着丰富的户外运动资源，利用这些资源可以大力开展陆域、水域、空域多种休闲体育项目。但是，值得注意的是，在大力开展户外休闲项目的同时一定要倡导"生态休闲"的理念，也就是说，为了达到促进社会与人类的可持续发展的目的，人们在进行休闲体育活动时要尽量避免对自然环境的破坏。

(二)重视休闲体育消费的大众化、普及化

开发休闲体育市场可以激发人们的体育消费需求，而人们对体育消费需求的扩大又能够促进休闲体育市场的扩大与发展。因此，休闲体育市场与人们的体育需要是密切相关的。由于传统文化的积累，未来的休闲体育消费主流必然是大众型的。因此，休闲体育的主要标志应该是大众的、普及的。为了更好地发展我国的休闲体育产业，需要注意以下两个方面。

(1)在经营休闲体育项目的选择上，一定要重视大众的消费需求和认同在经营上的重要性。

(2)在经营理念上一定要以人为本，结合实际情况和消费文化，从大众的消费需求和消费条件出发。

(三)转变休闲体育产业经营机制

引导、强化休闲体育市场意识，积极开发休闲体育市场，以达到使大部分体育场馆由事业型向经营型转变、由计划机制向市场机制转变的目标，具体从以下几方面努力。

(1)对一些已具备条件的体育场馆应逐步实行企业化经营或转变为自

主经营。

(2)借鉴西方国家先进经验,构建适应我国国情的、提供休闲体育产品和服务的组织、管理体系和运作机制。

(3)从观念更新、制度创新、企业组织创新、产业布局创新和行业管理创新等几方面来促进休闲体育产业的创新发展。

六、完善休闲体育的消费和服务体系

只有健全的休闲体育消费和服务体系才能更好地促进休闲体育事业的发展。完善休闲体育消费和服务体系对休闲体育事业的发展具有重要意义,健全与完善该体系的方法如下。

(一)制定休闲体育的消费标准

有关部门应制定相应的休闲体育市场管理法规及行业指导价格,其主要体现在两个方面:第一,规范休闲体育市场经营行为;第二,制定合理消费价格。

(二)完善休闲体育的服务体系

积极完善休闲体育的服务体系,这就要求休闲体育经营者必须从以下几个方面出发。

(1)树立"市场营销""市场导向"等正确的市场观念。

(2)从市场现实和潜在的需求出发,加强对休闲体育市场的调查、研究和预测。

(3)重视经营体育外围产业,同时要积极开发和经营一些以服务为主的体育外围产业,如观赏体育、体育知识技能培训以及集休闲、健身、娱乐、商务等于一身的各种俱乐部,以促进大众对休闲体育需要的满足。

(三)努力实现体育服务均等化

体育均等化服务能有效缩短发达地区与欠发达地区的休闲体育差距。具体可从以下两方面来实现体育均等化服务。

(1)各级政府应扩大公共财政覆盖农村体育的范围,增加对农村体育的投入力度。

(2)组织发达地区,采取相关措施(对口支援、社会捐助等)帮助中西部欠发达地区和东北老工业区发展群众体育事业,以逐步缩小发达地区和欠发达地区休闲体育发展的差距。

七、将休闲体育与终身体育结合起来

终身体育是我国体育教育改革中的一个重要思想。休闲体育与终身体育关系密切,将二者结合起来进行发展,可取得良好的效果。

(一)终身体育的概念和形成

1.终身体育的概念

人们对终身体育的看法是多种多样的。关于终身体育的概念,目前也是说法不一,主要包括以下几种观点。

(1)终身体育是指一个人终身都要接受体育教育和从事体育锻炼,使身体健康,身心愉悦,终身受益。

(2)终身体育是指一个人终身进行体育锻炼和接受体育教育,即要在人一生中实施教育等。

在我国,人们比较认同的观点是,终身体育是指人们在一生中所进行的身体锻炼和所受到的各种体育教育的总和。简单地说就是一个人从生命开始,到生命结束,不管是为了适应环境,还是要满足个人的需要,都要进行身体锻炼,以取得生存、生活、学习与工作的物质基础或条件。

2.终身体育的形成

在人们的传统意识中,一般把人生分成两半,"前半生用于受教育,后半生用于劳动",保罗·朗格朗改变了这种想法,他认为"教育应该是每个人从生到死的继续过程"。保罗·朗格朗是20世纪60年代的法国著名教育家,上面的观点也就是他所提出的终身教育的思想。终身教育的思想在国际上具有很大的影响力。正是在终身教育思想的影响下,终身体育的思想逐渐形成。终身体育思想的形成离不开终身教育思想的影响,体育功能、社会经济发展和人们生活随社会发展变化及人们行为方式也是其中的重要原因。社会发展是终身教育和终身体育的前提,从个人发展的角度来说,起点都是个人如何适应社会发展的需要,而最终培养全面发展的人的问题是包括终身体育在内的人类的各种教育发展围绕的重点。终身教育与终身体育有相同之处,也有差异,见表6-1。

表6-1　终身教育与终身体育的区别

终身教育	终身体育
是指对于一个人从生到死的整个一生所进行的教育	是指一个人终身进行身体锻炼和接受体育教育
目的是维持和改善个人社会生活的质量	目的是保持健康,增强体质,提高生活质量和体育教养水平
从事一定的活动——学习活动	从事一定的活动——身体锻炼等
接受一定的教育——一般是以职业教育或专业知识教育为主,也有寻求掌握个人爱好方面的知识技能	接受体育教育——一般以体育锻炼原理、体育技能、休闲、娱乐活动的知识、技能等为主
形式灵活,内容多样	形式灵活,内容多样
不断增长和积累知识	丰富体育知识,顺应身体发展的规律,坚持身体锻炼

(二)休闲运动与终身体育的结合

终身体育是让人在生命的各个不同阶段都坚持参加体育活动,并达到身心健康、愉悦身心的最佳目标,而休闲体育作为一种健康、科学、文明的生活方式,它正以独特的休闲性、自主性、自由性及积极的亲身体验性吸引着现代人,释放着当代社会快节奏给现代人带来的种种压力和负担,休闲体育是终身体育的具体内容,而坚持终身体育思想,并坚持终身参与体育锻炼正是休闲体育的最终目的,也是人类改造自我、发展自我的最佳手段与方法。

在远古漫长的时期内,人们几乎没有对体育的需求,因为人们需要整日忙于生产劳动,维持生存,这些生产劳动在一定程度上代替了运动,人们在劳动过程中,锻炼了身体。但在现代社会,体力劳动逐渐减少,脑力劳动逐渐走向主导地位,这就意味着人们无法从劳动中获得运动的功效。因此人们对于体育运动的需求越来越强烈,在通过体育运动获得锻炼身体效果的同时,人们的身心逐渐放松,同时获得愉悦的情感。在校园中同样如此,早期的校园休闲运动往往会被课余的部分劳动代替,但目前应运而生的校园休闲运动无疑将对高校体育的育人效益,包括近期效益和终身体育的远期效益有着重要作用。在校园中,学生接受体育教育,可以为终身教育奠定基础,但毕业后学生体育行为的中断或继续,则对终身体育有着重要影响。社会上有着"终身教育人口"的概念,它指那些自接受学校体育教育以来,坚持至今,并能持续到老龄的体育人口。学生毕业后体育行为的中断或继续,与校园体育教育有着重要关系,在校园体育教育中兴趣高者,终身体育意识强,易于坚持锻炼,反之则不然。由此可知,对校园体育兴趣浓厚的学生极易成为终身体育的人口。休闲运动的兴起对校园体育教育有着重要影响,理解休闲运动与终身体育的关系首先需从理论上弄清何谓终身体育,明确高校体育在终身体育中的任务以及休闲运动对大学生终身体育的作用等。

八、推动我国休闲体育文化的可持续发展

可持续发展是休闲体育文化保持强大生命力的关键所在。1987年世界环境与发展委员会起草的《我们共同的未来》的报告对"可持续发展"做了经典的解说:"可持续发展是既满足当代人的需要,又不对后代人满足其需要的能力构成危害的发展"。概括起来,可持续发展包括以下七个要素:生态持续、经济发展、清洁生产、社会进步、国际公平、国际协调和文化重塑。休闲体育文化是"文化重塑"的重要组成部分。休闲体育文化的可持续发展是指当前所进行的文化建设,在"强化健康意识,提倡多样化"的前提下,在保持各种休闲体育文化形态协调发展的同时,不仅要有利于现实的发展,而且对于未来休闲体育文化的繁荣产生积极影响。现代社会的发展日新月异,新事物、新观念不断涌现,伴随而生的新的休闲体育文化时尚也层出不穷。

(一)创新是休闲体育可持续发展的动力

当新的休闲体育文化出现以后,其会以新颖性、独特性而吸引大量的受众,从而导致休闲体育文化群体结构的重新划分。在重新划分的过程中,一部分人将放弃原来的休闲体育文化生活方式,成为新休闲体育文化时尚的爱好者,这就对原有休闲体育文化的生存与发展形成一定的压力。所以,创新是保持休闲体育文化的强大生命力和可持续发展能力的关键。多样性创新是休闲体育文化发展的动力源泉,不进行有效的创新活动,休闲体育文化就不可能实现可持续发展。

创新绝不是机械的模仿,也不是在种类与数量上的累加,它是在创造性思维的条件下,打破现有的方案、制度和保守的定势,以先进的认识论和方法论取得新成果的程序、方法和行动,是主动变异和价值观明晰选择的演进过程。所以,本质上来说,创新是"扬弃和超越"的过程。"扬弃"是为了汲取精华,"超越"是为了促进发展,两者之间的互动协调是休闲体育可持续发展的重要条件。

(二)休闲体育的多样性创新

随着我国社会的不断发展,人民生活水平逐渐提高,广大民众对文化有了越来越强烈的追求,大众需求的复杂性、多样性和不确定性日益突出。它既受人们收入水平、生活环境的影响,也受大众文化素质、审美趣味等因素的影响。因此只有充分了解和掌握休闲体育资源的状况、休闲体育文化产品的供给能力、社会需求状况以及变化的趋势,才能将已有休闲体育文化资源充分利用起来,创建具有中国特色的丰富多彩的休闲体育文化。多样性的创新能够促进休闲体育文化的健康发展。休闲体育文化的多样性创新表现在以下几个方面。

1.对休闲体育文化功能和作用的认识的多样性创新

创新表现在大众对休闲体育文化价值的认识和判断主要由教育的功用意义转向集健身、娱乐、休闲等为一体的多元化生活价值观。市场经济的发展使人们价值观开始分化,在一定程度上,大众获得了对价值观的自主裁决权。人们在追求物质生活的同时,更加注重精神文化的消费。在这一背景下,休闲体育文化的思想教化作用已经不是唯一的选择,而是健身、娱乐、休闲等需求的多样化的共存。

2.休闲体育风格与种类的多样化创新

随着经济的发展,文化事业的繁荣以及大众传媒的进步,我国呈现出学校体育、民族体育、竞技体育共存的发展格局,这些体育形式之间既相互独立又相互借鉴与融合,从而形成了许多新颖独特的休闲体育方式。多种多样的休闲体育文化活动也不断涌现,满足了不同群体对休闲体育文化的个性化需求。

3.休闲体育文化组织层面的多样性创新

休闲体育文化的社会价值和功能非常突出,许多厂矿、机关、学校、城市和乡村在精神文明建设过程中,都纳入了休闲体育文化氛围的创建。一些厂矿、学校甚至拥有属于自己的企业休闲体育文化和校园体育文化,这对于本单位形象和知名度的提高及职工创新能力的增强具有重要的意义。

(三)休闲体育可持续发展的对策

要实现休闲体育文化的多样性创新,并通过不断的创新真正赢得可持续发展的强大动力,应做好以下两方面的工作。

1. 创建良好的体育文化环境

马克思曾说:"一切创造都要有一个表现这种力量的场合,需要从她所引起的反应中吸取新的创造的力量"。文化力是人的创造力与创新力的基础和本质。文化力指的是个人、群体、组织、民族、社区等在社会发展进程中,由知识、经验、制度、历史精神传统及价值取向、人格特点、思维方式、行为方式、生活状态等诸多文化因素构成的,有益于推动群体及社会变革、创新、发展的系统性正效合力。

2. 坚持为大众服务的价值取向,确保正确的创新方向

从本质上来说,休闲体育文化是服务于广大民众的精神产品,它不仅为人民群众提供健身和娱乐,而且还成为大众直接参与的一种休闲娱乐方式。所以,在休闲体育活动开展过程中,要重视广大民众的可接受性和可实践性。休闲体育的活动变革与创新也应满足广大民众精神文化需求,并与开发文化市场结合起来。只有得到大众的支持,休闲体育事业才能获得源源不断的发展动力。

第七章 "一带一路"倡议下我国体育产业结构的优化与升级研究

"一带一路"倡议的提出,为我国及其他国家提供了新的发展机遇,体育产业作为我国新兴产业,势必要搭上这一发展的快车。为了更好地适应"一带一路",满足其要求,获得更好的发展,就必须对体育产业结构进行优化并升级。本章就"一带一路"倡议下我国体育产业结构的优化与升级进行研究。

第一节 体育产业结构概述

一、体育产业结构的概念及研究

(一)体育产业结构的概念

所谓体育产业结构是指在技术经济联系和数量比例方面,体育产业各个生产部门之间的关系。就生产技术来说,任何一个体育实物产品和服务生产部门之间存在着相互依赖和制约的关系。此外,通过体育产业结构能够在一定程度上将体育产业总产值在各个部门的分布情况以及所有经济资源的配置情况反映出来。

(二)体育产业结构的研究

如表7-1所示,我国经济产业结构的层次。

表 7-1 国民经济产业结构层次[①]

层次	内容
第一层次	三大产业间的结构比例关系
第二层次	三大产业内部各行业间的结构比例关系
第三层次	某行业内的分支各行业的结构比例

根据表 7-1 国民经济产业结构层次可知,体育产业结构应归为经济产业结构中的第三层次之中,但体育产业是一种复合产业,它是由第二产业和第三产业相互渗透、交叉而形成的,这就要求我们在对体育产业结构进行研究时,不能只局限在第三层次范围之内。

在体育产业结构中,每一个分支行业相互之间几乎都有着非常密切的关系,并且各个部门之间也同样有着非常频繁的联系,这是体育产业的各个结构、各要素、要素与结构之间的反馈和连锁效应的最为突出的反映。

需要通过体育本体产业的发展来更好地带动体育外围产业的发展,而体育本体产业的发展需要体育外围产业提供相应的支持。在整个体育产业链中,每一个环节都有可能会对体育产业整个的发展产生一些关键性的影响。这就需要我们对体育产业结构的各个环节和构成要素进行全面分析,综合这些环节和要素进行整体研究,以能够从整体上来把握体育产业的合理性。主要从定量和定型两个方面来对各个环节和要素进行考察,在具体研究过程中,需要对不同要素、不同结构、不同结构与要素之间的关联性进行分析。

二、体育产业结构的形成

对于产业结构来说,主要是通过两种机制得以形成的,即计划机制和市场机制。对于产业结构的形成与发展,是计划机制作用下政府的行为,还是市场机制作用下企业的行为,是以政府安排为主还是以市场安排为主,这已成为理论界反复争论难以解决的问题。在我国作为一个新兴产业,体育得以兴起并发展起来,其结构的形成和演化是在两种机制的共同作用下,受到众多不确定因素的影响。对体育产业结构的形成和演变的主要影响因素进行深入了解,是对体育产业结构的形成和演进进行正确认识评价和优化的

---

① 吴超林.体育产业经济学[M].北京:高等教育出版社,2004.

基础,是对体育产业结构演变趋势进行把握以及预测的重要依据。

作为一个开放的系统,产业结构是比较复杂的,对产业结构演进产生影响的因素有很多。20世纪80年代,在《竞争优势》中,美国哈佛大学的教授迈克尔·波特,对产业和竞争战略的基本框架进行了详细介绍。在他看来,一个国家的特定产业是否具备竞争力,这主要是由其生产事由、相关支持产业的情况、需求状况、竞争环境等因素来决定的。除此之外,政府的行为和机遇同样也会对产业竞争力产生比较大的影响。根据波特的钻石体系理论,可以将对体育产业结构演进产生影响的动力因素归纳为五个方面,分别是经济发展、社会需求、资源供给、科技创新、制度环境。具体如下。

(1)经济发展是促使体育产业结构得以演进的前提条件。
(2)社会需求是促使体育产业结构进行演进的基本导向。
(3)资源供给是促使体育产业结构得以演进的客观基础。
(4)科技创新是促使体育产业结构不断演进的决定力量。
(5)制度环境为体育产业结构的不断演进提供了重要保证。

三、体育产业结构的特征

(一)整体性

就系统来说,虽然说系统结构主要是指系统各个要素之间存在的联系,但如果脱离了这些要素,那么这种联系单独存在是不可能的。事实上,系统结构和系统要素之间的关系是密不可分的。不能将系统的结构简单地看作是诸多要素的简单集合体或各个要素的混合物。实质上,系统的结构是各个要素之间各种关系的综合,如相互作用、相互联系等关系。系统结构的性质及系统运动也正是在各要素的相互作用中产生的。在系统结构的各要素中,是不可能找到这种系统结构的性质和运动规律的。反之,系统结构整体的性质和运动规律会对各要素的性质与运动产生决定、制约和支配性的影响。

作为一个集合体,体育产业主要是由两部分因素构成,一部分是社会大众提供的体育服务活动和体育产品,另一部分主要是同这些关系相关的活动。在体育产业中,诸多活动相互之间都存在比较密切的关系,它们是相互依存的产业群体。各个活动之间有着很强的关联效应,并且有着复杂的耦合关系。如果体育产业只是由各个部分简单组合而成的,那么其就不会产生一系列的效应。也正是因为体育产业并不是由各个要素进行简单的相加形成的集合体,所以其集体效应是非常强大的。我们可以将体育产业的巨大集体效应看作是其结构的内在属性,这一属性的存在离不开产业的结构内涵和结构素质。

只有将体育产业结构的各个环节和要素进行充分结合起来,同时对其进行全面分析,才能从整体上来把握体育产业结构。在整个体育产业结构中,任何一个要素的生存与发展都离不开对其他要素的依存,一个要素的产出可以是另一个要素的投入,同时一个要素的投入也可以是另一个要素的产业目标。从整体层面来说,很容易看出体育经济发展的整体效应应当是其他任何一个要素都不具备的。同时,体育产业的整体效应也并不是各个要素简单相加的功能之和,其所具有的功能应当远远大于各个部分的功能之和。所以说,在体育产业结构中,整体性是一个主要的基本特征。

(二)自发性

对产业结构进行优化和发展,需要维护好系统结构的整体性,同时进行有效的转换生成,这需要产业结构进行自我调节来得以实现,这便是体育产业结构的自然性特征。

体育产业结构的自我调节性指的是通过体育产业经济系统的内部机制就可以对体育产业结构进行自发建造,并促进体育产业结构升级的实现。体育产业是始终处在运动变化过程之中的,这主要从其结构、内部诸要素以及其所处的外部环境等方面得以体现出来。在体育产业经济系统中,各个子系统都是在不断进行着自我调整和组织,仿佛有一个"无形的手"来操纵这些子系统;另一方面,之所以能够产生"无形的手",这主要是因为各个不同子系统之间存在着竞争和协同作用。

(三)层次性

通常来说,不管是哪一种系统,都可以被分解成各个不同的小的子系统,同时任何一个系统都可以同其他的系统通过进行相互结合来形成更大的系统。体育产业作为一个系统同样也是如此,大系统之中包含了各个小系统,小系统又可以被划分为更小的系统。

从宏观的角度来看,体育产业应归属为第三产业的第三层次,同时体育产业也包括了八大子系统,分别是体育组织管理活动,体育中介活动,体育健身休闲活动,体育场馆管理活动,体育场馆建筑活动,其他体育活动,体育用品、服装、鞋帽及相关体育产品的销售,体育用品、服装、鞋帽及相关体育产品的制造。① 任何一个子系统又包含了很多更为低级的系统,这些更低

---

① 刘远祥.体育产业结构优化研究[M].济南:山东大学出版社,2015.

级的系统又包含了很多级别更低的子系统,体育产业结构的层级体系便由此得以形成。

在整个系统中,各个不同层级的结构有着不同的作用和地位,但各个不同层级的结构并不是孤立存在的,相互之间存在着非常紧密的联系。正是在各种因素的共同作用下才使得体育产业结构得以形成,并且很多因素都对体育产业结构的形成产生了一定的制约作用。所以,在体育产业的不同发展阶段会出现不同层次的产业结构。通过分析体育产业结构的层次,可以对体育产业结构系统的特征进行不同角度的揭示,这对于我们更为深入地理解体育产业结构的发展方向和发展现状有着非常重要的意义。通过体育产业结构所具有的层次性能够很好地反映出体育产业结构的优化状况,这主要是通过分析体育产业结构的素质和属性来实现的。

(四)转换性

事实上,系统结构的转换其实就是系统结构的生成,系统结构的加工和构成功能也都是系统在其规律的支配下,不断加工和整理新材料,并体现出其自身新结构的能力。

从根本上来说,体育产业结构的问题其实就是资源配置的问题,可以从资源转化器的角度来对体育产业结构进行分析。换句话说,就是体育产业要在一定的资源条件下,通过体育产业结构进行有效的运转,不断引进外界的物质、信息、能量,并不断地生产和创造出各种体育产品,以此来更好地满足各个不同社会群体的体育多元化需求。体育产业结构转换也就是重新对体育产业内的资源进行配置,调整资源在各部门间的比例,具体地说就是,通过转移体育产业内发展不理想的子产业劳动力、资金等要素,来对该产业的有关变量进行调整,以提高该产业的发展水平,并对体育产业结构进行整体优化。

第二节 当前我国体育产业结构概况

一、在体育产业投资中港澳台等地区和外商占比重较大

在全球化背景下,我国经济的快速发展使我国的体育产业获得了很大程度的发展,而在我国体育产业投资方面,港澳台地区的商人以及外商投资占有较大的比重。就拿2013年来说,对于我国体育产业的投资,港澳台商

人和外商的投资占据的比重分别为 45.78%、41.34%，同我国内地的企业产生了比较激烈的竞争。所以说，港澳台等地区的商人和外商对我国体育产业的投资成为促使我国体育产业快速发展的一个重要力量。若想促使我国体育产业获得更加快速、更好的发展，就必须要进一步增大投资的力度，从而同港澳台等地区的商人和外商形成一个势均力敌的力量，以更好地促使我国的体育产业获得更加健康的发展。

二、体育产业组织结构不够合理

由于受到我国传统思想的影响，我国的体育产业在发展的过程中存在着政治与企业分界不够明确的现象，这对我国体育产业的组织结构产生了比较大的影响。这主要表现为我国体育产业结构关系水平比较低，结构非常松散，缺少必要的联系，很难形成整体合力的作用等，这不仅会对体育产业的生产和结构效率产生影响，同时也对我国体育产业的健康发展形成制约。对于我国体育产生的整体发展来说，规模小、大型企业缺乏、低回报率，很难形成聚集效应和规模效应。

三、我国体育产业区域间发展不平衡

从地域来看，我国体育产业发展在区域之间存在着非常不平衡现象，这主要表现在两个方面，一方面我国体育产业结构在东部、中部和西部存在着梯状的格局；另一方面我国体育产业结构在城市和乡镇方面的发展水平存在较大的差距。

首先，根据我国 2010 年针对东部、中部和西部等地区几个省市的调查可知，在我国东部省市的体育产业在全部省市中所占比例达到 90% 以上，而中部和西部的比例都在 10% 以下。

其次，城乡区域的体育产业发展存在非常明显的差距，体育产业在城市中获得了较好的发展，但在很多农村地区的发展仍然处在萌芽阶段。

四、体育产业各层次间缺乏关联性，难以形成完整的产业链

我国体育产业结构系统大致可以分为三个主要层次，分别是核心层、外围层、产业层，各个层次相互之间有着非常密切的联系。其中，核心层是整个系统的重心，对其他各个层次的结构和规模产生影响，而外围层和产业层相互之间有着比较大的关联，同时为核心层提供重要的保障和条件。当前

阶段,我国体育产业的发展水平非常有限,体育产业的结构系统相对来说还不够完善,其发展对产业层有着较大的依赖性,而核心层的规模比较小,无法使体育产业的价值得到更好的发挥。

五、体育产业的结构效应水平相对较低

对于体育产业来说,结构效应会产生比较大的影响。经济发展比较好的国家,体育产业往往会被作为支柱产业,这主要是因为体育产业能够发挥比较大的结构效应。本阶段,我国体育服务业所创造的产值,其数额非常大,但产业的总体增加值却只有25.36%。所以,我国体育产业的结构不是很合理,结构效应水平比较低下,这既会对我国体育产业的健康发展产生影响,同时也能够促使我国体育产业结构在国民经济发展中更好地发挥作用。

第三节 "一带一路"倡议下我国体育产业结构优化与升级的策略

一、体育产业结构优化的可选路径

(一)政府行为

政府是社会经济顺利运行的宏观调控者,它主要是通过国家计划来发挥相应的作用,以更好地促使体育资源和体育产品的供给与需求处在一个平衡的状态。政府干预经济活动、促进资源优化配置、推动体育产业发展的主要手段是经济杠杆、产业政策。在优化体育产业结构的过程中,政府要根据现有产业的结构状况来对产业结构的变动进行预测,将经济发展的总目标作为出发点,通过纵向等级层次来向经济主体发送计划指令,以更好地调整部门间的供求格局。

一般来说,政府是以整个国家作为背景来对体育产生的发展方向、规模、速度、重点等进行确定,为国家体育产业的总体发展勾画大致的轮廓。

政府宏观调控的优势主要从以下两个方面体现出来。

(1)政府作为组织主要是针对全体成员的。

(2)政府所具有的强制力是其他经济组织所不具备的,市场的有效配置如果脱离了政府的干预是很难实现的。

(二)市场行为

在当前社会主义市场经济条件下,社会经济的运行是以市场作为基础调节的,在配置资源方面,通常是通过价格机制来实现,市场主体可以通过自由竞争去运作。在优化体育产业结构方面,市场供求和价格机制是其中的两个关键。在体育生产要素市场与体育产品市场中,通过对供求与竞争关系的协调来对体育资源进行配置,促进具有竞争力的体育产业快速发展,可以使人们的经济意志和体育需求得到更好的实现与满足,可促进交易成本的降低和体育经济运作效率的提高。

在优化体育产业结构方面,结构的变动是以市场价格作为信号的,经济主体根据决策机制来对分散决策进行制定,通过动力机制来更好地避免损失,提高利润,从而将实现机制作为核心实现利益进行横向转移。

具体来看,市场行为具有如下几方面优势。

(1)对于专业化生产,市场是保持肯定态度的,它是在市价信息的基础上对自身的作用进行发挥,这同政府的分配作用相比较来说更加占据优势。

(2)将市价作为基础而决出优胜者,这是对产出加以鼓励的最有效制度。

(3)市价没有租值耗散的浪费的竞争准则。

二、体育产业结构优化的抉择依据

(一)市场失灵与政府失灵

作为一个新兴产业,体育产业在发展的过程中纳入了政府和市场两个因素,通过对政府和市场关系的变迁进行观察可知,市场并不是万能的,它也存在着自身难以克服的种种缺陷;同样,政府自身的行为也存在着内在的局限。体育产业结构的演进中也存在市场失灵和政府失灵。

在发达国家市场机制比较完善的现实经济中,由于市场中存在着"市场失灵"问题,如信息性失灵、外部性失灵、垄断性失灵、公共性失灵等"市场失灵",需要政府对资源加以有效的配置。我国是直接从封建农耕经济改造建立起社会主义高度集中的计划经济,再转变为建立社会主义市场经济体制。在这种特殊的转型下,我国的市场机制还不完善。通过综观我国体育产业产业化和市场化的运作过程可知,虽然获得了让世人瞩目的成绩,但产业组织之间的发展呈现出了不协调,体育核心产业的发展滞后于体育相关及外围产业的发展,群众体育的发展滞后于竞技体育发展。正是由于不完善的市场机制，使市场所具有的很多功能难以很好地发挥出来，从而造成了更高程度和更大范围的市场失灵。近年来，政府之所以以直接投资或是政府购买公共服务的形式，加大体育基本公共服务体系建设力度，恰恰体现了部分体育产品的公共物品属性。老百姓的基本体育服务需求，仅仅靠市场机制无法满足，会使该类公共物品的提供量低于与资源最优配置状态相适应的供给量，这一部分应由政府提供。

政府失灵指的是政府以"市场失灵"为理由对经济进行干预的结果，劣于让市场本身解决问题的结果。公共选择理论在西方国家得以兴起，这一理论对市场国家中政府的决策问题进行专门分析，政府的宏观调控就是在经济系统外部控制参量好坏的基础上得以建立起来的。而外部控制参量的好坏都是人为的，也就是说，全部都是由一个政府的好坏来决定。

政府宏观调控的好坏主要是由以下两个基本条件决定的。

第一个条件是"全息性"条件，也就是说国家对全社会的所有经济活动信息进行掌握。

第二个条件是"全盖性"条件，也就是国家能够完全代表所有人民的利益。

事实上，计划所依赖的以上两个基本条件都是很难达到的。

仅仅指出存在"市场失灵"问题，并不是推行产业政策的充足理由，还必须考虑推行产业政策可能导致的"政府失灵"问题。正是因为存在着市场失灵和政府失灵，使政府调控同市场机制之间的博弈成为一种可能(图7-1)。政府同市场的博弈关系已经能够将体育产业发展的各个过程很好地显现出来。根据博弈论来对政府同市场的运作机制进行探究，对于体育产业结构的优化有着非常重要的现实意义。

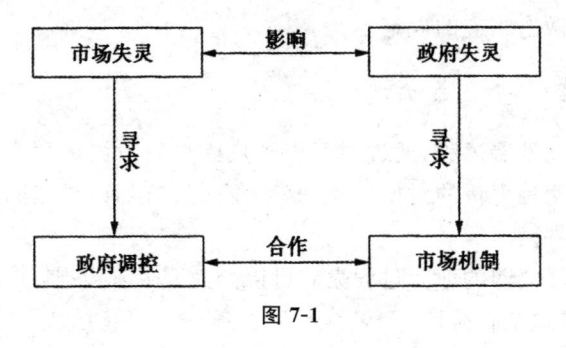

图 7-1

(二)市场行为与政府行为的博弈

1.博弈的要素

针对一个具体的博弈问题进行完整的描述,需要对下列三个要素进行规定。

(1)博弈的参加者

所谓博弈的参与者是指在博弈过程中参与其中的直接当事人。对一个博弈问题进行完整的描述,需要对参加博弈的局中人进行确定,在博弈中,局中人是理性的,在对所要采取的行动进行选择时,需要将自己所获效用的最大化或收益的最大化作为准则。

在调整体育产业结构中,政府和企业是博弈的主要参加者。

(2)博弈方的行动策略

所谓博弈方可采取的行动,是指局中人在博弈中所有可能选择行为的集合。

在优化体育产业结构方面,政府和市场之间的博弈,主要是由双方力量的强弱对比决定的,从而构成了四种不同的模式。所谓"强、弱"政府行为是指政府通过制度安排干预体育经济的一种能力;"强、弱"市场行为是指是否具有化解本身问题的能力。

(3)博弈方的得益

对应于各个局中人的每一组可能的决策选择,博弈都有一个结果来表示各个局中人在该策略组合下的所得和所失。在博弈中,所有参与其中的局中人都关心的一个东西就是得益。若要对博弈问题进行完整的描述,就必须要对得益做出相应的规定。

2.博弈过程的动态分析

根据历史的发展过程,通过对新中国成立之后我国体育产业结构优化中政府和市场两种力量的对比分析,来对我国政府和市场之间的博弈的基本趋势进行审视。

政府和市场之间的博弈过程大致可以分为五个阶段,具体如下。

(1)政府统包统管阶段。

(2)市场初现端倪阶段。

(3)确定体育市场化阶段。

(4)2006—2014年。《国民经济和社会发展第十一个五年规划纲要》在全国人大十届三次会议得以通过,这是对我国未来五年经济社会发展进行指导的重要的纲领性文件。同时也提出了"发展体育事业和体育产业",对未来五年体育事业和体育产业的发展蓝图进行了规划。这也是第一次将"体育事业"和"体育产业"作为两个独立的概念在国家发展规划中提出来,这是一个非常重大的突破,同时也给体育产业和体育事业的发展提供了非常重要的发展机遇,政府和市场之间的博弈也得以真正展开。2008年6月18日,《体育及相关产业分类(试行)》由国家统计局和国家体育总局正式颁布,这是我国体育产业第一个具有约束力的国家统计标准,同时也标志着我国体育产业体系得以形成并逐步走向完善。

(5)2014至今。2014年10月20日,《关于加快发展体育产业促进体育消费的若干意见》(以下简称《意见》)由国务院正式发布,它将全民健身作为一个国家战略提出,其目的就是要促使体育产业加快发展,更好地促进体育消费。各省、市政府也在积极出台贯彻落实该《意见》的实施方案,可以说我国的体育产业迎来了一个崭新的时代,这将大大推进体育产业的市场化进程。

三、体育产业结构优化的调整策略

(一)市场行为与政府行为的耦合

在政府与市场间的选择并不是纯粹的非此即彼的选择。在优化体育产业结构中,政府和市场的互补并不能自动实现,而是要借助于政府力量才能得以实现,只有如此才能利用对方的力量来将自身存在的缺陷克服,只有使两者耦合,才能获得更好的经济效果(图7-2)。在充分发挥市场激励约束机制和市场配置资源的基础性作用的同时,我们更要强调政府在某些领域的合理介入甚至强化。2006年,《体育事业"十一五"规划》,也旗帜鲜明地指出:"明确政府在发展体育事业中的基本责任,强化政府的政策规划和公共服务职能,充分调动社会各界兴办体育事业的积极性""强化体育行政部门制定发展规划、加强宏观调控、完善规章制度、提供公共服务、维护行业秩序的职能"。

对体育产业结构演进升级的体制条件进行完善,首先要对完善的市场运行机制进行建立,主要要求资源能够得到充分的流动,市场供求信号是真实和完备的。

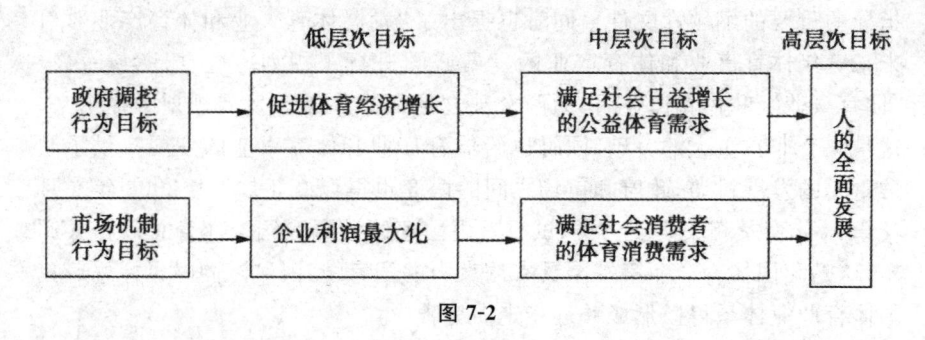

```
低层次目标          中层次目标          高层次目标
政府调控     促进体育经济增长    满足社会日益增长    人
行为目标                        的公益体育需求      的
                                                   全
市场机制     企业利润最大化      满足社会消费者     面
行为目标                        的体育消费需求      发
                                                   展
```

图 7-2

1. 资源的充分流动

产业结构合理演化是通过社会资源的配置或再配置来完成的。市场协调方式的变换算子——价格机制要求社会资源能根据供求关系，不断地从资源配置紧缺的产业流向资源配置相对过剩的产业，任何制约或阻碍资源流动的制度，都将影响到社会资源的优化配置，从而影响到产业结构的演进过程。

2. 真实的市场供求信号

真实的市场供求信号，恰如给控制协调系统的控制器增加了制导装置，使其所决定的变换算子更符合现实。而当市场供求信号失真时，企业或产业部门依据其做出的资源决策将发生偏差。如在泡沫经济时期，"繁荣"造就了虚假的需求，而这一"需求"又引导企业投资。随着泡沫的破灭，企业的投资转换为过剩的生产能力，导致了社会资源的极大浪费。

同时完善的市场机制的建立有赖于一个有效的政府，它所制定的规则应是公平和公正的，是不应受到政府自身利益影响的。政府应成为一个权威性的产业发展规划制定和协调控制的机构。这一"权威性"应依靠规划本身的正确性和科学性。

此外，产业部门、企业应有充分的自主地位，即应保证企业拥有完整的自主权，企业可根据自身的利益，在价格机制的引导下，决定投资的方向，给企业充分的投资自主权，也是保证产业结构演化升级的重要前提。

(二) 市场既排斥政府, 又需要政府规范

在市场经济条件下，体育产业经营的企业作为独立的利益主体，它是自负盈亏、自主经营、自我约束、自我发展的，根据其内在的市场逻辑运行，能够实现体育产业的快速发展，但从本质上是对政府进行排斥的。然而霍奇逊认为："一个纯粹的市场体系是行不通的，必定渗透着国家的规章条例和

干预,市场通过制度网发挥作用。"就目前来说,我国市场机制发育得还不够成熟,很多问题需要市场解决,但体育市场尚未能够解决。

其一,在体育市场中存在违反规定经营的问题。

体育市场存在违规经营问题,在接受体育博览记者采访时,中体产业集团有限公司董事长魏纪中先生谈道:"中国体育产业目前面临的最主要问题就是资源垄断",这就容易造成恶意竞争,像各运动项目管理中心对联赛冠名权的销售等,给我国处于市场转型期的并不成熟的市场机制带赖面影响。

其二,某些体育产品的公共产品属性决定了体育市场既要讲经济效益,又要讲社会效益,不能以牺牲社会效益为代价单纯追求经济效益;也决定了市场机制在调节产品的供给和需求时并不完全有效,单纯依靠市场的调节是远远不够的。

其三,从诞生开始,体育便同科技保持着紧密的联系,在这些年的竞争过程中,表现得更为突出。"科技奥运"理念的提出与实施,也是顺应时代发展的潮流。科技在场馆建设、运动器材、训练方法等众多领域的决定性作用已取得共识。但是在市场经济中,虽然主体是企业,但追求利润最大化是企业生产和经营的主要目的,所以也不会主动承担那些风险高、耗资大、见效慢的重大科技问题研究。

目前,从我国体育企业的发展现状来看,尚不允许企业拿出钱,企业也不会拿出钱来进行科技攻关,这只能由政府埋单。由此可见,一只手不能包治百病,政府的调控也必然会成为市场的必要补充。

(三)政府既干预市场,又需要放开市场

政府干预能够对市场失灵进行弥补,更好地促进体育产业结构得以升级和优化,但如果政府干预过多、过细,就会对体育产业经营者的手脚产生束缚,对体育市场的培育和发展造成阻碍。如果政府过多地直接干预,就造成政府失灵问题的出现。在我国,由于政府性的惯性,仍存在将政府干预扩大化,甚至将政策干预演变为行政垄断和地方保护,从而损害市场配置效率的现象。

政府盲目地过度干涉,会使市场机制发生扭曲,出现盲目重复建设和发展的不可持续性等问题。在对体育场馆进行投资建设方面,政府有时会因为信息不够充分难以避免对发展态势做出错误的判断,导致体育场馆数量不足,但相对来说又有闲置浪费的现象。

在体育产业发展中,完善的市场机制以及有效的政府干预是"两只手"的博弈。作为"看得见的手",政府能够对体育产业的发展施加影响,而作为"看不见的手",市场可以通过体育产品以及生产要素的交易活动来对市场

机制进行完善,政府作为对体育产业的发展施加影响,而市场通过体育产品和生产要素的交易活动完善市场机制,形成一种动态平衡的关系,最终达到和谐平衡的价值取向。

四、推动我国体育产业结构优化的对策

(一)明晰体育事业与体育产业的关系

《国民经济和社会发展第十二个五年规划纲要》第十篇第四十四章首次以"繁荣发展文化事业和文化产业"为题,提出:"坚持一手抓公益性文化事业、一手抓经营性文化产业,始终把社会效益放在首位,实现经济效益和社会效益有机统一。"[1]这对文化事业、文化产业的内涵及外延进行了明确,对促进文化事业的繁荣和推动文化产业的协调发展指明了科学的路径与方向。

当前,理论界的一些学者没有明确体育事业与体育产业的概念及区别,将二者混为一谈,一些体育部门的领导更是如此。针对这一情况,要优化升级体育产业结构,首先必须对体育产业及体育事业的概念与关系进行明确,并了解二者在生产目的、资本来源、服务对象、运营机制、调控方法等方面的不同之处,既不能因为发展体育事业而使体育产业的市场化发展受到制约,也不能因为发展体育产业而使体育事业的发展走向庸俗。从体育产业的发展实践中可以发现,体育的发展不但能够为国家带来荣誉,为人民提供服务,还可以给国家带来经济价值与利益。所以,应该对体育事业和体育产业的关系及区别加以明确,并对体育产业发展带来的效益进行充分的认识,如刺激消费、促进经济结构的优化、推动国民经济的发展等。

(二)对体育主导产业审慎选择

在对体育产业政策进行制定时,充分发挥政府的选择引导作用,并通过市场运作、科学规划来对体育主导产业进行谨慎选择。一般将体育主导产业定位为健身娱乐业、竞赛表演业、体育培训业,政府要重点对这些产业的发展予以政策扶持,促进其快速发展。优化这些体育产业结构,可以使各个产业之间的发展产生密切的联系,使其互为基础、相互依托。通过发展这些主导产业,可以起到如下几方面的效果。

首先,发展主导产业,能够拉动其他相关体育产业的发展,如体育用品

---

[1] 刘远祥.体育产业结构优化研究[M].济南:山东大学出版社,2015.

制造业、销售业等,进而使体育主导产业的回顾效应得到充分的发挥。

其次,发展主导产业,能够推动体育场馆经营、体育组织、体育传媒、体育彩票、体育中介的发展,进而促进体育主导产业前瞻效应的充分发挥。

最后,发展主导产业,能够促进周边餐饮、会展、旅游、通信、房产等行业的发展,进而促进体育主导产业旁侧效应的充分发挥。

作为体育产业的主导产业,体育竞赛表演、体育健身娱乐、体育技能培训不但扩散效应较强,而且结构转换效应也较为突出,能够相互依托、相互促进。随着生活水平的提高,人们的健身意识与观念逐渐增强,对体育的需求也日益多元,并通过参与体育技能培训来对体育活动技能进行掌握,这就能够对体育健身娱乐业的发展起到一定的推动作用。人们在参与体育运动的过程中,也会关注一些自己喜欢项目的赛事,这又能够推动体育竞赛表演业的快速发展。同样的道理,人们关注自己喜欢项目的赛事后,对该项目的兴趣也更加提高了,而且产生了学习该项目技能的强烈要求,并通过参与技能培训来获得技能,这对体育技能培训业、体育健身娱乐业的发展同样具有积极的促进作用(图7-3)。

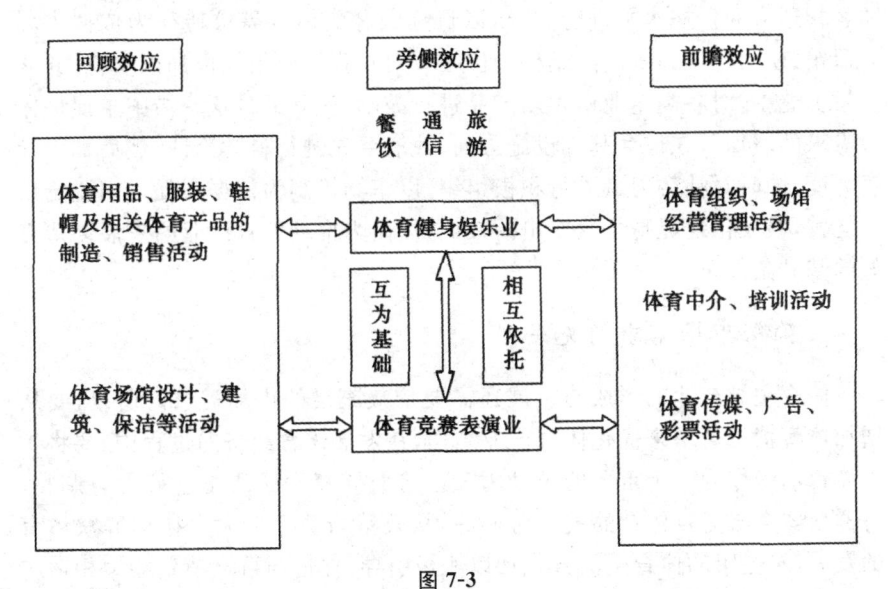

图 7-3

体育技能培训业、健身娱乐业、竞赛表演业作为体育产业的核心产业,能够发挥关联链式效应,对体育产业行业的整体发展产生一定的拉动效能。这些产业的发展对中间需求的扩张又会产生强有力的刺激作用,如推动大型体育赛事的举办,促进城市体育设施建设,城市基础设施建设对于城市整体功能的扩展也有积极的影响。此外,体育核心产业的发展也能够促进人们体育价值意识与观念的强化,意识与观念的发展能够有效地促进实践的发展,体育经济增长与体育产业结构的优化也有了很大的希望。

(三)大力促进体育主导产业的发展

1.增加社会先行资本和投资率

为了使体育主导产业能够充分发挥自身的扩散效应,需要大幅度地进行社会先行改变,即为体育产业结构的升级积累一定的社会先行资本。要促进生产性投资率的提高,促进积累在国民收入中比例的提高,最好可以超过10%。体育主导产业之所以能够形成,其先导和基础就是投资,投资在体育产业结构优化中发挥着一定的导向功能。

发展体育产业,要依托体育公共产品和服务,因此政府要加大力度来建设体育产品与体育服务,通过对多元体育产品的提供,来促进有效供给的不断丰富,从而对有效需求进行激活,使大众消费需求得以满足。此外,还应以消费者的需求差别为依据来细分体育产品市场,并在此基础上对目标市场加以选择,进而对与体育目标顾客相适应的体育项目进行选择,对与目标顾客相适应的价格水平进行制定,以目标顾客的体育需求特征为依据来展开促销,从而优化体育产品结构。国家要对扩张性政策积极加以实行,并从总量上着手,对各类企业研发新产品进行鼓励,使其通过这一措施来促进体育需求的增加。在体育基础设施方面,政府要先进行科学论证,然后加大投资力度,同时对社会力量进行积极组织,以市场机制为依据来促进闲置场馆的运营,最大化地提高公共支出的效应,从而为推动体育产业的发展创造良好的基础条件。

2.确保市场需求的充足性

体育主导产业的形成与发展还需要依赖充足的市场需求。所以,要从增加体育消费着手来优化体育产业结构,在发展体育经济的过程中,要将扩大体育消费作为一个重要的拉动力量。应对体育发展战略进行大力调整,将群众体育与竞技体育的关系协调好,从政策与资金上大力扶持群众体育的发展,对健康的体育生活方式加以积极引导;促进与群众消费能力相适应的准经营性体育项目的大力发展,将公共场地和学校、企事业单位的体育设施有偿地向社会开放,对低成本的体育指导中心、健身俱乐部等进行建立。扩大市场需求具体从以下几方面着手。

(1)积极开发各类体育市场

要以对潜在消费需要的识别为基础,重点通过培育、引导等方法来对表7-2中的体育健身娱乐市场进行开发。

第七章 "一带一路"倡议下我国体育产业结构的优化与升级研究

表7-2 需要开发的体育市场[①]

体育市场	目标对象	开发项目及产品
青春美容健身娱乐市场	男女青壮年	以健美、减肥、形体训练为主的参与型体育健身娱乐产品
银发健身市场	中老年	康复咨询、气功养身、运动处方等康复型、保健型的体育健身娱乐产品
多功能高档体育健身娱乐市场	高收入阶层	为健身、休闲、娱乐、公关及商务活动等提供服务,开发高尔夫、网球、保龄球俱乐部等项目及产品
娱乐性体育健身娱乐市场	现代都市居民	满足回归大自然、欢度闲暇的需求,开发休闲性、趣味性较强的自然体育项目
竞赛表演市场	竞技体育爱好者	发展球迷经济、赛事经济,扩大需求,如足球竞赛、篮球竞赛等
体育培训市场	青少年	游泳、羽毛球、跆拳道、轮滑等项目

(2)转变居民消费观念

对人们的经济预期进行正确引导,促进边际消费倾向的增加,通过深化改革使未来的不确定性降低,对风险加以规避,这有利于促进即期消费时进一步扩大。体育消费不是说要投入多少资金来进行消费,关键是要对居民的体育消费观念与意识进行引导,使居民建立"花钱买健康"的思想,在此基础上对"体育,让生活更美好"这一新主题进行确立,对"健身就是素质、品位、发展机会、生活质量"等新观念进行树立。在对居民体育消费观念进行引导的过程中,要加强对居民体育消费动机的激发。通过促进最终消费需求的增长来对中间需求进行拉动,从而有力地发展体育主导产业。

(3)适应各类体育市场

业界的人士以消费者的需求差别为依据细分总体市场,进而对适宜的目标市场、体育项目进行选择,对价格水平进行合理制定,积极开展促销活动。

---

① 刘远祥.体育产业结构优化研究[M].济南:山东大学出版社,2015.

3. 进行配套制度改革

我国经济体制从很大程度上影响了体育产业结构的形成。在此基础上，要真正转变经济增长方式，优化产业结构，关键是要对可以有效对这种转变加以支持的制度基础进行建立。可以说，产业结构的优化升级能否实现，关键取决于相应制度基础的建立，发展中国家是否能够实现后发优势也要看能否建立合理的制度基础。这就要求我们要转变政府职能，促进社会主义市场经济体制的不断完善，对有限和有效政府加以建立。政府方面的工作是否顺利落实直接决定了产业结构的优化情况。政府的工作具体从以下几方面开展。

首先，从宏观来看，体育资源配置离不开市场主导作用的发挥，在此基础上，政府要转变管理体育产业的方式，对宏观调控手段加以改进，体育行政部门避免直接干预体育产业开发和体育市场经营活动，而且政府不可限制和垄断体育市场资源。

其次，政府要促进体育产业发展战略规划的进一步强化，对能够对体育产业发展起到引导和鼓励效用的政策法规进行制定，促进体育产业的优化发展。而且，在将成本意识、激励机制、竞争机制引入体育产业的过程中，政府要充分发挥引导作用。对于体育核心产业（健身休闲服务业、竞赛表演业等），政府要进行重点培育，促进主导产业拉动及延伸效应的积极发挥，从而使相关产业也能够受益。

再次，为了促进体育关联产业（如体育中介、培训、用品、建筑等产业）的发展，对以市场为龙头、需求为导向、效益为核心的体育产业分布结构进行建立，促进门类齐全、布局合理的体育产业发展格局的形成，政府要对市场支撑体系加以积极的建立，既要对与市场经济要求相符的交易与管理规则进行制定，又要对体育产业体制改革试点加以推动，从而促进体育产业化发展进程的不断加快，促进体育产业结构的逐步完善。

最后，我国市场经济体制还不完善，世界市场竞争非常激烈，在此背景下，作为朝阳产业的体育产业很难顺利发展。发展体育产业，优化体育产业结构，离不开政府的支持与保护，但如果政府强行进行行政干预，必然也会影响体育产业的发展。政府要从政策与资金上大力扶持体育主导产业的发展，先通过税收优惠政策来扶持重点发展或优先发展的领域；在科技方面增加投入，促进科技成果在体育产业中适应性的提高。我国成功举办北京奥运会后，"科技奥运"理念的科学性便得到了证实，在此基础上，政府要促进技术创新体系的不断完善，鼓励对自主品牌和自主核心技术的创造，从而促进体育产业自主发展力的增强。此外，政府要大力规范与引导体育资产及体育产品的发展,以科学合理地调整体育产业结构。

4.制定创新策略

制定创新策略主要从以下几方面来着手进行。

首先,要想尽快实现体育产业结构的优化,就必须对新的科技加以运用,通过自主创新能力的提高来调整产业结构。在优化体育产业结构的过程中,技术进步是主要推动力和有力的技术保障,利用新科技,可以使产业结构性矛盾问题得到有效的解决,可以促进体育产业结构的高度与合理发展。现阶段,我国在创造新科技时,需要促进投入总量的增加,对研发支出结构进行合理调整,促进科技研发资金使用率的提高。因此,我们要对扶持政策加以明确制定,大力实施品牌战略。对于大型体育企业,要鼓励其增加投入来研发新技术,从技术、产品及营销手段等方面实现全面的创新,促进我国体育用品业的自主创新能力的提高。

其次,将价值链尽量拉长,开展创新性的服务,具体从产品设计、品牌销售、供应链管理、售后服务等方面着手,以促进产品附加值的提高和盈利的增加。

再次,大力建设体育用品标准体系,对体育产品质量监管和认证工作进行积极推行,促进我国体育产品在国际市场中竞争力的提高,对体育用品世界品牌进行全面打造。

最后,积极培养人才。我国体育产业的发展水平一定程度上取决于体育产业人力资源的数量与质量,因此,我们需要重视对体育产业相关人才的培养,尤其是对与我国体育产业化发展需要相适应的高水平专业人才进行科学培养。

(四)对区域产业结构进行统筹优化

非均衡协调发展理论中提出了一种新的区域发展观,即在市场竞争、发展机会、享有发展成果方面实现全面的公平。这种新的区域发展观也是一种创新型的区域经济发展理论,能够为我国区域体育经济发展策略的科学制定提供一定的理论指导。从这一新型理论出发,在对我国区域体育产业结构进行调整与优化时,需要重点从以下几方面着手。

1.充分发挥市场与政府的作用

市场与政府是影响市场经济发展的"两只手",市场经济的发展离不开市场调节机制,也不能缺少政府的宏观调控。体育市场上各行业主体独立的、博弈的行为是优化体育产业结构的基础。优化区域产业结构同样需要

"两只手"同时发挥作用,即有机结合市场调节和政府调控。发展区域体育产业,推动区域体育产业结构的优化升级,需要对市场价值规律加以遵循,加强对相应产业政策和措施的制定与实施,促进我国各区域体育产业结构的协调发展与优化升级。

2. 发挥区域间互补的整体优势和综合比较优势

我国是发展中国家,地域广袤,不同地区除了自然条件有很大的差异外,经济基础和体育发展也处于不同的水平。这就要求我们要以实际为依据,对区域体育产业结构进行合理的调整与规划,既要将不同区域的比较优势充分发挥出来,又要对各区域的竞争优势加以创造。具体从以下几方面着手。

首先,对各区域的优势资源进行充分的挖掘与利用,将地区优势资源与民族体育特点结合起来开发优势民族传统体育项目,对优先发展的产业部门进行合理的选择,通过优先发展优势产业来对其他体育产业的发展产生积极的影响,对体育产业的特有品牌进行打造,促进优势互补、各具特色的区域体育经济的形成,促进各区域体育产业市场竞争实力的增强。

其次,在西部重点发展体育旅游业,充分利用体育旅游资源,推动体育旅游这一核心产业的发展,进而发挥主导产业的辐射效应。

最后,对中西部体育产业基地建设予以扶持,将中西部地区的体育资源充分利用起来,对体育产业布局进行合理规划,促进竞争合力的形成和体育产业的快速发展,使不同区域间体育产业发展水平的差异逐步减小,实现协调发展的目标。

3. 加强对统一开放、竞争有序的区域市场体系的建立

我国城乡之间、区域之间在经济方面存在着很大的差距,对统一市场进行分割的体制障碍、对市场要素自由流动进行制约的体制障碍等是造成这些差距产生的主要原因。所以,我们要继续加大体制改革力度,对科学有效的区域发展政策进行制定,将区域间的分割状态逐步打破,将地区壁垒彻底消除,促进大市场调节机制的不断完善。在对效率最大化原则加以遵循的基础上,使各种生产要素在市场信号的指导下自由流动于不同区域,实现资源的合理配置。只有如此,各地区体育产业的发展才能趋于协调。

第四节 "一带一路"倡议下我国体育产业结构评价指标体系的构建

一、体育产业结构评价指标体系构建的目标

构建体育产业结构评价指标体系的过程中,其出发点应是体育产业结构研究的目的。同时,要多从系统论的理论观点来加以设计,要将体育产业结构的变化过程和发展现状进行全面、灵敏、切实地反映出来,要将体育产业结构研究的目的予以充分体现出来,同时还要将调整体育产业结构的合理化进程予以反映出来。

合理化的体育产业结构是指,体育产业所包含各个行业之间的协调能力得以加强以及相互关联水平的不断提高,在不同行业中各类体育资源也都得到了较为合理的配置,每一种体育产品的供给结构都与其相应的需求结构相适应。促使体育产业结构合理化,必须要根据当前社会经济的发展现状、条件和发展水平,积极调整那些不合理的产业结构,以使各类体育资源都能够在不同行业中得到有效利用和合理配置。只有如此,达到相关合理化要求,促使各个产业之间相互协调,才能将其结构的聚合质量得以不断提高,这样也会促使体育产业结构的整体效果得到提高。在经济方面能够获得不断增益效果的合理的体育产业结构,主要表现为:能够与体育经济活动终极目标的具体要求相适应,组织内的所有相关部门也都得到了协调发展,使这种供求关系趋于一种平衡,并同外部环境相适应,产业结构的素质得到不断提高,并不断向着高附加值、深加工的方向发展,换句话说就是,使得生态效益、社会效益和经济效益达成统一。以上这些都是体育产业结构研究的最为主要的内容,这也是对体育产业结构评价指标体系加以建立和健全的最为根本的出发点。

二、体育产业结构评价指标体系构建的原则

体育产业结构评价是一个系统性工程,针对评价对象,为了能够做出准确、真实、合理地评价,在对体育产业结构评价指标体系加以构建的过程中,要遵循以下几方面原则。

(一)系统性原则

评价指标体系要将整个体育产业发展的全貌以尽可能的手段和方式来完整、全面地展示出来,以使所获得的评价结构更加具有说服力、可信度和全面性,以避免出现以偏概全的现象,造成评价结构会出现比较大的系统性误差。

(二)可比性原则

对体育产业结构进行合理的优化和升级,这是一个已经突破了区域界线的问题,这就要求所选择和构建的指标体系要对地点、时间和适应范围的可比性加以足够的重视,这样做能够有助于进行纵横对比,并对各个区域的体育产业结构状况加以区别。

(三)科学性原则

产业经济理论是选择相应体育产业结构评价指标的基础,要采用定量分析的方法来确定并计算出相应的指标权重,然后经过针对多种指标加以合理筛选和合成,通过采用比较少的综合性指标来将体育产业结构现状进行准确、规范地反映出来。

(四)导向性原则

所构建出的相应评价指标体系,要将体育产业结构的具体现状准确、全面地反映出来,在具体实施的过程中,要确保任何一个指标都要发挥出引导和导向作用,要对那些关键的指标赋予较大的权数。

(五)客观性原则

评价指标表现出了明显的具体化、可量化特征,这就要求我们所采用的评价指标要尽可能地具有一定的客观数据支撑,或者通过进行相应的计算来对一些指标数据进行间接获得,要将那些无法进行量化的指标尽可能地舍弃;同时,指标的评价标准和相关资料来源也都要最大限度地采用相应的具有权威性的数据。

(六)动态性原则

对体育产业结构加以优化和升级,这是一个处于不断变化之中的过程,在对其进行系统性评价时,要将这一动态性特征考虑在内,并给予重视,以对同一指标在时间上不断变化的情况进行合理的衡量。

(七)可操作性原则

只有经过实践检验和评估的指标体系才是科学的,才能得到完善,因此要对评价指标的可操作性加以充分考虑。

根据以上几种原则,要用对体育产业结构合目的性进行反映以及内外环境相适应两大类指标体系来分析和评价体育产业的结构。根据体育产业的具体发展实际,来对其结构评价指标体系进行构建。由此可见,要想对体育产业结构的合理性进行分析和评价,就需要对其内外部环境的适应性和对其实现竞技目标的合目的性加以充分考察。以上两个方面是对体育产业结构进行评价的重要依据,同时也应当成为对体育产业结构合理性进行评价的原则。

三、体育产业结构评价指标体系构建的要素

(一)评价对象

在评价中,评价对象是客体,在体育产业结构的研究中,体育产业结构就是评价对象。

(二)评价指标

为了对评价对象做出正确的综合性评价,就需要针对相应的指标体系进行设计,对于同一个评价目标,往往可以通过很多不同的评价指标体系反映出来。

(三)权重系数

这一要素主要是对在实现目标的过程中该指标所处的客观地位进行反映,能够很好地说明各个指标与评价结果相互之间的确定关系,有着良好的导向作用。通过权重能够很好地反映出评价主体对于评价指标所具有价值的认识程度,也就是说,比较重要的指标占有较大的权重,而次要的指标所占有的权重就会小一些,这也说明了权重是主客观进行相互结合所产生出来的结果。

(四)评价者

在评价中,评价者是主体,它既可以是某一组织,也可以是某个人,在评价过程中,建立评价指标、给定评价目的、确定权重系数,这些都同评价者有

着非常紧密的联系。

四、体育产业结构评价指标体系的构建

要对那些具有大信息量、有代表性的指标进行合理、正确的选择，从而构成体育产业结构评价指标体系，这是对体育产业结构状况进行正确评价的关键所在。因此，在对相应的评价指标进行筛选时，要以指标体系构建的原则和评价层次的具体要求作为基本依据，来分步骤进行。

（一）评价指标选择的方法

1. 初拟指标

针对评价对象，选择适合的指标来进行评价，能够将评价对象的各个侧面进行准确、真实地反映出来。在体育产业结构评价方面，为了将主观随意的判断降到最低，提高评价结构的可信程度，根据体育产业结构优化的具体内涵，并参照相关文献对农业、文化、水利产业结构的评价指标以及专家对其在体育产业结构评价中适应性的相关建议，进行整理，并将那些相似或重复的指标去掉，来作为初步拟定的评价指标。

2. 确定指标

针对初选指标采用特尔斐法来进行确定，通过根据相关会议以及专家问卷调整，对所获得的结构进行筛选，来得出最终的指标。

（二）评价指标体系的建立

通过遵循并贯彻以上几种原则，通过结合农业、文化、水利产业结构方面的现有评价指标以及相关专家的建议，分别提出了能够对体育产业结构目的性进行反映的 B1 和能够对内外部环境相适应性进行反映的 B2 两类指标，来分析和评价体育产业的结构。根据体育产业结构的具体实际，如图 7-4 所示，建立目标层 A、准则层 B 和指标层 C 三层体育产业结构评价指标体系，这三个层次是相互递阶的。针对所选定的指标，通过采用特尔斐法来对其客观性和实用性加以论证。在图 7-4 中，各项指标都是构建体育产业结构评价指标体系的关键性因素，也是评价体育产业结构是否合理的重要内容，每一个指标都有其各自的含义，具体如下。

图 7-4

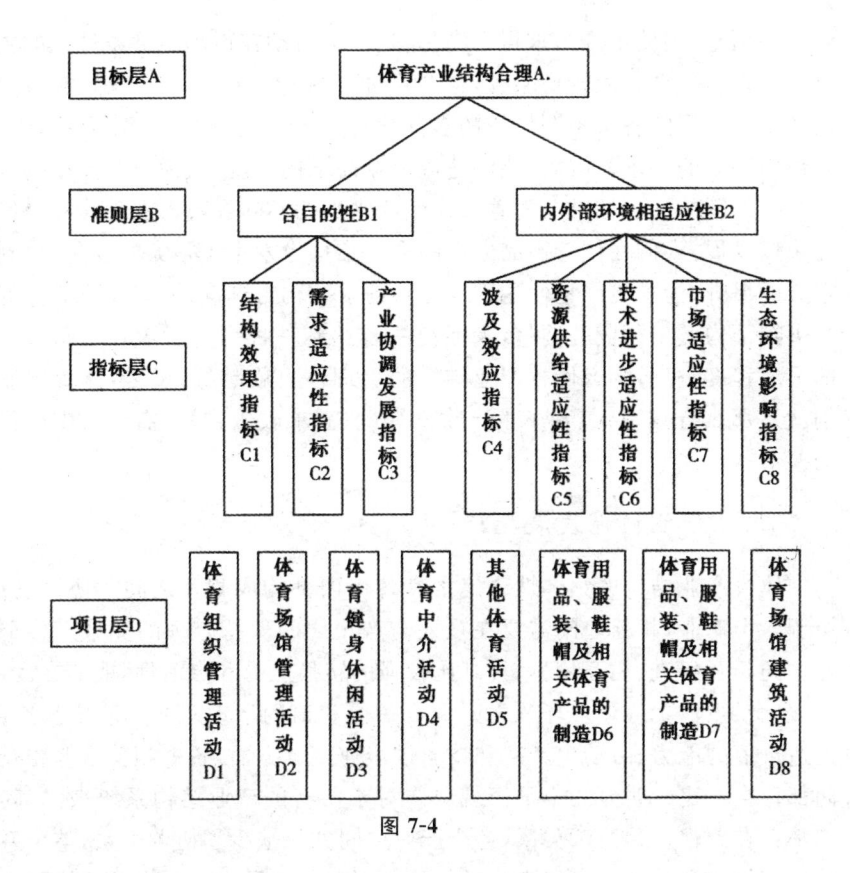

1. C1 结构效果指标

针对各个产业结构所获得的经济效果加以对比,来对体育产业结构做出评价。从最终的目的来说,对产业结构开展相关理论性研究,就是要从中寻找出能够使整个产业结构的效益达到最大化的方法。在产业结构中所能表现出来的结构效益的高低,是从客观的角度来对结构变化与效益变化两者之间的因果关系的具体反映,这也是对体育产业结构进行评价的一个标准。如果体育产业结构发展改变,其所产生的体育经济效益也将不可避免地产生相应的变化,体育产业结构合理化的程度直接决定了其经济效益所发生变化的大小,这其中既包含了由于产业结构发生改变,体育产业总产出所获得的相应的增长,也包含了由于产业结构的改变所带来的投入要素的节约额。

2. C2 需求适应性指标

通过这一指标能够将体育产业结构与社会经济需求结构的适应程度直

观反映出来，促使市场需求得到满足，是经济活动在市场经济条件下的主要目的。作为一个资源转换系统，体育产业结构所生产出来的产品能够使市场经济条件下的各个不同群体的多元化体育产品需求得到相应的满足，这是最为基本的要求。因此，能够适应市场需求的程度，成为对产业结构合理性进行判断的一个标准。随着人们生活水平的不断提高以及现代社会经济的快速发展，人们在体育产品方面的需求结构也发生了很大的变化，得到了很大的提升，为了更好地使这种变化的需求结构得到满足，就需要对体育产品供给结构做出相应的调整，来促使两者达到一种均衡。两者之间所达到的适应程度越高，那么体育产业结构的合理性也就越好；反之，体育产业结构就不那么合理，这包含了生产收入弹性、需求收入弹性、需求—生产弹性的差值。

3. C3 产业协调发展指标

体育产业结构的整体性决定了其各个内部构成相互之间的协调发展。协调各个产业，相互之间需要在投入与产出之间保持合理的关系。各个产业之间相互促进、相互依赖，具有比较强的转换能力和灵活性，能够在生产、分配、交换、消费等诸多环节之间形成一个和谐的运动。在产业增长速度、创造价值的能力、劳动生产率和技术进步速度等方面，各个相关产业相互之间都存在着比较明显的不平衡现象。对于所有的产业结构系统来说，其内部都存在着很多种协调关系，各个产业之间如果缺少了协调关系，整个系统的生产能力和总的产出能力也都会受到削弱。如果在一个产业结构系统内容，有一个产业已经发展到了瓶颈，那么这个产业就会对整个系统的生产能力产生一种限制。而判断系统内部各个行业能够得到协调发展，主要依据各个行业的生产能力是否相配套，体育产品在生产、分配、交换、消费等环节是否能够顺利进行。只有促使各个行业得以协调发展的情况下，体育资源才不会或者很少会出现浪费和闲置的情况，如果在体育产业结构系统中，一些部门生产能力过于强大，而另一些部门的生产能力远远不足，这必将会造成过剩与短缺同时并存的不合理结构。一个具有合理结构的体育产业，要具有比较强的自组织能力，来更好地对产业之间均衡的比例关系进行处理，当产业之间的比例关系失去均衡时，能够借助于体育产业结构系统的自组织机制，来将系统内部各产业之间的比例关系进行恢复，使之处于一个相对均衡的状态。

4. C4 波及效应指标

这一指标主要是指在整个体育产业结构中，某一行业所占有的比例以及所能够产生的影响潜力,这主要包括感应度系数、产值比重关系、影响力系数等。

5. C5 资源供给适应性指标

产业结构对应供给结构,合理的体育产业结构需要适应一定的供给结构。这里所说的供给结构主要是指社会将基本生产要素提供给体育产业各个行业的结构,体育产业结构在一定程度上受到供给结构的影响。在市场经济中,市场的需求始终处在不断变化之中,在需求正常变化的情况下,合理化的产业结构需要产业的供给有着比较强的应变能力和适应性,也就是说,通过合理调整自身的结构,来更好地对新的需求变动进行适应。如果在正常的需求变化中,供给未能及时作出相应的反映,造成供需出现了长时间的不平衡,那么就说明产业之间的结构是非常不合理的。作为一个资源转换器,体育产业结构的功能就是对所输入的各种生产要素进行资源转换,这些生产要素主要包括资金、人力、能源等,进而将与市场需求相适应的产品输出到市场中。合理地使用资源也是对一个产品结构的合理性进行评价的标准。

6. C6 技术进步适应性指标

从技术进步方面,来对体育产业结构的适应性进行衡量,离不开技术进步的目的。产业的合理结构必须要有助于科学技术的发展进步,并向着高度化、优化的产业结构进行推进,对产业结构是否达到技术进步的要求进行检验,主要是看其是否能够实现技术进步的目的。技术结构水平指标、固定资产投资效果系数、社会劳动生产率指标能够对体育产业结构与技术进步的适应性进行反映。在体育产业发展中,如果不能充分利用先进的技术成果,那么就表明这个产业结构是非常低级、落后的,是非常不合理的。

7. C7 市场适应性指标

作为一个经济运行体,对于外界的较快或较慢的变化,体育产业结构都要具有相应的适应能力,同时也能够为未来环境的改变做好充足的准备。所谓良好的适应性是指对于环境的变化,产业结构所具备的使用较低的成本、较少波动或能够较为平稳、迅速地进行适应的能力,体育产业的合理结构主要表现在面对来自外界的刺激,既不做出过于敏感的反应,同时所做出的反应也不会过分迟钝。市场适应性指标是对体育产业结构市场适应性的反映,主要包括销售利润、市场占有率等。

8. C8 生态环境影响指标

具有合理结构的体育产业必须要对社会系统、生态系统和经济系统的内在联系加以充分考虑,并使之得到协调发展。在体育产业结构的不断变化中,行业之间的相互比例并不是一成不变的。在每一个产生发展阶段,都会出现有的产业发展得比较快,有的产业发展得相对较慢一些,这就使得各个产业之间的内在关系始终处在从均衡—不均衡—均衡的运动过程之中。如果体育产业结构的变化造成了环境污染程度提高,造成了一些非可再生资源或稀缺资源消耗不断增大,那么这种结构就是非常不合理的。

(三)评价方法

层次分析法,简称为"AHP",这种方法的基本原理就是将一个比较复杂的没有结构的问题划分成很多个组成因素,根据支配关系将这些因素进行分解,再按照目标层、准则层和指标层进行一一排列,从而形成一个多层次、多目标的模型,成为一个比较有序的递阶层次结构。根据上一层的指标,对同一层次各个元素的重要性按照两两比较判断的方法来进行确定。采用层次分析法来评价体育产业结构的合理化,就是采用一些相应的统计方法,将那些无法进行直接计算或没有可比性的体育产业结构指标描述值转变成能够进行直接计算,并且具有可比性的评价值。同时,在综合评价中,采用一些方法赋予各项指标不同的权重系数,从而计算出体育产业结构合理化的综合评价值,以更为合理地调整体育产业结构提供重要的决策依据。具体步骤如下。

1. 建立递阶目标层

遵循层次分析法的相关原理,对评价指标按照其各自的属性采用系统分析方法来进行分组,使每个分组构成一个递阶结构,从而形成一个多层次的评价结构,通常来说,这种多层次的评价结构主要包括目标层、准则层、指标层和方案层。

目标层是指问题的理想结果或预定目标,在体育产业结构方面主要是指其合理化的表现。

准则层是指目标得以实现所需要进行考虑的准则,在体育产业结构中的准则主要是通过反映体育产业结构合目的性和内外部环境相适应性两个标准来进行确定的,主要是由八个指标来进行反映。

方案层主要是指对于目标得以顺利实现所有可以供选择的诸多方案,主要是由体育产业的内部行业形成。图 7-5 所示,为体育产业结构合理化评价层次结构构建模型。

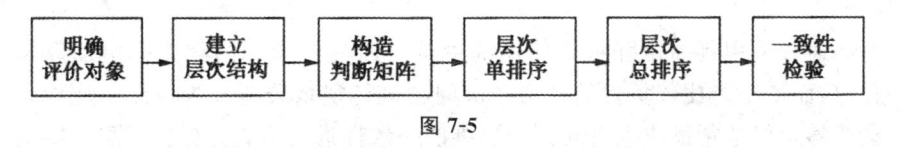

图 7-5

2.构造判断矩阵

通过判断矩阵元素能够很好地反映出在体育产业结构合理化评价中,人们对层次结构各因素的重要性的认识,通常都是由专家通过采用相应的标准方法来进行评判。为了进一步使主观因素的影响减少,首先要做的就是要对同一指标中诸多指标之间的重复性进行比较和判断,从而形成一个判断矩阵。通常来讲,同属于指标 Ai 的指标 Bj(j=1,2,…,m),它的判断矩阵是一个 m 维方程(表 7-3)。其中 Bij 代表的在 Ai 指标中,i 指标与 j 指标相比较对于 j 的相对重要性程度。常用的方法是 1~9 标度法,该方法是由 staaty 提出,从而使得那些没有顺序、比较复杂的定性问题能够进行量化处理,每一个标度代表的含义,见表 7-4 所示。为了使人为因素所产生的因素尽可能地消除掉,也可以采用实值比较法来对各个元素进行两两比较,但这种方法只适合用于能够收集到具体实际数据的情况,反之就必须采用传统的专家评判法。

表 7-3 判断矩阵的一般形式

A	B1	B2	…	Bm
B1	B11	B12	…	B1m
B2	B21	B22	…	B2m
…	…	…	…	…
Bm	Bm1	Bm2	…	Bmm

表 7-4 标度及含义

标度值(Kij)	1	3	5	7	9
因素 i 比 j	极端重要	非常重要	明显重要	略微重要	同样重要
备注:K=2,4,6,8,这表示当量因素的相对重要性处于上述各种情况之前时使用					

3. 层次单排序及一致性检验

通过采用判断矩阵可以使那些主观判断的各指标的重要性更加数学化，从而使一个比较负责的社会经济问题进行定量分析成为可能。这种方法能够很好地帮助决策者对判断思维的一致性进行检查并保持。采用层次单排序就是对判断矩阵最大特征根所对应的特征向量进行计算，特征向量在经过归一化之后就成为同一层次相应因素对上一层次某因素相对重要性的排序权值，然后在进行相应的一致性检验，对一致性比率 CR 进行计算。如果 CR≤0.10，那么就可以认为层次端排序的结构具有满意的一致性，反之就要对判断矩阵的元素取值加以合理调整。

4. 层次总排序及其一致性检验

要按照从上到下的顺序来计算合成权重，也就是说要从最高层次到最底层次的顺序来逐层对所有因素按照最高层相对重要性的排序权值进行计算，从而获得体育产业结构中各个行业在体育产业结构合理化问题方面的相对权重值，并对层次的总排序进行一致性检验。

第八章 "一带一路"倡议下我国体育产业政策的改革与发展研究

体育产业政策是保障体育产业发展的一系列规章制度,它在体育产业发展中发挥着重要的指导和导向作用,推动着体育产业的不断优化。当前,中国正在实施"一带一路"倡议,这为我国体育产业走出去创造了良好的机遇,在这一倡议下,我国应按照国家的要求,推动体育产业的技术、标准、服务走出去,而这离不开体育产业政策的引导,因此,加强体育产业政策的改革与发展在新时期具有重要的意义。本章主要从体育产业政策概述、我国体育产业政策现状与存在问题分析、体育产业相关政策制定以及"一带一路"倡议下我国体育产业政策的发展与完善等几方面来研究我国体育产业政策的改革与发展。

第一节 体育产业政策概述

一、体育产业政策的概念

体育产业政策是指为了顺利实现国民经济以及社会发展目标,政府和体育主管部门根据体育产业发展的自身特点及客观要求,通过运用一系列的政策工具和经济手段,对体育产业的形成和发展进行规划、干预和引导的一种经济政策。

二、体育产业政策的内容

体育产业政策主要包括以下几方面的内容。

(一)体育产业结构政策

1.体育产业结构政策的概念

体育产业结构就是指体育产业各部门之间的关联与关联方式,不同经济发展水平和体育产业发展阶段应该有其相对应的体育产业结构。随着人均收入水平的提高和人们闲暇时间的增多,人们对体育产品的需求不断增加,使体育产业迅速发展,同时也促进了体育产业结构的优化调整。体育产业结构政策是指政府制定的有关干预体育产业内部资源配置过程以促进体育产业结构向高度化和合理化方向发展的政策。

2.体育产业结构政策的内容

体育产业结构政策通常包括以下几点内容。

(1)体育主导行业选择政策

选择体育主导行业,一般要参考主导产业选择标准,并综合考虑国家体育产业发展的具体情况,主要是选择产业关联度高、能在体育产业内起到承接作用、能带动整个体育产业增长的行业作为体育主导行业。当前,我国体育产业中的主导行业有健身娱乐业、竞赛表演业等。

健身娱乐业是体育产业的基础性行业,它的发展有利于拓展体育消费领域、提高体育消费水平、满足群众健身需求。同时全民健身热潮的出现,也带动了体育用品业乃至所有与健康相关产业的发展。

竞赛表演业的需求关联程度和投入关联程度都很大,它既需要体育产业中其他行业的产品作为本行业的投入品,进而带动其他行业的发展,同时也能够为体育产业中相关行业的发展提供产品。比如,竞赛表演业的生产活动需要体育用品业提供体育服装、鞋帽和各种新技术、新器材,需要体育培训业提供竞赛表演人才,需要体育中介业的运作安排等。而竞赛表演业的产品必然成为体育培训业、体育信息传播业等行业的投入品。可以说,竞赛表演业是体育产业的龙头,它在体育产业内起承接作用,带动整个体育产业的发展。

(2)体育战略行业扶植政策

体育战略行业是指能够在未来成为体育主导行业或支柱行业的新兴行业。成为战略行业必须满足下列三个条件。

第一,能够迅速有效地吸收创新成果,并获得与新技术、新市场相适应的运行方式。

第二,具有巨大的市场潜力,有望获得持续的高速增长。

第三,同体育产业内其他行业的关联系数较大,能够带动整个体育产业的发展。

体育战略行业的扶植政策是着眼于未来的产业发展优势,直接服务于产业结构的高度化。

体育培训业是由体育竞赛表演业和体育健身娱乐业催生而出的产业,它同体育产业内其他行业的关联系数比较大。现阶段我国体育培训业还仅仅以各种体育运动学校、运动项目训练基地的形式存在,还没有形成完善的市场体系。随着我国竞技体育和群众体育的发展,居民参与体育健身和业余体育训练的意识必然不断提高,体育培训业具有巨大的市场潜力,有望获得持续的高速增长并在未来成为体育主导行业,因此应该将此作为体育战略行业来重点扶植。

(3)体育幼稚行业部门保护政策

体育幼稚行业部门是指相对于发达国家或地区已发展成熟的相同行业,在本国本地区仍处于"幼小稚嫩"阶段,并尚未形成竞争所必需的市场关系的行业,但从长期来看,这个行业符合收入弹性大、技术进步快、劳动生产率提高快的特点,只是在目前没有比较优势,需要通过政府的扶植尽快使比较劣势转化为比较优势。扶植体育幼稚行业反映了我国体育产业政策的先行性。

体育中介业是竞赛表演业和其他体育产业部门发展的润滑剂和纽带。我国产业结构的调整和居民消费水平的提高,极大地刺激了健身娱乐市场和竞赛表演市场、体育人才市场以及其他相关市场强劲的发展,越来越多的体育企业组织正寻求与专业化的中介机构建立合作关系,委托中介机构承担越来越多的经营代理业务。我国加入世贸组织之后,体育市场将更加活跃。与此同时,国外体育中介组织将会在更多的领域进入我国体育中介市场,并以资本、信息和管理上的优势加大对我国体育中介市场的垄断经营之势。我国体育中介组织与国外中介组织相比,发展的时间比较短,数量比较少,而且整体实力较弱,在短时间内难以与国外体育中介组织全面竞争。因此,我们应该将体育中介业作为体育幼稚行业来进行重点保护。

(二)体育产业组织政策

1. 体育产业组织政策的含义

产业组织政策又被称为"公共政策",它是指为了获得理想的市场绩效,由政府制定的干预市场结构和市场行为,调节企业间关系的公共政策。产业组织政策的实质是协调竞争与规模经济之间的矛盾,以维持正常的市场秩序,促进有效竞争态势的形成。

体育产业组织政策指的是政府为优化体育产业内资源的合理配置,处理体育产业内企业间的关系,实现体育资源的有效利用,从而推进体育产业发展所采取的政策总和。

2. 体育产业组织政策的目标

体育产业组织政策的总目标是试图通过控制体育市场结构和规范体育企业的市场行为,实现体育产业组织的有效竞争,以此获得较好的市场绩效。

体育产业组织政策除总目标外,还有以下几个具体目标。

(1) 促进技术进步

通过体育产业组织政策优化体育产业组织形态和结构,增强产业组织结构的技术创新能力和企业的技术创新动力。

(2) 实现规模经济

通过体育产业组织政策,鼓励体育产业内部企业间的横向和纵向联合,扩大企业规模,提高规模经济水平和产业的区域、国际竞争力。

(3) 优化资源配置

通过体育产业组织政策有效控制体育市场竞争,促使资源由生产过剩、资源使用效率较低的经济环节向生产不足、资源使用效率较高的经济环节流动,由资源使用效率较低的生产者向资源使用效率较高的生产者流动。

(4) 维护市场秩序

通过体育产业组织政策规范体育企业行为,防止企业滥用垄断势力和不正当竞争,维护市场秩序。

3. 体育产业组织政策的内容

(1) 体育产业市场结构政策

①中小企业政策。一般来讲,中小企业是指相对大企业而言,资产规模、人员规模和经营规模都较小的企业。中小企业的优势主要表现为经营方式灵活、组织成本低廉、劳动力容量大等,因此中小企业更能适应瞬息万变的市场环境和消费者对个性化、潮流化的个性要求。当前,世界各国在不断制定相应的政策措施(金融协助、综合服务、税收优惠等)以促进中小企业的发展。

在我国,已经出现了中体倍力这样的大型连锁式健身俱乐部,但是健身娱乐市场的主体依旧是数以万计的小型健身娱乐场所。这些小型健身娱乐场所吸收了大量的劳动力,为解决就业问题做出了很大贡献。我国政府已经开始重视对中小型体育企业的扶持,先后出台了一些针对中小型体育企业的优惠政策,其中健身娱乐业成为扶持的重点。按照我国税法规定,文化体育业(台球、高尔夫球、保龄球除外)按3%的优惠税率征收营业税,小型体育场(馆)建设免征固定资产投资税。

②兼并与合并政策。一般来说,兼并与合并能够推动资产存量的流动,使生产要素向优势企业集中,优化组合,获得更大的规模效益和专业化效益,从而促进产业组织化程度的提高,这对于衰退产业的收缩和新兴产业的壮大、优化产业结构具有重要的意义。在体育产业领域,也发生了许多强强联手、"大吃小"甚至"小吃大"的案例,究其原因都是为了优化组合,产生规模效益和专业化效益,从而提高企业在行业内的竞争能力(见表8-1)。在这些兼并重组的案例中,各国政府或多或少都表现出支持或默许的态度,或者说是放松了对兼并的控制。

表8-1 体育用品业兼并重组案例

时间	交易方	交易事项
2003年7月	耐克公司、匡威公司	耐克(Nike)公司以3.5亿美元收购运动鞋生产商匡威公司(Converse),并承担匡威的所有债务
2004年	上海红双喜冠都体育用品公司、上海轻工控股集团	上海轻工控股集团以3.33亿元转让上海红双喜(集团)有限公司89.37%股权的同时,将红双喜商标无形资产权以3 139.69万元的价格转让给上海红双喜冠都体育用品有限公司
2005年4月	李宁公司、施华洛世奇公司	2005年4月施华洛世奇公司与李宁公司宣布他们在运动品的水晶饰件设计开发的战略合作伙伴关系
2005年8月	阿迪达斯、锐步	阿迪达斯以40亿美元代价并购世界第三大体育品牌锐步,从而由原来的"三足鼎立"改为"两强对抗",这迅速改变的世界格局引起了业内强烈反响

(2)体育产业市场行为政策

①反不正当竞争政策。不正当竞争行为是指与诚实信用和其他公认的商业道德相悖的行为。体育产业领域有反不正当竞争政策。20世纪70年代,加拿大联邦政府针对当时美国职业冰球联盟逐渐控制加拿大青少年冰球选手的问题,制定了《联合调查法》,要求各种职业体育组织在该法律框架

内开展活动，防止不公平的商业行为。

②反垄断与"反垄断豁免"政策。反垄断政策是产业政策中典型的政府直接干预政策，通常采取立法的形式，所依据的法律主要有反托拉斯法等。许多市场经济国家都设有专门的反垄断机关并规定具体反垄断政策的执行程度。根据各国制定的反垄断政策的实践经验来看，反垄断政策主要包括：预防形成垄断性市场结构的政策，如保护中小企业生存和发展的政策以及对企业兼并、合并的审查制度等；禁止和限制市场中竞争企业的联合定价、规定产量、划分产业等共谋行为；规制巨型企业滥用市场支配地位的行为。在体育产业体系中，体育用品业和健身娱乐业等是运用反垄断政策的主要行业。

职业体育中的反垄断比较特殊。例如，在美国职业体育领域出现了许多"垄断"与"反垄断"问题。为了保证美国职业体育联盟的权威，加强职业的宏观管理以及保证职业体育的整体利益，美国政府给予了许多运动项目职业联盟"反垄断豁免"的特权，如美国职业棒球联盟长期拥有"反垄断豁免"的特权。棒球运动在美国经济中占有独特的地位，与所有其他产业不同的是，长期以来它享有一个对所有联邦反托拉斯法的绝对豁免，没有时间限制，没有政府监督，没有对其定价政策的管制。更为奇怪的是，尽管法院和立法机构一直都知道对棒球运动的豁免违反了《谢尔曼法》，然而自1922年美国最高法院裁定棒球不适用于反托拉斯法案以来，美国棒球运动一直享有这项特权。

美国的职业体育中实际存在着两种形式的反垄断豁免，虽然表面上看各职业体育联盟都有权决定职业运动员的转会权，确定职业运动队的分布和数量以及享有电视转播权的反垄断豁免等，但是给予这种权力的反垄断豁免制度却是不一样的。棒球的反垄断豁免来自判例法，对棒球的各个方面都可施行反垄断豁免是无条件的；而冰球、橄榄球和篮球三个职业体育项目中的电视转播权的反垄断豁免和劳动豁免源于相关法律的规定，是有条件、有范围的。这种反垄断豁免其实是一种有限豁免。分清这两种形式的"反垄断豁免"有利于对美国体育产业领域特殊的反垄断政策有一个正确的认识，有利于我国更好地借鉴与吸收，以科学制定体育产业组织政策。

(3)体育产业政府规制

政府规制是指具有法律地位的、相对独立的政府规制者（机构），按照一定的法规对被规制者（主要是企业）所采取的一系列行政管理与监督行为。政府规制的经济学依据有多种理论和说法，市场失效是其中最重要的，也是比较有说服力的一种。政府规制通过对市场失灵的治理来维护正当的市场经济秩序，限制市场垄断势力，提高市场资源配置效率，提升社会福利。

政府规制的手段包括以下两方面。

第一,经济性规制。通常是指政府在价格、产量、进入与退出等方面对企业决策所实施的各种强制性制约。

第二,社会性规制。主要是针对外部不经济和内部不经济问题,以保障劳动者和消费者的安全、健康、卫生、环境保护、防止灾害为目的,对产品和服务的质量和伴随着它们而产生的各种活动制定一定标准,并禁止、限制特定行为的管制。

在20世纪70年代,以美国为主的西方国家发起了一场以放松规制为主要内容的规制改革。放松规制并不意味着所有规制措施的终结,而是保留了价格规制等多种规制制度,并以激励性规制方法对传统规制方法进行改良,将更多的经济自治权赋予行业协会,以维持市场的正常运行。1978年,美国国会通过了《业余体育法》,规定"鼓励公民更广泛地参加业余体育活动,扩大国家业余体育运动的协调结构——美国奥委会的权利,保护业余运动员的权利,建立管理机构,并且按照这一机制,将领导和组织某一运动项目发展工作的权利赋予那些最有代表性的体育组织、单项协会"。

(三)体育产业布局政策

1.体育产业布局政策的含义

产业布局就是将区域优势转化为经济优势或将现存经济优势进一步优化的过程,优势效应即区域优势牵引生产要素的空间流动及配置是产业布局的基本运行规律。一般来说,区域开发并非在所有地区同时进行,而总是先从某几个开发条件较好的结点开始,随着产业开发的进程,点与点之间的产业联系逐渐构成轴线,轴线经纬交织而成为网络。由此可见,产业布局应该是一个经纬交织、动静结合的复杂系统。从空间层次上分析,它可以分为以下三个部分。

(1)微观布局

微观布局这是产业布局的基层环节,主要任务是:确定产业基地和城镇内部基础设施等的配置;确定土地资源利用方向;具体落实大型企业的选址。

(2)中观布局

中观布局是产业布局的中间环节,主要任务是:制定区域性的经济发展战略;确定地区的产业结构及其升级的规划;确定各产业基地与城镇的布局等。

(3)宏观布局

宏观布局是产业布局的战略环节,主要任务是:确定各经济地带或大经济区和区际分工格局及长远发展规划;确定各产业部门在全国的总体布局与轮廓方向。

体育产业布局政策是指政府或体育行政部门根据体育产业的经济技术特性、各地区的综合条件,对体育产业的空间分布进行科学引导和合理调整的相关措施。从本质上讲,体育产业布局的过程也就是建立合理的地区间体育产业分工关系的过程。

2.体育产业布局政策的目标

(1)优化体育产业布局,带动整体发展

通过产业布局政策强调的产业布局非均衡性,优先发展某些地区,促进这些地区体育产业的超常规增长,然后带动其他地区以及整个国家体育产业的增长。体育产业布局政策同样要与经济发展程度相关联,在我国体育产业处于不发达阶段,优先发展某些地区的特色和优势体育产业,通过这些地区体育产业的发展带动其他地区体育产业整体发展,通过优势体育产业部门的快速发展带动一般体育产业部门的发展。

(2)形成区域比较优势,促进体育产业快速发展

体育产业布局就是将区域禀赋优势转化为产业优势或将进一步优化现存产业的过程。体育产业布局主要体现在产业的集聚效益,为了取得这种聚集效益,促进体育产业的增长,需要政府制定规划和干预体育产业空间分布的政策。体育产业布局政策与区域发展重点的选择有密切关系。区域体育产业发展重点的选择主要通过国家产业布局战略,规划战略期内重点支持的区域,以国家直接投资或间接指导的方式,支持当地相关产业的发展;或通过某些差别性的区域经济政策,显示出重点发展区域投资环境的比较优势,从而引入更多的资源或生产要素。

3.体育产业布局政策的内容

体育产业布局政策主要是规划性的,同时也包括一定意义上的政府直接干预。在地区产业发展重点的选择上,体育产业布局的内容主要包括以下三个方面。

(1)制定国家体育产业布局战略。规定战略期内国家重点支持发展体育产业的地区,同时设计重点发展地区的体育发展模式和基本思路。

(2)以国家间接资助方式支持重点发展地区的体育公共设施,乃至直接投资介入当地体育产业的发展。

(3)差别性的地区体育产业政策。使重点发展地区的投资环境显示出一定的优越性,进而吸引更多的资金和人才。

(四)其他体育产业政策

1. 体育产业技术政策

(1)体育产业技术政策的含义

产业技术的发展是科学技术得以转化为现实生产力的基本条件,产业技术发展为产业运行提供了动力支持。体育产业技术政策就是政府或体育行政部门为促进体育产业技术进步而制定的引导或影响产业技术开发和转移的产业政策。

(2)我国体育产业技术政策

2007年1月国家标准委《关于推进服务标准化试点工作的意见》,将体育标准化作为其中一个试点内容,提出"要以健身休闲、竞技表演和运动训练等体育活动为主要内容,制订实施体育场所开放条件、体育场馆等级划分和体育活动组织等服务标准,保证体育服务安全,提升体育服务质量水平,创造体育服务市场健康有序的竞争环境,推动群众体育和竞技体育协调发展。"2007年3月《国务院关于加快发展服务业的若干意见》,提出要"大力发展体育和休闲娱乐等服务业,优化服务消费结构……明确体育等社会事业的公共服务职能和公益性质,对能够实行市场经营的服务,要动员社会力量增加市场供给……加快事业单位改革,将营利性事业单位改制为企业,并尽快建立现代企业制度……加快推进服务业标准化……抓紧制定和修订体育等行业服务标准。"

2. 体育产业投融资政策

(1)体育产业投融资政策的含义

国外发达国家体育产业的发展已经充分证明,拓展投资渠道是发展体育产业的有效途径。例如,美国利用联邦之风资金来大力支持体育场馆建设,并在场馆建设方面,通过各种方式来筹集资金。在意大利,政府注重一些具有较大规模的体育计划,并提供资助,除了提供这些活动所需要的举办费用之外,还在城市基础设施建设方面增加投入,并设立了专门投资体育的公共专业银行——体育信贷所,专门资助体育场馆、设施的建设,并支持得到国家认可和承认的"非直接营利的""以娱乐和健身为目的"的体育组织。体育产业投融资政策就是为了促进体育产业发展,政府制定并采取的拓展和规范体育产业投融资渠道的政策。

(2)我国体育产业投融资政策

国务院在2003年提出了对于各级人民政府所举办的建设、维修、管理公共文化体育设施的资金应当纳入到本级人民政府基本建设财政预算和投资计划中。对于事业单位、社会团体、企业和个人等社会力量筹办公共文化体育设施,国家应当给予鼓励。

《国务院关于鼓励支持和引导个体私营等非公有制经济发展的若干意见》对非公有制经济市场准入予以放宽,并允许非公有资本进入到体育、文化等社会事业的营利性和非营利性领域。同时,《国务院关于非公有资本进入文化产业的若干决定》也对非公有制的限制进行放宽,并允许非公有资本对体育节目制作领域的国有文化企业进行投资参股。

3. 体育产业全球化政策

(1)体育产业全球化政策的含义

在经济全球化背景下,产业全球化的发展已呈现出不可逆转的趋势。为了在这一潮流之中获得先机,世界各个国家相继出台规定和政策。在全球化进程中,先进国家因为经济实力强大,科技发达,所以不断调整自己的政策取向来保持自身的优势。而后起国家为了追赶先进国家,缩小差距,甚至超越先进国家,也在结合自身实际的基础上不断完善产业全球化战略,以积极响应这一时代要求。体育产业全球化政策是为了促进本国体育产业在全球化进程中获得精华智能优势,政府或体育部门制定的产业政策。

(2)我国体育产业全球化政策

国家体育总局于在《2001—2010年体育改革与发展纲要》中指出,在正式加入到世界贸易组织之后,作为我国的新兴产业,体育产业面对不断扩大的市场准入和公开竞争的市场规则,必须要审时度势,抓住机遇,缜密规划,加快发展,积极开辟海外体育市场。而体育产业发展的主要目标就是使体育产业的发展初具规模,并使体育产业增加值保持较快的增长速度,缩小我国体育产品与国外的差距,提高竞争力。

三、体育产业政策的作用

体育产业政策的作用主要体现在促进体育产业发展方面,具体表现如下。

(一)弥补市场失灵的缺陷,促进体育产业资源的优化配置

历史经验表明,弥补市场失灵的缺陷是各国产业政策最普遍的作用。

市场机制不是万能的,对于提供公共物品的企业和部门,以及存在不完全竞争、垄断和外部经济性的条件下,价格机制并不能有效配置相应的资源,这就是市场机制的局限性。产业政策能有效解决市场失灵的问题,促进经济运行质量的全面提高。制定科学合理的体育产业政策,把体育产业政策和市场机制结合起来,能最大程度地减少市场失灵和缺陷带来的产业效率损失,诱导体育产业朝既定的高度化目标发展。

(二)优化体育产业结构

体育产业政策能够促进体育产业结构的变动。因为体育产业各部门间科学的联结方式、合理的比例关系,以及随着需求结构的变化,产业结构与需求结构的动态适应,这都涉及资源在全社会范围内有计划的调配。政府能站在全局宏观经济的高度,根据不断变化的市场供求趋势,制订和实施科学的体育产业政策,通过经济的、行政的和法律的手段,调节体育产业各部门中资源的合理分配,调节体育产业各部门间的关联方式和量的比例关系。

(三)实现体育产业超常规发展,缩短赶超时间

经济后进国家要想在较短的时间内形成具有竞争能力的体育产业规模和技术体系,如果仅仅依靠市场的自由调节,需要长时期的资金积累过程,无法在短期内达到产业快速发展所要求的条件。体育产业政策是政府在市场机制基础上更有效地实施"赶超战略"的需要。

(四)提高体育产业的国际竞争力

在经济全球化背景下,体育产业全球化已成为不可逆转的趋势。政府或体育行政部门可以通过制定体育产业全球化政策来提高本国体育产业的竞争优势,使本国体育产业在全球化竞争中掌握主动权。

第二节 我国体育产业政策现状与存在问题分析

一、我国体育产业政策的现状

我国体育产业政策经过30年的探索与实践,已由点到面、由浅入深地逐步展开。国务院颁布的《中共中央国务院关于进一步加强和改进新时期体育工作的意见》,以及党和国家领导的重要讲话,进一步确立了国家在发

展体育产业方面的大政方针。由此,各地方政府因地制宜地做出相应变革,颁布和实施地方性政策,为贯彻落实国家的大政方针奠定了基础。目前,关于体育产业发展的大政方针具有代表性的法律、法规有:1982年五届全国人大五次会议通过《中华人民共和国宪法》;1992年颁布《中共中央国务院关于加快发展第三产业的决定》;1995年颁布《中华人民共和国体育法》;1995年国家体委颁布《体育产业发展纲要(1995—2010年)》;2000年国家体育总局发布《2001—2010年体育改革与发展纲要》;2002年国务院颁布《中共中央国务院关于进一步加强和改进新时期体育工作的意见》;2003年国务院第12次常务会议通过了《公共文化体育设施条例》;2010年发布的《国务院办公厅关于加快发展体育产业的指导意见》;2014年中国政府网公布《关于加快发展体育产业促进体育消费的若干意见》;2016年发布《体育产业发展"十三五"规划》等。这些法律、法规、规章涉及发展体育产业大政方针的内容主要有以下几方面。

(1) 鼓励和支持集体经济组织、企事业组织和社会力量按国家法律、法规举办体育事业。

(2) 确立了体育在国民经济中的产业地位,并纳入了国家产业的范畴。

(3) 支持"建立体育改革和发展的服务体系"。

(4) 明确提出了要大力"发展体育产业"。

从我国现有的体育产业政策来看,现有的政策已有了良好基础。如国家鼓励支持社会力量办体育的政策,经过30多年的努力,已经形成了我国多元化办体育的格局,涌现了社会、企业、个人投资体育、发展体育的良好态势,成为看得见、摸得着的体育产业。国家支持和推进体育社会化、产业化改革的政策,使体育系统基本上摆脱了发展体育规模受困于经费、器材设施不足的状况。

二、当前我国体育产业政策存在的不足之处

当前,我国体育产业仍是一个新兴的服务产业,归属于尚未真正开发的潜力巨大的服务产业。涉及的众多方面直接与社会的经济、科技、金融、文化相关。当前无论是政策的研究者还是制定者,或多或少地仍受制于计划传统理念,致使现有的体育产业政策呈现出以下问题。

(1) 政策的广度不足,即政策涉及面不广,有的仍无政策、无制度可依。

(2) 政策的深度不够,即政策的内涵与外延主要停留在鼓励和支持"体育事业体制改革"、推进体育社会化和产业化等方面,远不适应发展体育产业的要求。当然,这与现有绝大多数体育产业的政策滞后于国家确立的大

政方针有关。

具体来说，现有体育产业政策存在以下几方面的缺陷。

(一)缺乏整体规划

各级政府没能把体育产业像发展信息、旅游、商贸等产业一样,列入国民经济和社会发展的整体规划。造成事实上的政策导向,与事实上体育产业的政策不相一致,容易造成人们认识上的混乱,操作上的困难。

(二)体育产业的政策框架还未形成

体育作为一个重要的社会现象,体育产业的发展必然涉及社会的方方面面。因此,其政策的研究和制定也必须像其他产业、事业一样,有一个自上而下、由表及里的政策体系。考虑体育的特殊性,其政策框架至少应包括:国家政策、行业政策和体育机构政策。政策内容至少应涉及发展体育主体产业政策,体育为社会、经济服务政策,体育延伸服务政策和社会为体育产业服务政策。

(三)国家支持发展体育产业的政策的有效性、直接性还不够明显

至今我国还没有针对体育产业发展的纲领性文件,地方政府也很少有直接以体育产业为出发点的相关政策和整体规划,致使体育产业的政策徘徊在"无序"和"多难"的境地。现有的政策也主要归属于体育系统本身的行业规则。总体上,除国家发展体育产业的大政方针外,有关发展体育产业的政策制定和实践,"东部"先于"西部",经济、教育相对发达省市先于相对落后省市,实践先于理论,体育系统先于其他系统。

(四)体育产业政策存在不完全性和众多盲点

涉及体育产业的政策主要出自于体育系统自身的需求,这就使形成的政策不可能超越其他系统,这些政策的内涵也尚未充分体现市场化要求。加上体育系统还或多或少地存在与自身眼前利益相关且产业属性较强的领域患得患失的心态,没能大胆地将社会属性较强的领域回归社会,建立必要的"撤出"机制。

第三节 体育产业相关政策的制定

一、体育产业扶持政策

国家的财政、税收、价格、金融信贷、土地使用、国有资产管理等宏观经济政策是促进国民经济健康发展的经济杠杆,同时也能够控制与调节体育产业的发展方向。从我国体育产业发展实际看,要提高体育产业的竞争力,不仅要为体育产业发展构建良好的内部环境,更需要税收、信贷和财政货币等相关经济政策的扶持,为体育产业的进一步发展创造良好的外部环境。

(一)财政政策

体育产业的公益性很强,各级政府责无旁贷地从财政上支持体育产业的发展,加大投入力度。我国政府的体育经费与其他国家相比还较少,如西方一些发达国家对公共体育投入比例占国民支出的3%~5%,而我国尚不足1%。政府的财政投入应突出导向性,重点促进公共体育场馆建设和维护、大众体育健身场地器材配备和居民体质监测等。应扩大地方基层财政对体育事业和体育产业投入的比重,特别是实行"两级政府,三级管理"以后,区县要加大对地区内体育产业部门财政支持的力度。

(二)税收政策

在管理和调节国民经济活动、促进社会资金合理流动方面,税收发挥着重要的作用,不同的税率能够引导与扶持国民经济相关部门的发展。目前,体育产业各部门承受的税种名目繁多,如营业税、城建税、教育附加税、土地使用税、固定资产投资方向调节税、公安税、门前三包费、绿化费、物价管理费等,使体育产品经营部门无利可图,严重阻碍了体育产业的正常发展。要切实推动体育产业发展,必须制定让体育产业各方关系人都享受到利益的税收政策。可对体育产业各部门的经营收入实行减免税政策,如体育场馆经营收入的税收减免、体育俱乐部营业税收的减免、部分体育娱乐活动重复收税的单项税收,体育制造业的税率统一和文化娱乐消费税的减免、体育部门的国有资产占用和有偿使用费的返还等。调整相关税率,即将体育健身娱乐服务按3%征收营业税,对高消费体育娱乐项目实行特种附加税。按国家规定设立的青少年活动场所和青少年俱乐部、非营利性体育活动的门票收入等应免征营业税。为安置体育事业单位富余人员而新办的体育企业,符合劳动服务企业条件的,应享受"三免两减半"的所得税优惠政策。

(三)价格政策

使广大居民积极参加各种体育健身活动是全民健身运动的目的,大众开展健身活动、体育运动最直接的场所就是公共体育设施。因此应限制各类公共体育场馆服务价格和其他体育健身娱乐服务价格,保证绝大多数人能够顺利消费,并保证体育场馆的对外开放时间。

(四)金融信贷政策

体育产业作为国民经济的一个部门,必然与金融业有着密切的联系。各级政府及金融部门,应将体育产业纳入贷款范围,通过资金流向和利率杠杆,支持国家鼓励的体育重点项目的建设,如对公共体育场馆的附属设施改造、公益性体育项目及经营活动实行低息或政府贴息贷款等优惠政策。对国家鼓励发展的体育产业部门,政府适当贴息或委托中介进行融资担保,争取体育企业上市融资,将风险资本引入体育产业。同时,扩大体育彩票发行,制定体育彩票的专项管理规定。而对一些高消费的体育娱乐项目,则应由市场来筹集资金。

(五)捐赠政策

为了促进体育投资的社会化和多元化,应将企业、团体和个人对体育赛事的赞助及公益性体育设施建设纳入公益性捐赠范围,按照赞助额抵免个人所得税,或免征赞助部分公司税和个人税。对公益性青少年体育活动场所的捐赠,在缴纳企业所得税和个人所得税前准予全额扣除。对境外捐赠的实物,可按国家有关规定办理免征进口关税、进口环节增值税。对协助捐赠的中介机构和个人,可给予奖励。

(六)土地使用政策

国家通过行政划拨方式提供公共用地能够为我国公益事业的发展提供基础保障。中华人民共和国成立以来,国家划拨了大量的体育用地,兴建了大量的体育场馆,促进了体育事业的发展。但目前我国公共体育场馆的数量与我国经济发展、人口状况及国际地位尚不相称。在目前的情况下,要大力发展体育事业,特别是满足广大群众的体育健身消费,应继续采取无偿或低偿的方法划拨土地使用权方式兴建公共体育场馆及附属设施。对一些营利性的体育项目则应由市场来确定其土地的价格。

(七)国有资产使用政策

公共体育场馆是公益性服务部门,具有社会属性。国有资产占有费、有偿使用费应由各级国有资产管理部门返回体育部门,用于公共体育场馆的更新改造,形成良性循环。监督和管理营利性体育企业对国有资产的使用,并坚持有偿使用,或通过股权转让或拍卖等手段,收回国有资产。

二、区域体育产业政策

制定区域体育产业发展政策,首先要对体育产业发展的客观条件进行科学分析,这是制定政策的基本依据。体育产业发展的客观条件包括以下几点。

第一,自然环境条件。像中国这样的大国,幅员辽阔,自然条件差异很大,海洋、平原、山地、草原、丘陵、雪原,地质状况十分复杂,东西南北,气候各异。在制定区域体育产业发展政策时,我们必须充分考虑自然环境条件,实施差异化的体育产业发展战略。

第二,地方政府发展体育产业的决心。不同城市的管理者对发展体育产业的认识各异,直接影响体育产业的政策选择。例如,北京、上海、沈阳、大连、深圳等城市,把体育产业作为城市产业结构和城市经济功能的重要组成部分,采取有力措施支持体育产业发展,但有些城市基于城市经济不发达、政府财力不足等实际情况,并没有把发展体育产业提上议事日程。所以,作为朝阳产业的体育产业,在其起步的阶段,政府的决心对区域体育产业发展政策有着十分重要的影响。

第三,经济发展水平和体育人口的数量。区域内经济社会发展的水平决定居民的收入水平,进一步决定居民的消费水平和消费倾向。体育消费并不在日常消费内,其中一部分属于奢侈型消费,这种消费类型只有居民收入达到一定水平后才能呈现快速增长的趋势。体育人口的数量决定着体育消费需求的总量,只有拥有足够的体育人口,才能具有足够的体育消费总量支撑体育产业的发展。

第四,特定城市或地区在更大区域中的影响力。具有这种影响力的城市可能是历史上形成的文化中心,也可能是经济发展过程中形成的具有广泛辐射作用的发展极,当然也可能是重要的区域政治中心,无论是何种城市,他们所具有的共同特征是这些城市都有能力运用其已有的强大影响力迅速引导各种体育资源的集聚。

在准确分析不同地域体育产业发展的客观条件的基础上,就可以制定区域体育产业发展政策。对我国现阶段而言,制定区域体育产业政策,需从以下两方面着手。

第一,基于体育产业发展的全局,恰当布局不同区域的体育产业门类。对于经济发展水平高、城市人口基数大、体育人口多、体育产业发展基础好的地区或城市,如北京、上海、广州等一线城市,可以把体育产业按照主导产业来培育和发展,着力打造国内一流、有较强国际竞争力和影响力的综合体育中心城市;对于各方面条件与上述城市有一定差距但同样具有一定的体育产业发展优势的区域中心城市,要恰当选择适合本地区特点的优势体育产业门类,打造特色鲜明的区域体育中心城市。例如,东部地区可以在大力发展体育休闲健身业的同时,重点发展高水平的竞技体育经营、体育用品制造业。西部地区则可以充分利用独特的自然地理和生态条件,有步骤地推进体育休闲健身业的发展,重点开发极限体育项目、体育旅游项目、民族体育项目。

第二,恰当选择区域体育产业的主导产业门类。不同地区自然条件不同,主导体育产业门类的选择也应有所不同,应避免体育产业门类选择上的趋同化。例如,哈尔滨就可以围绕冰雪项目带动整个体育产业发展,以冰雪项目的竞技表演带动体育休闲健身业、体育旅游业;汕头、青岛等城市可以重点发展水上项目的竞技表演,并以此来带动其他体育产业门类的发展。

三、体育产业消费政策

随着我国国民经济的高速增长、社会物质财富的不断增加以及人们生活水平的显著提高,居民的消费目标和需求慢慢发生了转移,对精神产品消费特别重视。体育消费作为非必需性生活消费,迎合了大众精神追求初级层次的消费需求。

实际上,体育消费属于收入价格弹性较高的消费类型。随着居民收入的增长,其对体育消费的支出也在逐步增加。当体育消费产品价格变化时,反映的产品市场需求量也发生明显变化。要使体育消费成为居民新的消费热点,就要充分考虑居民的可支配收入水平和体育产品(尤其是体育服务产品)的价格定位。目前,在我国居民的消费结构中,体育消费所占的比重比较小,远远落后于发达国家在体育方面的消费。可以预料,随着全面小康社会建设的不断推进,我国居民对体育物质产品和体育服务的需求会进一步增长。但是,居民的体育消费水平是随着收入水平的提高而逐步增加的,是一个缓慢增长的过程。要实现我国体育产业的超常规发展,国家也需要制定鼓励居民体育消费的政策措施,引导大众参加健康的、丰富多彩的体育消费活动,增加体育消费支出。

国家制定体育产业消费政策,具体要从以下几方面展开。

首先,积极引导和推动社区体育工作的开展。要在居民小区建设体育设施,为大众体育健身活动的开展提供方便。以前,许多体育健身设施,都建立在远离居住区的地方,主要是供各类体育运动队和体育比赛使用,企事业单位的体育设施也是建在办公地内部,人们的居住小区很少规划体育设施,因此限制了人们参加体育健身活动的积极性。在城市化进程中,政府要以人为本,有意识地在建设小区和基础设施过程中规划体育场地设施。也可采取导向性政策,面向社会招标,鼓励社会资金投资和经营公益性体育健身场地设施。

其次,构建全民健身服务体系,在大中型城市建设市民体育健身中心,在街道、乡镇增建体育指导中心或体育指导站,指导大众科学健身。并利用体育彩票公积金增加公益性体育健身设施建设,为大众健身提供场地服务,让居民参加附近的各种体育活动,感受体育健身的乐趣和价值,树立健康投资和体育消费意识。

再次,充分发挥工会、共青团、妇联和社会各界的积极性,鼓励建立多种类型的体育协会,并在人力、物力、财力上给予一定的支持。各种类型的公共体育场馆要为体育组织开展体育活动提供便利,在全社会范围内形成全民健身的热潮,从而促进广大居民体育消费水平的提高。当然,在公益性体育服务中,要合理进行价格定位,要使价格符合和贴近大众的需求,使绝大多数体育健身活动参加者能够轻松消费,享受体育的乐趣。

最后,加快社会体育指导员队伍建设。不断完善社会体育指导员技术等级制度,落实社会体育指导员国家职业标准,对社区体育指导员要严格培训、审批、管理,逐步优化社会体育指导员队伍的数量和质量。

四、体育产业规制政策

(一)体育产业规制的原因

产业规制政策是指依据一定的规则对构成特定社会的个人和构成特定经济的经济主体的活动进行限制的行为。产业规制政策实施的目的是维护正常的市场经济秩序,限制市场势力,提高市场资源配置的效率,增进国民的社会福利,保护社会公众的利益不受不正当竞争行为的伤害。产业规制的原因主要有以下两点。

第一,市场失灵。由于经济生活中存在的自然垄断、信息不对称性、外部性、公共产品、不完全竞争等因素,使得市场机制的自发作用或者难以从根本上解决资源配置的效率问题,或者解决成本太高。但对政府而言,本身所具有的权威性和超经济的问题解决方式,可以较好地兼顾资源配置的效率和社会的价值目标。

第二,社会公平和意识形态方面的考量。例如,反垄断和反不正当竞争法规的实施,可以保护竞争,增强市场活力,并以较低的价格提供给消费者所需要的商品,增进消费者福利,当然也能够消解过于强大的垄断势力所形成的经济和政治权力的高度集中化。产业规制还有利于保护劳动者就业的自由选择权以及收入分配的公平性,并通过对产业主体行为的规制,促进市场交易环境的优化。

体育产业规制源于体育产业本身的特殊性,具体体现在以下两方面。

第一,竞技体育经营业、体育信息传播业、体育广告业等体育产业部门具有一定程度的自然垄断性质,西方发达国家对体育产业的这些领域大都采取《反托拉斯法》例外原则,保护这些产业部门的成长。

第二,体育休闲健身业等体育产业部门进入门槛较低,但这些产业又具有公益性产业性质,产业规制政策不仅可以对过度竞争造成抑制与约束,避免体育资源的浪费,也有利于促进国民社会福利增长。

(二)体育产业规制的主要政策

我国体育产业尽管在改革开放以来取得了长足的发展,但总的来看,体育市场仍处于初步发育阶段,市场规则不够健全,政策体系不够完善,体育产业未能充分发挥自己的经济性和公益性功能。因此,要确保体育产业的健康、快速发展,不仅需要一系列产业支持政策,还需要自成体系的产业规制政策。

1. 进入规制

体育产业的进入规制就是针对体育产业领域一些具有自然垄断性质的产业部门,为了确保体育企业能够获得足够的规模经济效益和范围经济效益,防止过度竞争导致的资源浪费和效益损失,特许一定数量的具备较高条件的体育企业进入市场,并对其他企业的进入做出排他性的制度安排。我国在进入规制方面已经有了初步的尝试,取得了一定的成效,但还需进一步努力。

2. 质量规制

体育产业的质量规制是指政府通过制定一系列的强制措施来约束体育

企业的生产行为,使其所提供的产品和服务达到相应的质量标准,以保证消费者的权益。我国目前体育产业领域的质量规制政策相当薄弱,因而,在一些关系到居民直接消费的体育产业部门,产品和服务的质量参差不齐,大大降低了体育消费者的消费积极性。加强体育产业的质量规制,需要从以下几方面着手。

(1)制定体育产品和服务的质量标准和质量规范,建立不达标企业的退出机制和限制生产办法,强制提高体育产品和服务的质量。

(2)建立体育产品和服务质量的检查和监督机制,定期公布准许生产特定体育产品和服务的企业名录,以防止有关产品和服务的质量出现下降。

(3)设立体育企业市场准入条件,严格审查申请进入体育产业的企业的资金保障、技术力量、体育经营场所的设施、体育健身指导员的资格以及其他生产能力要求等多方面的条件,然后进行工商登记和生产许可,以确保体育生产企业有足够的能力生产合格的产品和提供相关服务,避免不合格产品和劣质服务进入市场。

3. 价格规制

体育产业的价格规制是指政府通过制定对体育产品和服务的价格上限来约束体育企业的定价行为,以确保体育产业的公益性产业属性,实现国民社会福利的增长。现阶段我国体育产品和服务的价格确定,在体育休闲健身业主要是市场定价的方式,在竞技体育经营业主要是垄断定价的方式,这两种定价方式事实上都偏离了公益性产业的特征。我国体育产品和服务与日本相比,价格明显偏高。体育产品和服务的价格规制,就是在核定成本的基础上,采取成本加成定价方法,凡体育产品和服务的价格确定和价格变动,都要报请价格管理部门进行严格审查批准。政府部门应该采取财政补贴和税收优惠的方式来降低体育企业的经营成本,使体育企业能够获得其他产业部门的平均利润。

五、体育产业市场管理政策

体育市场政策法规是在社会主义市场经济条件下,为了对体育市场进行业务管理而制定的行业政策和法律规范。社会主义市场经济基本规律和《体育法》是我国研制体育政策法规的主要依据,通过制定体育产业市场政策,调整社会体育经营活动中的经济关系,规范经营行为和市场行为,促进体育产业的持续健康发展。

发展体育产业离不开市场环境,体育产品生产单位也必须通过市场来实现产品的社会价值。体育市场的发展程度对体育产业供给侧改革的效果及体育产业的发展水平和程度有直接影响。所以,在发展体育产业的同时,要构建有序的体育市场运作体系,对各类市场主体的利益加以保护。

为适应经济体制改革和企业发展的需要,1995年,原国家体委注重宏观调控,加强财务监督,帮助企业建立健全自我约束、激励机制,先后制定并实施了《国家体委直属企业工资管理暂行办法》及《国家体委直属企业厂长(经理)奖励试行办法》,从而加大了调控力度,使企业管理工作上了新台阶。但是,我国的体育市场初步发育,市场规则和政策体系还不完整,市场的功能和机制未能有效发挥作用,体育产业各部门的发展受到很多约束。尽管出台了《体育法》,并规定各级体育行政部门负责辖区内的体育经营活动,但没有具体的管理法规和实施细则。各省、市、自治区和计划单列市,都出台了规范体育市场的各种管理条例,但有些内容与体育产业、体育市场发展的实际不符,带有明显的行政手段干预、代替市场的特点,甚至有些法规之间相互矛盾。因此,政府需要建立一个完整的、符合中国特色的、适应市场经济需要的体育市场运作体系,从而保障体育产业的健康发展。

现阶段,各级政府和体育行政管理部门面临着一个非常迫切的任务,即改变传统的管理体育市场的办法,按产业化、市场化的要求,加快制定功能完备、反应灵敏、公开、公平、公正的体育市场运行规则,保障各种类型、各种所有制企业和各市场主体的有序竞争,以促进社会体育资源按市场规律自由流动,也就是按照市场需求和大众体育消费需求合理配置体育人才、资本、设施、场地等资源,最大限度地发挥这些资源的作用。

(一)规范市场管理

(1)制定体育产业各部门开展经营活动的市场准入办法和市场规则,以共同遵守的市场规则、市场政策和微观机制,规范体育产品生产者和经营者的市场行为。应由体育部门牵头会同工商、公安等部门,成立相应的体育市场管理机构和管理队伍,带证上岗执法管理。

(2)加强对体育用品生产经营的宏观管理,推行体育经营许可证制度,重点扶持一批体育企业单位和经济实体开展体育用品的合法生产和经营;鼓励体育事业单位根据自身的特点和市场需求,兴办投资少、见效快、收益高的经济实体。

(二)加强法规建设

由于体育经营活动涉及人的身体健康和安全、涉及社会生活秩序的稳定和精神文明建设,许多体育活动内容,如健身锻炼的科学性,体育用品、器械的安全质量标准,大型体育竞赛表演活动组织上的严密性等都有着较高的专业技能要求,因此,体育部门需从行业管理的角度制定专门的法规、制度和条例。

(三)提高人员素质

(1)有关部门严格审核、确认体育产品经营者资格、条件,如经营者是否具备必要的技术条件和要求;体育经营场所的器械设施是否安全可靠;体育健身指导员是否合格、称职等。

(2)针对体育产业经营人员来宣传体育方针、政策与法律法规,加强对这部分人员的教育与管理,有步骤地培训体育经营人员和市场管理人员,提高从业人员的素质。

第四节 "一带一路"倡议下我国体育产业政策的发展与完善

"一带一路"倡议下,为进一步推动我国体育产业政策的健全与完善,需从以下几方面来做好工作。

一、优先发展体育健身娱乐业和体育竞赛表演业

当前,在我国体育产业体系中,体育健身娱乐业、体育竞赛表演具有非常大的发展空间,因此在体育产业政策制定中,要有所倾斜,以利促进这两大体育行业的优先发展。

(一)优先发展体育健身娱乐业与体育竞赛表演业的需求

改革开放以来,我国社会经济水平不断提高,人们的消费观念发生了很大的转变,随着人们对健康的重视和对健康生活质量的不断追求,体育健身娱乐活动进入大众视野,并在全国范围内蓬勃开展起来,这就使人们对体育健身场地、体育技能指导、健身知识普及等的需求越来越大。体育健身娱乐的消费主体分布在不同年龄段,通过这方面的消费,能够满足大众的健身、健美、康复、娱乐等多元体育需求,因此,这一行业有很大的市场发展空间。

当前,竞技体育发展是当前世界体育发展的主题。体育竞赛表演业在世界范围内备受关注,群众基础非常广泛。体育竞赛表演利用这一优势能够为城市、地区国家带来巨大的经济收益,而且对社会稳定和精神文明建设

也有积极的促进作用。

(二)优先发展体育健身娱乐业与体育竞赛表演业能够带动体育产业发展

体育健身娱乐业和体育竞赛表演业在体育产业组织中,处于中间产业环节,能形成良好的前向关联和后向关联效应,体育健身娱乐业与体育竞赛表演业的发展能有效带动体育产业中其他产业部门的发展,而且这种发展是呈几何级数增长的。

当前,优先发展体育健身娱乐业与体育竞赛表演业,不仅可以刺激消费,还能带动体育服务业、体育信息传播业、体育培训业、体育用品制造业等其他产业部门的发展。此外,还有利于刺激大众体育消费,引导和促进整个体育产业的发展。

二、制定优惠经济政策,扶持体育产业发展

在我国国民经济发展中,经济政策发挥着举足轻重的作用,而且经济政策也深刻影响着体育产业的发展。

当前,国家重点发展体育产业,鼓励和扶持体育产业,因此,必然需要在经济政策上予以"优惠""倾斜",具体来说就是将财政、税收、价格、金融、信贷、土地使用与管理等宏观经济政策作为经济杠杆,为体育产业的发展提供"便利",支持与推动体育产业发展。

三、实施反垄断政策,维护市场公平环境

在垄断条件下,垄断产品的市场价格往往高于竞争市场的价格,不能最大化地使社会需求得到满足,会导致供给过剩、资源浪费。

垄断会限制市场机制功能的发挥,使市场经济畸形发展。这时需要政府进行市场干预,以确保市场竞争的合理、促进企业不断进行技术变革与创新、使市场生产能充分满足客观市场需求而非以垄断企业控制市场需求。

现阶段,我国体育产业内部,体育竞赛表演业、体育信息传播业、体育场地服务业等都属于垄断型行业,垄断企业控制市场,获得暴利,为了构建有序竞争、开放透明的市场环境,政府应遵循市场经济规律制定相关政策,引导行业健康发展,防止行业垄断。

四、完善市场管理政策,严格规范体育产业发展

市场管理政策的健全与完善有助于调整体育经营活动,规范市场主体的市场行为,促进体育产业健康发展。

体育产业的发展需要有良好的市场环境,而只通过市场主体的自觉性是无法形成良好市场环境的,这就需要发挥政府的宏观调控职能,帮助市场主体建立一个有序的体育市场运作环境和体系。

从体育产业产生到全面发展,我国先后出台了许多重大政策来调控体育市场环境,如《国家体委直属企业工资管理暂行办法》《国家体委直属企业厂长(经理)奖励试行办法》《体育法》,同时还出台了规范体育市场的各种管理条例,为体育产业的健康发展提供了有力的政策保障。

现阶段,我国政府在发展体育产业方面的主要任务是根据体育产业的产业化、市场化发展要求,制定与完善灵敏、透明、公平、公开、公正的体育市场运行规则,确保多元市场主体的有序竞争和体育资源的合理配置与流动。

五、加强体育产业政策创新

体育产业发展对政策创新有非常复杂的需求,在政策创新的过程中又会涉及很多种需求,需要考虑不同的主体,因此在体育产业发展的相关政策创新中,创新路径有很多。体育产业政策的创新具有一定的特殊性,它是一种新政策代替旧政策的过程,属于政策变迁。在创新的过程中,总体的路径有着非常明确的目标,比较直接,但具体的路径要按照各个不同的需求和方式进行组合。

如图8-1所示,体育产业政策的创新路径主要包括整体路径、细分路径和推动路径三个方面。其中,整体路径是强制性、诱致性与渐进性创新方式的有机结合;细分路径是从时间维度设计的初期路径与后期路径,并且强调初期路径中强制性因素起关键作用,后期路径中诱致性因素起关键作用;推动路径是侧重于从观念转变上形成推动整体制度创新的途径。之所以进行这样的设计,主要是出于以下几方面的原因。

第一,从整体上明确体育产业制度创新所要选择的途径以及以什么样的创新方式来完成政策变迁。

第二,从细分角度,即注重体育产业发展中所需政策的时间前后,分别构建初期路径和后期路径。

第三,通过观念的转变形成一条推动型的有效路径,从而推动整体政策

的创新。

总的来说，从整体上来看，体育产业发展的政策创新路径就是希望通过路径能够使体育产业发展的政策创新路径更加具体，更加具有指向性。

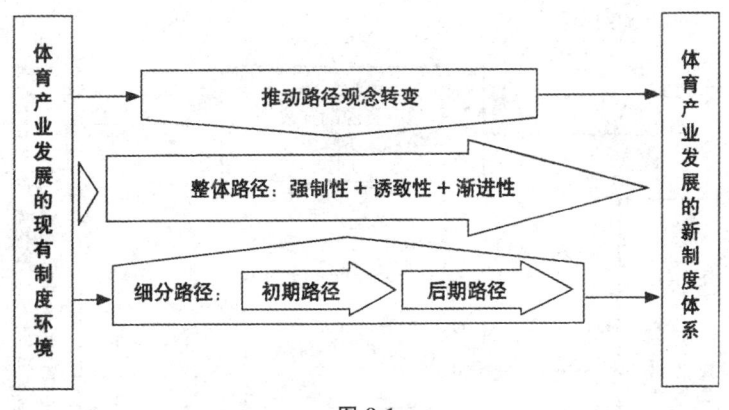

图 8-1

体育产业发展的政策创新路径是为了促使体育产业发展所需的新政策体系的实现而构建的路径。在建立这一路径时，必须要具有明确的目标来进行指引，以保证该路径的准确性，并能够促使政策创新得以有效实现。事实上，体育产业发展的制度创新路径是不同制度创新方式的有机组合，这种组合既要考虑到体育产业发展的实际情况，又要结合相关制度供给主体的特定组成，还需要从制度经济学角度借鉴制度变迁的相应方式。

六、建立体育产业新政策体系

对体育产业发展新政策体系的构建是建立在我国目前体育产业发展的客观实际和制度的深层次关系，以及体育产业发展对政策创新的具体需求基础之上的。构建相应的新政策体系是政策创新的重要目标，而创建出来的新政策能够满足体育产业发展的基本制度需求，同时为主体找出愿意提供相应的政策供给。从政策的角度来看，构建的新政策体系能够有效解决体育产业发展所受到的各种阻碍，从而促进和引领体育产业发展，在国民经济发展中，有深化体育产业的重要作用。

从体育产业自身来看，新的创新出来的政策体系应当由各个层面相应的政策需求融合组成，这些需求都对体育产业发展中的政策的现实作用予以侧重。因此，根据制度经济学的相关基础理论，可将体育产业发展的新政策体系划分为正式政策层和非正式政策层两大层次。其中，正式制度层主要由基础政策层、引导扶持政策层和监管政策层所组成，能够起到突出作用;非正式政策层能够发挥完善的作用,包括各项非正式政策,如图 8-2 所示。实际上,在体育产业发展中,各个层面相互之间彼此依托,共同发挥作用,在体育产业发展中各层面作用的侧重点存在差异。

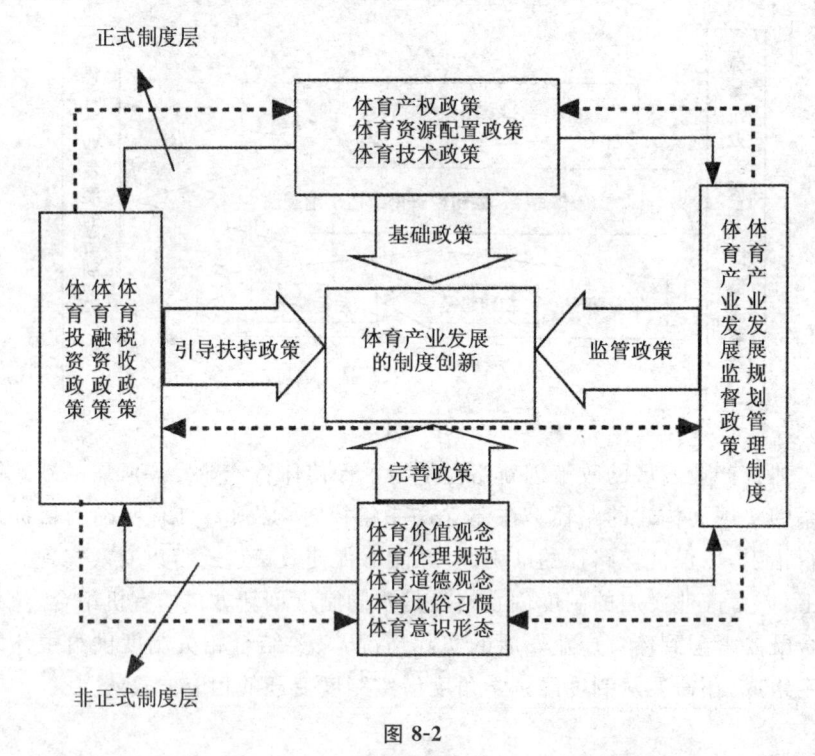

正式制度层

```
           体育产权政策
           体育资源配置政策
           体育技术政策
                │
              基础政策
                ↓
体育   体育                              体育产业
投融   税收   引导扶持政策   体育产业发展   监管政策   发展规划
资政   政策                  的制度创新              管理制度
策     策                        ↑
                              完善政策
                    体育价值观念
                    体育伦理规范
                    体育道德观念
                    体育风俗习惯
                    体育意识形态
```

非正式制度层

图 8-2

(一)正式政策层的政策组成

1. 基础政策层

在体育产业发展中,基础政策层的主要作用是基础性支撑,基础性的核心政策在发展过程中发挥着非常重要的作用,一方面这些政策应是能从基础角度对体育业发展起到核心支撑;另一方面这些政策又可以对其他政策形成根本性的辅助推动。可以认为,基础政策是确保体育产业能够得以发展的基本支撑层。

从图 8-2 中可知,基础层政策主要包含了体育技术政策、体育资源配置政策、体育产权政策。这主要包含以下几方面原因。

(1)体育产权政策,它与体育资源和体育财产的具体配置和使用有着直接关系,也是体育产业发展中的最为根本的支撑政策。如果没有将体育产权政策得以明确下来,将会限制所有的体育资源的经营,很难融入现有的市场经济体制之中,也很难促进我国体育产业化的快速发展。

(2)体育资源配置的相关政策,主要是关于对体育产业中的相关体育资源进行最优化配置使用,体育资源配置政策既能够促使体育产业结构快速升级,同时还能对体育产业发展从运行效果上形成一种资源性保障。

(3)在体育技术政策方面,体育技术对体育产业发展的影响是体育产业技术政策基础核心支撑性所在。无论是在物质方面的体育生产企业,还是从事服务的体育企业,如果缺少了体育技术对产业发展的引领,将会给体育产业的发展带来致命打击。

事实上,从政策层面形成相应的技术政策有助于缩短我国体育产业与国外发达国家体育产业间的技术差距,从而以技术进步提升体育产业发展的竞争力,最终可持续性推动我国体育产业的快速发展。

2. 引导扶持政策层

在体育产业发展中,引导扶持政策的作用主要是引导与扶持体育产业的发展,也就是说,通过借助于这一层面各个政策的作用,更好地促进体育产业的稳步发展。就目前体育产业的现状来看,引导扶持政策主要包括体育产业发展税收政策、体育产业发展融资政策、体育产业发展投资政策。之所以进行设计,其原因主要是因为在体育产业发展方面我国与国外存在很大的差距,因而税收和资本在体育产业发展方面发挥着非常重要的引导和扶持作用,相应的体育投融资政策与体育税收政策组成与体育产业发展方式的选择与发展速度的提升有着直接关系。具体内容如下。

首先,体育产业发展需求的投资政策是关系到体育产业发展的具体投资规定,这其中既包括对体育产业投资主体的确定,如体育公共投资、体育风险投资等;还涉及对体育投资方式与效率的关注。除此之外,对体育产业中资金的投入主体、投入方式、投入规模等内容,体育投资政策能够提供相应的合理保障,在体育产业发展中,它是最为基本的扶持和引导性政策。

其次,在体育产业发展中,体育投资政策和体育融资政策为资金能够更好地促进体育产业的发展提供了非常重要的支持。体育融资政策在体育产业发展中所起到的引导作用主要体现在引导体育企业的融资方式和融资渠道方面。实际上,资金的扩充和有效融入为体育产业的发展提供了必须保证,通过拓宽融资渠道,提高体育企业的融资积极性,能够更好地促进体育产业的发展。由此可见,新融资政策有效指引了我国体育产业的发展,激发了我国体育产业全面参与市场竞争的积极性。

最后,体育税收政策在我国体育产业发展中发挥着重要的杠杆作用,一方面加快了体育产业的发展速度;另一方面引导了体育产业的发展方向。

虽然与发达国家相比,我国税收政策还存在着杂乱、操作性不强、税收优惠力度和范围不足,对体育产业的激励手段单一、内容不完整,税收负担沉重等问题,但不可否认体育税收政策对体育产业发展的重要影响。这就要求我们在新的体育产业发展政策体系中,要对体育税收政策加以完善,从扶持的立场出发,全面激发体育产业发展的积极性,从而促使社会资本自觉地向着体育产业发展流动。

3. 监管政策

就我国整个第三产业而言,监控政策并不是统一的,所以对体育产业发展来说,尚未形成明确的体育监管政策。但从监管的角度来看,体育产业的发展需要有具体的监管政策。政策与监管政策有着密切的联系,在体育产业发展中,政府的角色定位,也直接关系到政府在体育产业发展中所行使的职能。根据体育产业的发展特点来看,体育产业发展中的监管政策主要是指与体育产业发展有关的所有政府应该进行监督与管理的相关政策。从其他角度来看,在体育产业发展中,其所需要的监管政策是一个"次级"政策体系,这一体系将政府对体育产业发展的相关管理和监督规定汇集于一身。

实际上,体育产业发展的政策创新与政府有着非常紧密的联系,政府在政策创新中除了能够行使主导功能外,在各个新政策体系建设中,它的管理和监督职能更为重要。因此,从政府正确行使其职能角度可以判断,政府对体育产业发展必然形成一定的监管政策,并且监管政策与政策性支持是分开的,是与相应的政策性扶持或支持不同的另一服务角色,需要单独判断。在监管政策层,相应的政策组成比较明确,即集中体现在对体育产业发展的监督与发展规划和管理上,包括监督类政策与规划管理类政策。

(二)非正式政策层的政策组成

体育产业的政策体系非常庞杂,既包含了体育产业中人们比较熟悉的正式政策,同时也包含了人们所忽略的非正式政策。人们很容易意识到正式政策对体育产业发展所起到的重要作用,但由于非正式政策发挥的作用比较隐蔽,对体育产业发展所产生的影响是潜移默化的,所以很容易被忽略。无论怎样,体育产业发展所需要的政策体系都应当是完整的,人们都应当认识和判断正式政策和非正式政策,并探究两者在体育产业发展政策创新中的有效组成。

如图8-2所示,在体育产业发展中,非正式政策层非常明确,包括各项非正式的政策。实际上,在我国体育产业发展中,非正式政策能够起到外部性优化和完善作用。这是因为,非正式政策主要侧重于非正式性规制,是体育产业发展另一层面的政策性支撑。只是这种非正式政策的完善与优化作用多依托于体育产业发展中的各微观参与主体,但微观参与主体往往是根据对自身利益的衡量确定何时、以何种方式提供非正式政策。体育产业发展在现实中涉及很多非正式政策,包括体育道德观念、体育意识形态、体育伦理规范、体育风俗习惯、体育价值观念等,无论是体育观念以及体育伦理规范的更新与传承,或者是体育风俗习惯的养成,都能够在体育产业发展中发挥非常重要的作用,而这是正式政策无法取代的。

第九章 "一带一路"倡议下我国区域优势体育产业的发展研究

在我国体育产业中,由于地域环境、人文、交通等多因素的影响,一些体育产业在一定的区域内具有较好的发展优势。而在"一带一路"倡议下,为了更好地促使这些我国区域优势体育产业得到更好发展,在国际上形成竞争力,占据世界有利市场,就必须对我国区域优势体育产业的发展展开研究,以促使其能够在"一带一路"倡议中获得更好更快的发展。

第一节 区域优势体育产业发展的基本理论

一、区位理论

(一)区位理论阐述

人类无论从事何种活动,都必须先具备一定的空间基础与条件,经济活动作为人类活动的重要部分,同样也需要具备这一基础条件。经济主体行为的空间选择、经济活动的空间优化组合等是区位理论研究的主要问题。区位理论中一些具有代表性的理论知识能够很好地指导区域体育产业的布局,如城镇空间的分布(城市区位论)、农业产业布局(农业区位论);费用最低原则(工业区位理论)等。

(二)在区域优势体育产业发展中区位理论带来的启示

上面已经提到,经济主体行为的空间选择是区位理论的主要研究内容之一。一般来说,主要有四个因素会对区位主体的选择造成影响,即自然条件、成本、收入以及非经济因素。对这几方面的因素予以充分地考虑有助于更好地进行区域优势体育产业的区位选择。

总的来说,体育产业属于第三产业的范畴,一些相关的区位理论因素都会在不同程度上影响区域优势体育产业的区位选择。因此,在进行区域优势体育产业的区位选择时,需要对以下两方面的要素予以考虑。

(1)第三产业的基本特征。

(2)体育产业服务区内的服务设施情况、竞争力水平、当地的经济发展实力、居民的消费习惯及特征等。

二、区域经济理论

(一)区域经济理论阐述

在一定的地域空间内,如何最大限度地优化与组合特定生产要素资源,从而促进最大产出目标的实现,这是区域经济理论主要研究的问题。

区域均衡增长理论、区域经济非均衡增长理论是区域经济发展理论中最具代表性且相互关联的两个重要理论思想,都是有关人员从理性的角度思考区域发展问题后提出来的。社会经济共同发展是均衡增长理论中倡导的区域经济终极发展目标;优先发展某些地区的产业,从而使该产业带动其他有关产业的发展是非均衡增长理论的主题。由此可以看出,实现各区域经济共同发展的手段无非有两种,一种是均衡发展;另一种是非均衡发展。区域发展理论可以为我们研究区域优势体育产业的运营提供科学的指导。

区域非均衡性是当前我国区域体育产业发展中呈现出来的主要特征,这一特征的形成具有客观性。区域资源禀赋的差异、区域自身体育产业发展模式等是造成这种非均衡现状的主要原因。事实上,区域体育产业发展中,均衡增长是发展的目的,而这一目的的实现需要依靠非均衡增长这一手段。我们研究区域优势体育产业的运营与发展,就是希望将区域优势充分发挥出来,对区域体育产业的增长极进行培育,从而在整体上推动体育产业的发展,使体育产业全面均衡的发展目的得以实现。

(二)区域经济理论对区域优势体育产业发展的启示

1. 采取非均衡发展的手段来推动体育产业的整体发展

现阶段,我国不同区域的人们拥有不同的体育消费意识和消费习惯,这主要是由于我国不同区域在自然、历史、经济等方面都存在着显著的差异。因此,我们可以通过参考区域经济理论来为我国体育产业的整体发展研制策略,而在区域经济理论中,非均衡发展被当作是一种推动区域经济发展的手段,因此我们也可以借鉴这一手段来从整体上发展我国的区域体育经济。

目前,我国不同地区之间的发展极度不平衡,总的来说东部地区的发展要优于中西部地区,这不仅仅体现在经济方面。鉴于这一客观事实,我国不适合采用均衡发展这一区域经济发展手段。我们首先要对各区域间在经济发展方面存在的差距进行明确,从而有侧重性地制定相关政策,有针对性地实施促进优势体育产业优先发展的策略,并发挥优势体育产业的价值与作用,使其带动其他体育产业的发展,进而实现整体的发展。

2. 充分利用区域优势,实现差序发展

要想促进经济发达地区体育产业的又好又快发展,就应该将本区域的体育资源优势充分利用起来,并积极优化体育产业结构。在经济发达地区的体育产业发展到一定程度的同时,还要借助这一地区来带动经济落后地区体育产业的发展,促进落后地区体育产业发展水平的提高。各地区体育产业的发展都离不开对本区域自身资源优势的充分利用,都需要以本地实际情况为依据来打造具有本地特色的体育产业品牌形象,这样本区域体育产业的发展水平才能够得到提高。

3. 重视优势产业"增长极"效应的发挥

经济落后地区受各方面因素的影响,很难从整体上发展体育产业,因此可以率先发展某一局部地区的体育产业,或优先发展体育产业的某一行业,使其成为本区域体育产业的特色,然后再充分发挥这一局部地区体育产业或本区域体育产业特色行业的优势,带动其他地区体育产业或体育产业其他行业的进一步发展。

总的来说,对于经济落后地区而言,要推动体育产业的整体发展,就必须先确定本区域的相对优势,且立足这一优势,对与本区域经济发展现状相符的具有特色的体育产业类型进行选择,然后促进优势体育产业适度超前发展的"增长极"效应的充分发挥,进而全面发展本区域的体育产业。

三、比较优势理论

(一)比较优势理论阐述

比较优势理论最初出现在《政治经济学及赋税原理》(大卫·李嘉图著)中,"两利相权取其重,两害相权取其轻"是本理论的主要思想。我们可以这样解释这一思想,在国家之间的贸易往来中,倘若某一国家在两种不同产品的生产中都具备相当的优势,那么其就应该利用优势更大更优质的产品进

第九章 "一带一路"倡议下我国区域优势体育产业的发展研究

行生产;即使某一国家在生产任何产品时都不具备成本上的优势,其依旧能够对本国成本相对较低的产品进行生产,这样在产品交易中,其依然能够获得一定的经济利益。

在区域经济发展来说,各区域都应先明确本区域具备的优势,然后将自身优势充分发挥出来,科学预测本区域的发展前景,对产业布局进行合理的调整,将区域资源的特性充分利用起来,从而促进合理有序的经济发展结构的形成。

(二)比较优势理论对区域优势体育产业发展的启示

对比较优势理论进行基本的了解之后发现,以比较优势的充分发挥为基础,可推动区域产业的发展。可见,在区域经济或区域产业的发展中,比较优势理论具有重要的理论指导价值。区域体育产业作为区域产业的重要组成部分,同样需要比较优势理论的指导来获取更好的发展。因此,我们在对区域体育产业的发展进行分析与研究时,要对比较优势理论予以充分的考虑,有机结合内生的、动态的影响优势观及外在的、静态的影响优势观。

总的来说,要确定某个区域在发展体育产业的过程中具有何种优势时,就需要利用比较优势理论的相关知识,识别区域优势体育产业时,也可以通过该理论来获取参照条件。识别与发展区域优势体育产业有助于进一步提高区域体育产业的整体发展水平和竞争力。

四、竞争优势理论

(一)竞争优势理论阐述

竞争优势理论最初出现在《国家竞争优势》(迈克尔·波特著)中,这一理论在创立不久后就彰显了自身的价值,得到了经济学家的认可。在区域经济发展、产业发展的相关研究中,该理论都具有非常重要的指导意义。迈克尔·波特最初是为了研究如何提升国家竞争力而将竞争优势理论提出来的。后来,经济发展及产业发展领域也开始逐渐应用该理论来研究相关问题。

在区域产业的研究过程中,我们可以充分利用竞争优势理论来比较某一区域内某一产业和同类产业在市场竞争中各自具备的优势与不足,从而进一步研究如何规避不足,发挥优势,提高本产业的市场竞争力。在区域体育产业的发展中,一个地区的优势体育产业具有其他地区体育产业或本地区其他产业所不具备的优势,即比较优势,因此其在相同领域的市场竞争中就具备了一定的优势,这也是区域优势体育产业在体育产业市场中得到优先发展的主要原因所在。

(二)竞争优势理论对区域优势体育产业发展的启示

竞争优势理论能够为区域优势体育产业的发展提供重要的理论指导价值,这主要从以下两个方面体现出来。

第一,我们可以利用竞争优势理论对区域优势体育产业进行培育,促进优势体育产业竞争力的提高。

第二,可以将区域特色及优势充分利用起来,从而积极推动与体育产业相关的其他产业的发展,进而促进区域内相关产业之间的协调有序发展。

第二节 影响区域优势体育产业发展的因素分析

一、确定区域优势体育产业发展影响因素指标

(一)影响因素选择的指导思想

在对区域优势体育产业进行确定之前,首先必须做好影响因素指标的选择工作,这是基础,也是前提。在对区域优势体育产业发展的影响因素指标进行选择与确定时,要仔细分析相关基础理论中与区域体育产业发展相关的内容,还要以体育产业及其各行业的特征与发展要素等为依据,同时也要对区域产业以及旅游、文化等相关产业影响因素的研究成果进行借鉴,这样所确定的影响因素指标才更为科学。在设定初始指标时,需要对如下问题进行考虑。

1.考虑相关理论的有关因素

分析区域优势体育产业发展的影响因素,离不开产业经济理论、对区域经济理论以及产业布局理论等相关理论中有关因素的分析。同时从优势产业角度出发,还需要考虑比较优势理论、竞争优势理论,在选取区域优势体育产业发展的影响因素时,这些理论中所包含的有关产业发展条件的因素能够提供重要的借鉴和指导。

2. 考虑体育产业各行业发展的影响因素

体育产业内涵丰富,外延广泛,按照一定的标准,可以将其划分为不同的行业类型,不同行业各具特色,因此需要对各行业发展的影响因素进行全面的考虑。同时,在考虑这些影响因素时,不仅要对各行业发展的现实需要进行考虑,还需高瞻远瞩,充分考虑各行业的发展潜力及发展前景。

3. 考虑对区域体育产业比较优势与竞争优势造成影响的因素

为了确定体育产业是否能够成为某一区域的优势产业,必须充分考虑区域体育产业的竞争优势及比较优势的相关因素。我们在分析比较优势及竞争优势的相关理论时,还需考虑其中涉及产业发展的影响因素,对这些因素的分析有利于更好地构建体育产业各行业发展的影响因素指标体系。

4. 考虑区域环境条件等有关因素

区域优势体育产业指的是体育产业在其所处的区域中属于优势产业,所以,区域中各方面的因素或条件会直接影响体育产业的发展,因此在选择与确定影响因素指标时,还需考虑区域内的各种相关要素与条件。

我们在确立区域体育产业发展影响因素的框架时,需要从理论的角度分析区域体育产业的发展条件,这一分析有利于科学指导框架的确立。对影响因素指标的选择与确立既离不开相关的理论指导,又离不开一定的现实分析。

(二)影响因素指标的选择原则

为了对影响区域体育产业各行业发展的主要因素进行明确,既要对影响区域产业发展的共性因素进行充分的分析,又要将体育产业的个性特征凸显出来,尤其是要突出体育产业各行业的不同特征。分析体育产业不同行业的特征与影响因素,以理论与科学指导区域体育产业实践的发展。总的来说,区域优势体育产业发展影响因素指标的选择与确定需要遵循以下几方面的原则。

1. 科学性原则

选择与确定区域优势体育产业发展的影响因素指标需要严格遵循科学性原则,即秉着科学的态度,在科学理论的指导下采用科学的方法与手段来开展该工作。在综合评价区域体育产业的发展条件时,要立足于客观现实,将区域体育产业的实际发展现状准确反映出来,所选取的指标要能够将体育产业发展的内在机制充分反映出来。此外，一定要建立在科学基础上来确定区域优势体育产业发展的影响因素，产业经济学、区域经济学等相关理论能够为结构层次的确定、影响因素的选取与分析提供科学的理论指导，只有坚持这些理论的科学指导，所选取的影响因素指标才能将体育产业各行业发展的区域条件全面、准确地反映出来，也才能为我们制定区域优势体育产业的发展政策提供更有价值的参考。选取与确定指标之后，要明确各个指标的概念，确保各个指标之间是相对独立的，整个指标体系是具有层次性的，能够将不同层面的特征反映出来，避免选取重复或类似的指标，最后要规范指标的统计方法，采取科学的方法进行统计。

只有确定所选出来的影响因素是具备科学性的，才能有效地指导体育产业管理者或相关人员对产业发展政策、运营策略进行科学的制定。为了使所选取的影响因素具备更高的科学性，我们需要以体育产业不同行业的特征与发展规律为依据，将影响这些行业发展的所有可能因素尽量多地罗列出来，同时对同一区域和跨区域影响因素的相关性进行充分的考虑，从而使这个预设影响因素更具科学性。

总之，认真选取与最终确定区域优势体育产业发展的影响因素指标，有利于科学指导区域优势体育产业发展政策的制定，不管是体育产业的经营部门，还是管理部门，都应该将影响因素指标的确定重视起来，采用科学、全面且有效的方法来开展这一工作。

2. 独立性原则

通过查阅相关的文献资料发现，相关学者习惯从区域自然资源、政策环境、资源优势、产业结构、产业竞争力等方面来分析区域发展的影响因素。一定程度上来说，区域发展与产业发展之间存在着共性，这主要反映在对区域发展造成影响的因素与产业发展的影响因素之间存在着交叉与重叠的情况。但区域发展与产业发展这两个问题处于两个不同的层面。区域发展的研究对象主要是区域，分析区域发展的影响因素时，需要从宏观层面出发，而且内外部因素都要考虑在内；产业发展包含在区域发展中，其主要研究对象是产业，分析产业发展的影响因素时，需要从中观或微观的层面出发，而且要在对产业特征进行考虑的基础上来解析影响产业发展的具体因素。区域优势体育产业既涉及区域产业，又涉及体育产业，因此对其进行研究时既要考虑区域发展与产业发展的交叉性，又要全面分析体育产业的各个行业。这就要求我们在设定初始影响因素指标时，要对区域因素、产业因素、体育产业特征以及体育产业各行业的差异性进行全面的考虑。

需要强调的是，区域体育产业这一系统本身就比较复杂。不管是什么类型的体育产业,其都是在众多因素的共同作用下实现发展的,而且某种程度上而言这些因素都是相关联的,因此在设定区域优势体育产业发展的影响因素指标时,要尽可能避免有交叉与重复的指标,要确保各项指标的相对独立性,使不同的指标能够从不同侧面将体育产业发展的条件反映出来。

3. 完备性原则

我们在分析与研究影响区域优势体育产业发展的因素时,还需要对体育产业各行业发展的主要影响因素进行明确,并判断不同行业间的影响因素是否存在不同之处,如果存在,主要表现在哪些方面。这就要求在对影响因素备选指标进行确立时,对体育产业不同行业发展中可能涉及的影响因素进行综合考虑,也就是说,影响体育产业发展的共性因素,以及影响不同行业发展的不同因素都要考虑在内。在设计影响因素问卷中,难免会遗漏一些细小的因素,因此在正式进行问卷设计之前,需要通过实地调研、访谈等方法来听取各相关领域专家的意见,从而不断补充与完善因素指标体系,以使影响体育产业及其各行业发展的主要因素都能够出现在问卷中。同时,为了保障问卷的回收率与有效性,又要注意所选取的指标不要过于繁杂,有关人员要处理好指标全面与指标繁杂之间的矛盾。

因此,在初步设置影响区域优势体育产业发展的因素时,要注重科学性与严谨性,对体育产业各行业的特征予以全面的考虑,从现实需要出发,尽可能使所选取的因素能够将体育产业各行业的发展特征全面准确地反映出来;对一切可能的影响因素都要考虑在内。此外,还要对区域体育产业的动态发展特征进行考虑,使所选取的因素能够将体育产业各行业的发展现状和趋势体现出来。最后需要注意的是,区域体育产业在未来的发展中需要具备的因素与条件可能会与当前不同,因而也要对此进行考虑,提高指标体系的完备性。

4. 独特性原则

国内外在研究某一产业时,都会从地理位置、自然资源、基础设施资源、政策资源等方面来表述影响产业发展的因素。对于产业的发展来说,这些因素是一般意义上的影响因素,相对比较抽象,没有具体分析某类具体产业的影响因素或有利条件。虽然这些一般意义上的影响因素指标能够在一定程度上为体育产业发展政策的制定提供参考价值,但由于其比较抽象,没有结合实际问题进行分析,所以参考价值不是很明显。因此,我们要充分考虑体育产业的自身特征来对体育产业发展的影响因素进行系统分析。既要对影响不同区域产业发展的一般因素进行考虑,又要结合各区域体育产业发展的具体现状来分析其影响因素,使这些因素能够将各区域体育产业的发展特色反映出来。

此外,我们在选取影响因素指标时,还要注意所选取的指标要能够将体育产业各行业的发展特色体现出来,从而更好地制定各行业的发展政策。

(三)影响因素指标的选择方法

选择与评价影响区域体育产业不同行业发展的主要因素是一项比较复杂的系统工程,为了获取科学且全面的结论,必须充分发挥不同研究领域中相关专家的智慧,必须全面借助与依靠不同行业从业者的实践、体育产业管理人员的经验以及相关研究者的研究成果。

在选择与确定因素指标或构建评价指标体系时,普遍运用德尔菲法。因此我们主要采用这一方法来确定区域优势体育产业发展的影响因素指标集。采用这一方法时,需要全面分析、整理与归纳体育产业研究文献综述中涉及的影响因素,并需要展开相关的调查(访谈调查、问卷调查),了解相关专家对影响因素所设题项的意见,经过多轮次的调查后,整理与分析专家意见,并对预设影响因素不断进行修改,最终对影响因素指标进行确立,对影响因素表进行制作。确立影响因素指标的过程中,需要开展以下两个方面的工作。

1. 组建专家团队

在组建专家团队时,要确保团队结构的合理性,因为不同领域的专家能够以不同的视角提出关于影响因素设定的意见或建议,这样我们就能够更加合理地确定影响因素预设指标集。在对影响因素指标进行分析的过程中,无论是管理层,还是理论专家,由于他们的经历、研究与工作领域、考虑问题的出发点等都不相同,经常会提出不同的意见或建议。所以,只有对有关专家的意见进行反复的征询,才能确保所选因素的完备性,也才能避免因素指标中出现重叠与交叉的现象。

2. 对问卷进行编制

在编制调查问卷的过程中,首先要对问卷题项的设置进行考虑,也就是在问卷中如何设置影响区域优势体育产业发展的因素指标。

问卷的具体形成过程如图9-1所示。

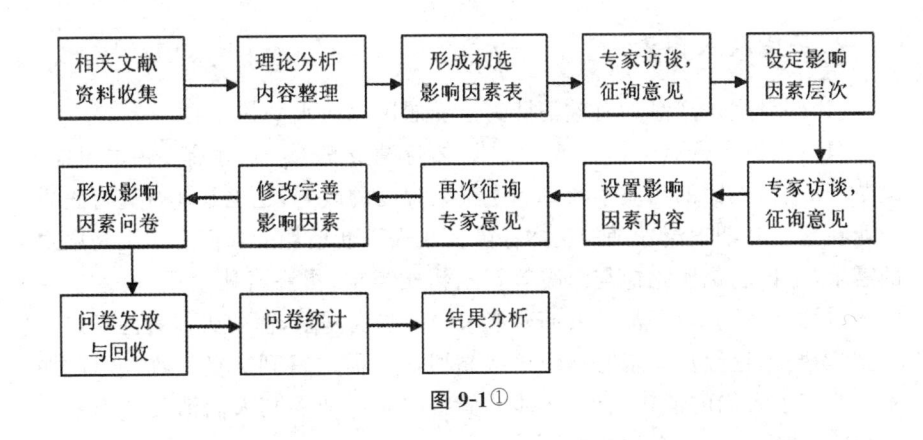

第九章 "一带一路"倡议下我国区域优势体育产业的发展研究

图 9-1①

二、体育产业不同行业发展的影响因素分析

体育产业不同行业的发展会受到不同因素的影响,下面主要就健身娱乐业和体育旅游业发展的影响因素进行分析。

(一)健身娱乐业发展的影响因素分析

1.体育场馆资源因素

(1)体育健身娱乐业的生存与发展是以丰富的场馆设施资源为基础与前提

体育场馆设施资源是体育产业发展的基本前提与基础保障。作为体育健身娱乐行业中最基本、最重要的一类生存要素,场馆资源和设施的数量多少、分布结构等直接影响了该体育产业行业的发展。相对而言,体育场馆及设施资源丰富的地区比场馆设施资源缺乏的地区更容易吸引投资者与消费者。

(2)健身娱乐业的发展离不开便捷且合理的场馆设施

与体育竞赛表演行业的体育场馆相比而言,体育健身娱乐业的体育场馆就显得比较小。一般来说,生活区附近分布着较多的中小型体育场馆,这些场馆专门为人们的体育健身与体育娱乐服务,为人们提供了极大的方便。为了更好地发挥场馆设施资源的价值,需要合理布局体育场馆,从数量与质量方面优化体育场馆设施建设,推动健身娱乐行业的发展。

---

① 王艳.我国区域优势体育产业选择与培育发展研究[D].上海体育学院,2011.

2. 居民收入因素

(1)健身娱乐产品的有效消费需求受居民收入水平的影响

只有人民大众有了体育健身需求,体育健身娱乐产业才有发展的可能。改革开放后,人民的物质生活得到了很大程度的改善,这也是体育健身娱乐产业在这一时期逐渐发展的基本保障。收入不断增加的人们有了更高层次的需求,不再满足于吃饱与温暖等基本物质需求,提高身体素质、改善生活方式、提高生活质量等都是人们所追求的高层次需求,而购买体育健身娱乐产品、参与体育健身娱乐能够使这些高层次的需求得到满足。收入的增加直接改变了人们的消费结构,而体育健身娱乐产业受到人们消费结构变化的影响,获得了长足有效的发展。

(2)健身娱乐产品的消费预算曲线受居民收入水平的影响

体育健身娱乐消费这项消费活动具有相对的分散性和持续性特征,消费者具有这方面的消费需求和相应的消费能力是该消费活动得以顺利进行的基本条件。消费者一般都会对自己的消费情况进行一个预算,而消费预算直接受收入水平的限制,以收入水平为依据来进行消费预算,能够使入不敷出这一现象的发生得到有效避免。人们对某项消费品是否具有消费能力,直接由其收入水平决定。人们是否会在某些方面进行消费预算,由其消费喜好和收入水平共同决定,假设其消费喜好没有发生变化,那么收入水平完全决定着其消费预算。例如,年收入几十万的旅游爱好者每年可能会在旅游方面投入几万元,而年收入几百万的旅游爱好者每年投入在旅游方面的资金可能就会达几十万元。可见,人们的收入水平直接影响着其在体育健身娱乐产品方面的消费预算。

(3)体育健身服务业的市场需求间接性地受人们收入水平的影响

人们在体育健身方面投入费用的多少受其购买力大小的影响,因而体育健身娱乐产业的发展规模也直接受人们购买力的影响。如果人们有比较高的收入,那么其就会投入较多的资金来购买体育健身娱乐产品,这对体育健身娱乐行业的繁荣和发展具有重要的影响,市场繁荣,前景光明,流入该市场的资源就会不断增加,资源的增加反过来又能够进一步壮大体育健身娱乐业的规模。

3. 娱乐文化消费水平因素

(1)娱乐文化消费水平高的群体更容易成为健身娱乐消费者

区域体育健身娱乐行业主要是为区域内的消费者而服务的,消费者的收入水平决定了其购买力,而购买力又决定了本区域的健身娱乐行业的市场需求,市场需求又决定了市场的发展空间。此外,消费者在其他娱乐、文化活动等方面投入的时间由其个人喜好决定,而这又会影响消费者参与体育健身与娱乐活动的时间。

(2)娱乐文化消费水平越高,对健身娱乐产品的购买力就越强

一般而言,人们的生活方式、消费理念、消费结构等都会随着人们收入的增加而发生变化,收入增长,人们就会用一部分收入来购买文教、体育、娱乐等消费品,收入不断提高,在这些方面的支出比例就会持续增长。

4. 体育人口因素

体育健身娱乐行业发展规模的大小直接受体育人口数量多少的决定性影响,体育人口数量多,则体育健身娱乐业就拥有广阔的发展空间,相反,如果体育人口少,发展空间与发展规模就会受限。具体而言,体育人口因素对体育健身娱乐行业发展的影响主要体现在以下几个方面。

(1)体育人口是健身娱乐业的潜在消费群体

体育人口经常从事体育锻炼,参与体育活动,对体育有一定的爱好,因此很大程度上而言,体育人口能够成为体育健身娱乐行业的消费者。作为体育产业的潜在消费群体,体育人口在受到一定的刺激和引导后,很容易参与健身娱乐活动,购买健身娱乐产品。

(2)体育人口是体育产业发展的重要保证

体育人口是体育市场上的一类重要消费群体,这类群体数量的增加必然会带动体育健身娱乐市场的繁荣与兴盛,因此说体育人口对体育产业的发展具有积极的保障作用。

(3)体育人口规模的扩大有利于对浓郁的体育活动氛围进行营造

人们是否能够主动参与到体育健身活动中,一定程度上要看社会中的体育健身活动氛围是否浓郁,如果社会上形成了浓郁的活动氛围,那么人们就会在这一氛围的带动与感染下积极参与体育健身。体育人口数量的增加会促进良好体育氛围的形成,而浓郁的体育氛围又会带动更多的人成为体育人口中的一员,促进体育人口规模的扩大,这样体育健身娱乐行业中的潜在消费群体也就相应增加了。

5. 城市化水平因素

(1)城市化水平影响了健身娱乐业的产业布局

一般来说,在城市化水平较高的地区,人们拥有浓厚的健身意识,因而会主动购买体育健身及娱乐产品,所以这些地区的健身娱乐行业发展得比较良好。

(2)城市化水平对健身娱乐消费的市场空间具有重要的影响

通常,如果一个地区的城市化水平较高,那么该地区的人们就有相对固定的闲暇时间和较高的收入水平,这样他们就具备了参与健身娱乐的时间和资金条件。另外,在城市化发展水平不断提高的过程中,人们面临着越来越大的工作压力和越来越快的生活节奏,因而一些健康问题接踵而至,这就激发了人们健康观念和健身消费意识的树立,人们愿意投入时间与金钱来健身,因而健身娱乐行业的市场发展空间就比较大。

(3)城市化为健身娱乐业的发展提供了有利的外部环境

健身娱乐业的发展既需要有利的内部环境做保障,也需要有利的外部环境做支撑。对于体育健身娱乐业而言,城市化为其发展提供了一个良好的外部环境,城市化发展带动了基础设施、交通等的发展,这就为体育健身娱乐业的发展提供了便利条件。

(二)体育旅游业发展的影响因素分析

1.自然条件与自然资源因素

(1)自然资源和自然条件是体育旅游业发展的直接因素

体育旅游行业发展所必需的物质基础包括自然资源和自然条件,一个地区内体育旅游的形式和规模一定程度上就是由本地区的自然条件和自然资源决定的。在不同自然资源条件的影响下会形成不同的体育旅游活动形式。例如,如果一个地区山地资源丰富,那么就可以对攀岩、爬山等旅游活动进行开发,而如果一个地区有丰富的水资源,就可以对游泳、潜水、漂流、划船等各种形式的水上旅游活动进行大力开发。

(2)体育旅游的特色与优势一定程度上由自然资源条件所决定

体育旅游资源一定程度上能够体现出其所在区域的地方特色,不同区域之间的差异性比较明显,因而在不同区域开发的体育旅游产品也各具地方特色,具有特色和优势的体育旅游产品更容易吸引旅游消费者。

2.地理位置因素

(1)独特的地理位置是体育旅游业发展的重要外部因素

在不同的地理位置适宜开发不同的体育旅游项目和旅游内容。例如,冰雪运动是适宜在我国北方地区开发的体育旅游项目,水上活动这类体育旅游项目适宜在南方多水地区开发。

(2)体育旅游产品的特色与竞争力受地理位置的影响

不同地区拥有不同的自然资源和人文资源,而且不同地区内的资源都含有本地区的特色,利于地区的特色资源开发体育旅游项目,能够使该项目明显区别于其他地区的同类旅游项目。不同特色的体育旅游项目就是依托不同的地理位置而形成的。

3. 旅游业因素

(1)体育旅游业的发展直接受旅游业发展程度的影响

在旅游业系统中,体育旅游业是非常重要的组成部分,整体(旅游业)的发展必然会对部分(体育旅游业)的发展产生影响。在旅游业发展良好的地区往往拥有较好的基础设施条件,因此在这一地区发展体育旅游业也具有一定的优势。消费者参加体育旅游活动,除了希望增强体质,愉悦身心外,还希望对美好的旅游经历进行体验,因此发展体育旅游,既要重视"体育",又要重视"旅游",要充分发挥旅游业对体育旅游的积极影响。

(2)区域体育旅游业的发展水平和方向受区域内旅游业综合实力的影响

体育旅游业的发展水平和发展方向一定程度上受旅游业发展的影响。在市场经济体制下,要想发展体育旅游产业,首先要扩大市场需求。一个区域内旅游业的整体发展水平和综合实力直接影响着本区域体育旅游业的发展规模、发展程度以及发展方向。在发展区域体育旅游时,要对本区域的旅游资源与旅游优势进行充分的利用,促进本区域旅游业和体育旅游的协调发展,从而使旅游业成为本区域的新的经济增长点。

4. 基础设施因素

(1)发展体育旅游业需要具备基础设施这一前提条件

体育旅游活动是依托基础设施而开展的,因此说基础设施是体育旅游业得以开展与发展的基础与前提条件,体育旅游的产品设施、餐饮设施、交通设施、住宿设施等都是体育旅游业发展所需要的基础设施。体育旅游企业在大力发展旅游事业时,要注意依托这些有利的设施资源来优化体育旅游产品结构,提升产品质量。

(2)体育旅游产品的质量与竞争力受基础设施的影响

在体育旅游资源丰富的地区发展旅游产业时,要注意对相应基础设施进行配套建设,只有基础设施完善了,才能使消费者对本地区的体育旅游服务更加满意。体育旅游市场的开发受各种相关基础设施条件的影响,如住宿、餐饮、交通等。如果基础设施条件较差,仅凭现有的旅游资源开发旅游项目,就难以对旅游消费者产生强大的吸引力,也难以获得长远的发展。

第三节 区域优势体育产业的选择与方法研究

一、区域优势体育产业的选择

(一)选择的主体

对区域优势体育产业进行选择的主要目的是促进区域自身的资源优势的充分发挥,对区域产业的竞争力进行培育并提高这一竞争力,从而促进区域体育产业发展水平的提高。因此,在对区域优势体育产业进行选择时,一方面应立足实际,面向未来;另一方面应在全面分析的基础上做出合理的选择,内部因素、外部环境、消费者状况等都是我们在选择优势体育产业时需要重点考虑与分析的内容。另外,体育产业的未来发展方向一定程度上由区域优势体育产业所决定,因此在进行选择时还应注重其战略意义。

政府选择、市场选择是区域优势体育产业的两种主要选择形式,这两种形式的结合就构成了第三种选择形式。下面对这三种选择形式一一进行分析。

1. 政府选择

(1)在市场机制还不够成熟的情况下,通过市场来选择区域优势体育产业需要经历一个长期的过程,而如果由政府选择、引导优势体育产业,并从政策方面给予一定的扶持,则优势体育产业在一定的时期内就能够取得明显的发展成果。

(2)体育产业要想获得又好又快的发展,既需要依靠强有力的经济基础,又需要政府在制度上予以支持与保障。我国一些地区经济发展相对落后,尽管该地区拥有丰富的自然资源,但受资本短缺的影响,体育产业的发展受到了限制与制约,这时就需要依靠政府的扶持与引导来优先发展重点产业,从而发挥重点产业的带动效应,促进区域其他产业的协调发展。

(3)与其他社会组织相比,政府最大的优势在于其可以对各方面的资源进行充分的调用,而且在一定程度上来说,政府也代表了区域内成员的整体利益。在政府的组织与引导下来推动优势体育产业的发展更容易保障区域内成员的利益。

2.市场选择

(1)一些地区经济发展滞后,因此即使政府大力扶持,也难以取得良好的效果,这时就需要充分发挥市场的作用了。

(2)政府的全面干预会使市场机制难以发挥应有的作用,而且一些体育产业是在政府的长期扶持下才发展起来的,因此其对政府产生了很大的依赖性,这不利于其长久的发展。

3.市场与政府相结合

在发展体育产业时,政府与市场这两个主体并不是相互对立的。体育产业的发展同时需要政府的引导和市场的监督,离开其中任何一种,体育产业将无法得到良好的发展。在市场选择与政府选择两种方式中,我们可以以其中一种方式为主,另一种方式为辅进行优势体育产业的选择,具体以哪种方式为主,哪种方式为辅,要看区域的经济发展水平。如果区域经济发展水平较低,那么就需要以政府选择为主,市场选择为辅,充分发挥政府的主导作用;而如果区域经济发展水平高,则以市场选择为主,政府选择为辅。

(二)优势区域选择的原则

1.市场导向原则

市场经济的发展规律是体育产业发展中必须遵循的基本规律,对这一规律的遵循有利于促进体育产业市场化发展水平的提高。体育产业的发展离不开市场这一基础条件,因此在选择优势体育产业时应对市场的需求进行充分的考虑,并促进优势体育产业市场规模的拓展。贯彻市场导向原则要求我们在选择优势体育产业时,确保所选的产业在资源规模、生产规模等方面能够满足一定的市场需求。

2.相对动态原则

优势体育产业的发展具有动态性特征,可能在这一时期具有竞争优势,而在另一时期就不具备该优势了。任何区域都不可能在所有的方面都具备优势,其可能在某些产品生产方面具有其他区域所不具备的相对优势,而在其他方面的条件可能就不及其他区域了。在特定时期内的优势体育产业很可能会随着各方面生产要素的变迁而转化为一般的体育产业,甚至是劣势体育产业,而之前的某些一般体育产业或劣势体育产业会相应地向优势体育产业转变。因此,我们在对优势体育产业进行选择时,应对相对动态的原则加以贯彻。

3. 比较优势原则

发展优势体育产业，必然要先分析某区域的产业资源与其他区域相比所具有的比较优势，也就是相对优势。充分利用某区域资源的比较优势，能够更进一步地提高区域优势体育产业发展的专业化水平。选择优势体育产业时，需要注意不同区域间所选择的体育产业是否存在雷同现象，如果存在，首先要判断这是否属于恶劣竞争，然后再进一步优化本区域的资源配置，对本区域的体育产业结构体系进行建立与优化。

4. 专业特色原则

区域内具有特色与优势的产业资源是区域优势体育产业形成特色产业的基础。自然资源、人文资源等相关产业资源都有可能成为区域的特色资源，针对不同区域的特色资源，我们可以发展不同特色的体育产业，并使之成为各区域的优势和特色产业。需要强调一点，在对特色体育产业进行开发时，除了要考虑区域的资源特殊外，还应认真分析市场需求，判断所要开发的优势产业是否与市场发展的需求相符。

5. 竞争优势原则

我们在开发区域优势体育产业时，要充分利用区域内具有比较优势的资源，并将这种优势转化为市场中的竞争优势。这些竞争优势能够帮助优势体育产业在市场竞争中获得主动权。

(三) 区域优势体育产业选择的主要类型

优势体育产业的分类方法有很多，根据不同的标准可以将其划分为不同的类型。以体育市场形成的功能和特点为依据，我们可以将体育产业市场分为三种类型，即体育主体市场、体育保障市场和体育延伸市场，这三大类型的市场又各自包含不同的内容，具体如图9-2所示。

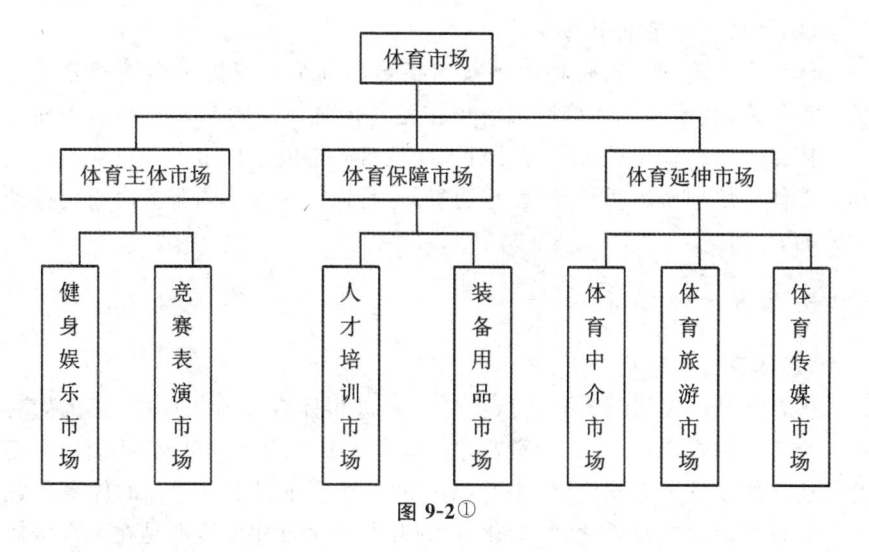

```
                        体育市场
         ┌─────────────┼─────────────┐
   体育主体市场    体育保障市场    体育延伸市场
    ┌────┴────┐    ┌───┴────┐    ┌────┼────┐
  健身    竞赛    人才    装备    体育   体育   体育
  娱乐    表演    培训    用品    中介   旅游   传媒
  市场    市场    市场    市场    市场   市场   市场
```

图 9-2①

1. 体育主体市场

(1) 体育竞赛表演市场

竞赛表演市场是将竞赛表演服务有偿提供给消费者的市场,其随着竞技体育发展水平的不断提高而逐渐走向繁荣。在经济发展水平越高的地区,竞赛表演业的发展速度就越快;相反,如果经济落后,那么该产业的发展也就会受到制约。

(2) 体育健身娱乐市场

体育健身娱乐市场是能够使人们的健身娱乐需求得到满足的体育市场。人们的健身观念与意识会随着其收入水平的提高和闲暇时间的增多而不断增强,健身意识增强之后,人们就有了购买健身娱乐产品的需求,健身娱乐产业市场因而也就有了一定的发展空间。近年来,作为体育产业的一个重要组成部分,健身娱乐产业发挥了越来越重要的作用。

2. 体育保障市场

(1) 体育装备用品市场

体育装备用品市场是将相应的设备、器材、服饰等体育用品有偿提供给消费者的市场。随着我国经济的不断发展,该市场的规模在不断扩大,繁荣程度不断提高。在众多的体育消费市场中,该市场是发展最为活跃的市场。

---

① 王艳.我国区域优势体育产业选择与培育发展研究[D].上海体育学院,2011.

(2)体育人才培训市场

体育人才培训市场是将运动技术指导和训练有偿提供给消费者的市场。近年来,我国的人才培训市场正在随着体育体制的深入改革而不断完善。体育人才培训市场主要有针对大众健身人群的培训市场和针对专业运动员群体的培训市场两种类型,很明显,这是以市场的不同服务对象为依据划分的。

3. 体育延伸市场

(1)体育传媒市场

体育运动的发展离不开大众传播媒介进行体育报道与传播,正因为有了大众传媒的报道,体育运动竞赛才拥有了大量的观众。可见,我国体育竞赛产业之所以发展空间广阔,主要原因之一就是拥有比较完善的体育传媒市场。体育运动的娱乐化、社会化、产业化以及全球化发展都是在大众传播媒介的作用下逐步实现的。大众传媒在推动体育运动竞赛发展过程中发挥着不可替代的作用。

(2)体育旅游市场

近些年来,我国体育旅游产业发展迅速,旅游市场也呈现出了一片繁荣的景象。参与体育旅游活动,能够同时实现健身、放松、娱乐、观赏等多方面的需求,因此吸引了很多体育爱好者及旅游爱好者。

(3)体育中介市场

体育中介市场是将中介服务有偿提供给体育市场交易活动主体的市场。市场交易主体都是为了实现各自的利益参与交易活动的,在交易中难免会有矛盾,中介主要负责在市场参与主体之间进行协调,从而使多方的利益都能够得到保障。当前,体育中介产业在我国的发展水平还比较低,而且中介市场还很不完善,问题重重。但随着体育产业市场的不断规范和完善,体育经济产业的发展空间还是很大的。

二、区域优势体育产业选择的方法

(一)区域优势体育产业选择方法的确定

选择区域优势体育产业需要采用一定的方法,相对来说,定性分析法比定量分析法更适合采用,原因如下:

1. 定量分析的局限性

如果我们采用定量分析的方法来选择区域优势产业,那么区域实际就很有可能被忽略,而在没有立足区域实际的前提下选择区域优势体育产业,必然是不科学的。现阶段,我国还未形成统一的优势体育产业测评标准,因此我们无法参照统一的标准来开展定量分析工作。定性分析相对来说就更适合用来做选择区域优势体育产业的方法。

2. 体育产业发展现状要求采用定性分析

体育产业在我国的起步比较晚,发展时间相对来说还不长,所以其仍处于初级发展阶段。而体育产业在一些发达国家已经相当完善了,与这些国家相比,我国体育产业的发展明显很落后,但其上升的空间还很大。

在体育产业的初级发展阶段,我们还没有确定先发展哪一行业更具优势,这就制约了我国优势体育产业的发展和体育的产业化发展水平。现阶段,我们应先找准切入口,然后立足体育产业的发展现状,对与区域发展相适应的体育产业类型进行合理的选择。

3. 体育产业的特殊性与数据获取的局限性不适宜采用定量分析

我国体育产业的发展虽处于起步阶段,但其发展空间十分广阔,发展前景良好。如果采用定量研究来确定优势体育产业,则会使体育产业在未来的发展受到限制。体育产业市场的发展并非是有序的,因而要获得相应的较为准确的数据是有一定难度的。即使对相关数据进行了统计,统计结果也是片面的,因此定量分析不适合用来对区域优势体育产业进行选择。

4. 采取定性分析方法是实现研究目的的现实需要

我们在推动体育产业发展的过程中,首先要明确该产业的基本发展定位,这样才可以对其进一步发展的战略和政策进行制定。在明确其发展定位时,我们还需要着手一项非常重要的工作,即确立评价指标体系,这需要采取定量分析与定性分析相结合的方法。

(二)区域优势体育产业的选择流程

推动区域优势体育产业的发展,首先要选择优势产业。在我国体育产业发展的起步阶段,很多地区都难以对体育产业的发展方式进行准确把握,而且难以对本地区的优势体育产业进行明确的选择,因此导致各区域间的体育产业及体育产品出现了雷同现象,这是受多方面因素影响的结果。

我们在对区域优势体育产业进行选择时，首先必须对优势体育产业的内涵进行充分的了解，对区域优势体育产业发展的市场机制和规律进行准确把握。在区域优势体育产业的具体选择中，需要按照如下步骤进行。

1. 发展条件综合分析

对某一区域各方面的环境与条件尤其是体育产业发展的微观环境进行全面的了解与分析，明确体育产业在该区域发展具备哪些优势，存在哪些劣势，未来发展中可能会有哪些机遇，可能会面临什么挑战。通过分析来对该区域体育产业发展的有利条件和不利条件进行确定。

2. 选择依据比较

倘若某一区域拥有某种优势，而且这一优势刚好是体育产业某行业发展所必备的因素，因此这一区域就适合发展这一行业，而且这一行业也有成为该区域优势体育产业的潜力。需要明确的是，这种契合只是说该区域的优势能够满足某行业发展的某一方面的条件，而非能够满足该行业发展的所有条件，相对于其他行业来说，这一优势更适合发展该行业。因此，在确定优势之后，要将地区独特优势充分利用起来，促进区域优势资源的利用率的提高。

3. 发展定位确定

在明确某一区域发展体育产业中的哪一行业更具优势后，要对体育产业在该区域的基本发展定位进行确定，优先发展优势产业。

4. 对发展战略进行制定

对发展战略的制定是以体育产业的基本发展定位为依据的，如果对体育产业进行不同的定位，相应地就需要制定不同的发展战略，当然要优先制定优势体育产业的发展战略，而对弱势体育产业，则可根据实际情况来酌情开展。

5. 培育竞争力

区域内的优势体育产业相比于本区域的其他产业或其他区域的同类产业而言，应该更具市场竞争优势，因此要努力培育优势体育产业的竞争力，使其在市场竞争中能够充分发挥自身的优势，占取主动权。

第四节 "一带一路"倡议下我国区域优势体育产业发展的策略

一、积极发挥政府的职能与作用,促进制度创新

体育产业的发展水平与体育事业的繁荣程度密切相关。为了推动我国体育事业的繁荣发展,政府部门对体育产业给予了全方位的扶持,从投入、运营到管理,每一个环节都离不开政府部门的支持。向社会提供公共产品是政府部门在推动体育事业发展中主要承担的责任,而在体育产业的发展中,政府需要重点发挥监督与管理的职能。区域优势体育产业的发展同样离不开政府的监管。

区域优势体育产业与其他区域的同类产业或本区域的其他体育产业行业相比,具有相对的比较优势,因而其在市场竞争中很有可能实现占据竞争优势。由此可以看出,一个区域内体育产业的某个行业要成为本区域的优势产业,需要具备一个必要的条件,即在该区域中这一行业的资源因素与其他行业的资源因素相对而言具有比较优势,但这一条件并不是某个行业成为区域优势产业的充分条件。换而言之,体育产业在市场竞争中是否具有竞争优势,要看其是否具有比较优势,这是前提与基础,而产业的比较优势并非直接等同于竞争优势,其需要一定的条件和经历一个过程才能向竞争优势转化。其中,促进交易效率的提高和创造新制度是比较优势转化为竞争优势的关键。

任何产品的使用价值最终都要转化为价值,而只有将产品投入市场,才能实现这一转化。在使用价值转化为价值的过程中,交易效率是关键。倘若区域体育市场内存在着较高的交易效率,那么经济主体就可以以较低的成本完成交易,这时生产要素的比较优势就能够顺利转化为产业竞争优势。制度的合理安排与创新是促进交易效率提高的关键措施,合理制定制度有利于对各市场主体的利益进行协调,促进交易成本的降低,使体育产业经济主体获得更可观的收益。

区域体育产业竞争力的提升离不开制度创新。而制度创新要从宏观和微观两方面进行,企业微观层面的创新需要由宏观层面的制度创新来驱动。如果宏观上区域制度环境发生了变化,那么企业就会从微观上来对内部制度进行调节,并规范自己的市场行为,从而更好地与新的制度环境相适应。

区域内优势产业具有较强的竞争力,其在一定程度上能够带动体育产业综合竞争力的提升,为了进一步提升区域优势体育产业的竞争力,需要在区域内部实施制度创新,这样企业也会受到大环境的影响而积极改革内部制度,从而符合新制度环境的要求,这样产业竞争力的提高、交易效率的提高以及经济效益增加就都有可能成为现实。由此可知,在保持体育企业活力和提高体育企业竞争优势方面,区域发展规划或有关政策制定发挥着举足轻重的作用。

二、以区域资源优势为依托,促进资源的整合

(一)区域优势体育产业的发展以资源优势为基础

任何区域在生产某一产品方面都具有比其他区域更突出的优势,这一优势有可能是显性的,也有可能是隐性的。自然资源、人力资源等是影响区域体育产业及不同行业发展的两类重要因素。在区域体育产业的发展过程中,产业定位的基础和方向主要由区域的自然资源优势所决定,自然资源优势又是社会资源优势的基础,社会资源优势能够为产业的发展提供充足的资金、高科技资源以及高素质的人才,其对体育产业的结构层次具有决定性的影响。有机结合这两类资源优势,能够使体育产业的比较优势成功转化为竞争优势,从而促进体育产业竞争力的提升,促进区域经济的又好又快发展。

发展不同类型的体育产业,需要的资源条件不同。对优势体育产业的培育必然要依托资源优势,同时也离不开其他重要的支撑条件。区域中可以优先发展的体育产业是有限的,并非所有的体育产业都能够在同一时间内得到发展,这主要是因为受资源条件限制的影响。

不同的区域在发展体育产业时面临的条件是不同的,这主要是因为不同区域都存在着不同的资源稀缺性与差异性特征,也就是说,不同区域体育产业的生产可能性边界不同。发展区域优势体育产业要以识别区域优势资源、开发优势资源与利用优势资源为基础和前提,优先开发何种资源,直接决定了区域优先发展何种类型的体育产业。

(二)促进劳动力创造性的充分发挥,对生产要素资源进行整合

劳动者、劳动对象与劳动工具是体育产业中不可或缺的重要生产要素。在生产体育产品时,只有有机结合这三个重要因素,才能将潜在的生产要素成功转化为具有现实意义的生产力。

第一,在培育体育产业竞争力和促进产业竞争力不断提升的过程中,需要充分发挥人力资本的作用。即使区域内资源要素丰富,且具有比较优势,如果缺乏一定的劳动力,也无法将体育产品生产与创造出来。只有依靠人力资源的力量,才能将生产工具创造出来,而也只有先创造了生产工具,才能对体育产品进行生产。

第二,如果劳动工具缺乏,凭空创造体育产品是不可能实现的,或至少是很难实现的。这就需要对资源条件进行充分的利用,促进人的主观能动性的充分发挥,通过创造适宜的生产工具来生产体育产品。对体育产业而言,体育活动的开展是对人自身自然的改造和完善,这个过程中离不开对专业器械、器材或生产工具的使用,只有依靠这些实质性的工具,才能生产出体育产品。

第三,作为体育市场的重要消费群体,体育产业的劳动对象是体育产品的需求方。因此应积极加强对劳动对象的引导,使其参与到体育产品的买卖过程中。

在体育产品的生产过程中,只有有机结合以上三个生产因子,才能将能够使人类体育需要得到满足的生产资料创造出来。在劳动过程中,劳动力、劳动对象与劳动工具密切而不可分割,任何一方的存在都离不开其他两个因子。

(三)促进资源生产效率的提高,推动区域体育产业发展

通过改进生产技术和进行技术创新,能够促进资源生产效率的提高。在现有的资源条件下,要想促进资源产出的增加,就必须对生产技术进行改革与创新。如果原有技术不变,一种产品生产量的增加必然会使另一种产品的生产量减少。但如果改进了生产技术,在生产同样数量的某种产品的前提下,可以使另一种产品的生产量增加。

要提高区域体育产业特别是优势体育产业的竞争力,不仅要优化配置区域的现有资源,更要促进有限资源的生产效率的提高。通过对生产技术进行改进,或者深入挖掘没有被利用的自然资源,或者充分利用现有资源,对其潜在价值进行进一步的挖掘,都能够促使区域体育产业生产要素的经济转化能力的增强。

体育产业的科学化运营需要严格遵循市场经济的资源配置规律与发展规律。市场主体主要负责体育产业的市场运作,政府要对此加大宏观调控的力度,鼓励国内外民营企业进入政策允许的体育产业领域,促进体育产业市场主体的多元化。

三、加强相关产业间的合作,推动产业融合

(一)通过产业间的横纵融合来促进产业竞争力的提升

通过产业融合能够促进区域体育产业竞争力的不断提升,具体表现如下。

1.产业内部的纵向延伸融合

产业内部的纵向延伸融合就是通过整合体育产业链,促进产业链的外延式、内涵式优化,使区域体育产业的发展空间不断延伸到高附加值的产前和产后环节,这是体育产业化经营的新内涵。① 在体育产业内部的重组和整合过程中一般要注重纵向的延伸与融合。例如,在职业性体育赛事的举办过程中,为了促进赛事竞争性和观赏性的提高,与体育全球化背景下赛事发展的市场需求相适应,可以加强产业内部的融合。

2.产业间的横向拓展融合

产业间的横向拓展融合就是通过体育的功能与区域其他产业的融合;通过深度利用体育产业资源和重新进行体育产品的市场定位来促进体育产业体系的横向幅度的拓展。例如,从横向上来看,体育经纪产业、体育旅游产业、体育健身娱乐产业、体育培训产业等都可以实现不同程度的融合。

(二)通过产业融合,促进区域体育产品附加值的提升

降低成本、提高产业收益都是促进区域备选优势体育产业竞争力提升的主要方法。面对日益激烈的市场竞争,为了促进体育产品附加值的提升,可以考虑采取产业融合这一有效的途径。

通过产业融合,能够对功能更完善、品质更高的新产品进行生产,这样消费者的多样性偏好和多元化消费需求就能够更好地得到满足了。通过产业融合,还可以提升产品的附加值,促进体育产业价值链的优化,从而促使消费的溢出效应得以形成。在产业融合的趋势下,区域应对融合型的体育服务产品进行重点开发,并推动相关市场的不断融合,将区域优势生产要素充分利用起来,促进体育产业资源配置的不断优化,从而顺利实现产业结构的优化与升级。

---

① 王艳.我国区域优势体育产业选择与培育发展研究[D].上海体育学院,2011.

(三)将产业规模扩大,推动体育产业竞争力的增强

通过产业融合,可以使体育产品与其他产业的产品实现优势互补,促进不同产业的比较优势的充分发挥,促进核心资源功效的提升,使体育产业市场更加细化,进而促进区域体育产业规模的扩大。借助产业融合,企业可以不再通过同质化产品来获取多元化经营利润,产业融合能够带动体育产业价值链的优化,进而可以促进企业获取多环节利润。只有让企业发展壮大,体育产业更好更快地发展,目标才有可能成为现实,而产业融合是扩大企业规模的重要途径。

四、注重产业集群化发展

我国一些区域在规划与建立体育产业园区的过程中,对产业集聚效应进行了充分的利用,并有效促进了区域体育产业竞争力的提升。体育产业集聚是一种非常典型的市场行为,其作用机制如图9-3所示。

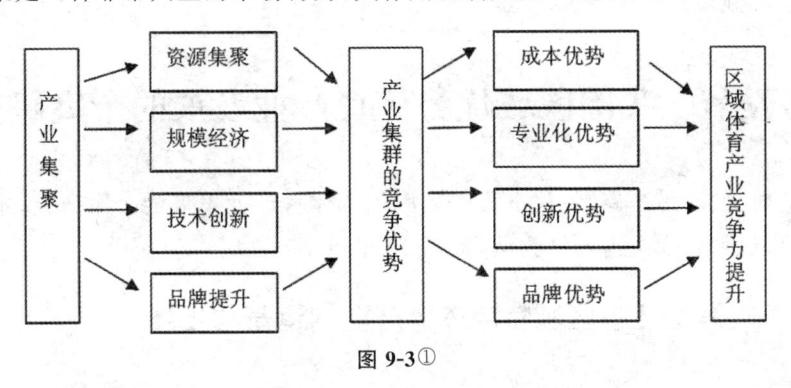

图9-3[①]

(一)通过解构产业链条来提升竞争优势

体育产业与相关产业分别处于不同的产业链上,体育市场体系就是由这些不同的产业链条共同构成的。推动产业链条的完善是实现体育市场繁荣的基础。在选择区域优势体育产业时,可以先对体育产业所处的产业价值链进行解析,从而获取新的思路。区域在对优势体育产业进行选择时,不必拥有整条产业链,可以选取产业链中具有优势的某一环节作为本区域体育产业的发展方向,并以此为基础来促进产业发展环境的不断完善。在产业链上选择优势环节而优先发展,并以此为突破口将区域体育产业链条的

[①] 王艳.我国区域优势体育产业选择与培育发展研究[D].上海体育学院,2011.

所有优势环节放大，对产业的竞争优势进行进一步的培育。

在产业集聚理论的指导下，区域优势体育产业可以与其他优势行业形成空间集聚，从而实现行业间的高度关联性与互补性，这样就可以借助相关产业的发展来进一步促进体育产业竞争力的提高。例如，要促进体育用品制造产业竞争力的不断提升，首先要壮大该产业的市场规模，然后使其与区域内相关产业形成空间集聚，扩大集聚效应，利用该效应来进一步提升其竞争力。在产业布局上，区域优势体育产业与其他具有优势的相关产业的集聚能够促进优势产业链的形成，从而能够对产业集群进行培育。

(二)对体育产业基地进行培育，打造产业集群

理论与实践都已证明，产业集群能够促进产业竞争力的提升。在产业集群的理论指导下，一些区域开始培育与发展体育产业基地。体育产业基地这一经济体是由政府或民间组织机构自发筹办或经过规划而筹办的，其能够扩大体育产业集群效应，因此可以通过培育体育产业基地来扩大产业集群的规模。

第五节 我国区域优势体育产业发展的个案研究

对于"一带一路"倡议下我国区域优势体育产业发展的个案研究，本节主要以黑龙江、上海两地为例来展开论述。

一、黑龙江省区域特色体育产业的运营与发展

(一)黑龙江省区域特色体育产业的培育

黑龙江省不同区域拥有不同的优势资源，因此各区域可优先发展的体育产业项目也有一定的差异（表9-1）。结合各区域的实际条件来对具有地方特色的体育产业进行培育，有利于促进黑龙江省体育产业的可持续发展。

表9-1 黑龙江省各区域的特色体育产业

区域	特色/优势体育产业
黑龙江省北部	体育彩票业、户外登山运动
黑龙江省西、南部	冰雪体育产业
黑龙江省东部	体育用品制造业、体育培训业

1. 黑龙江省北部

体育彩票业在黑龙江省北部地区最具有代表性。北部地区在发展体育彩票业的过程中对体育彩票市场进行了积极的建立与培育,以此来作为增加彩票销售收入的主要途径。就目前来看,黑龙江省北部地区虽然建设了很多体育彩票网点,但这些网点在布局上存在着不合理的现象,相关部门要对此给予一定的关注,重新合理布局体育彩票销售网点,从而进一步优化发展当地的体育彩票业。

另外,受自然条件的影响,黑龙江省北部地区比较适合开发户外登山项目,而事实上,这一项目也确实在该地区得到了良好的开展。黑龙江北部地区拥有众多的登山项目消费群体,在推动户外登山运动市场化发展的过程中,有关部门着重对市场规模进行扩展,通过对登山活动和赛事进行举办来促进人们登山需求的满足,这对黑龙江省北部地区户外登山运动市场的繁荣起到了积极的促进作用。

2. 黑龙江省西、南部

黑龙江省西、南部冰雪资源丰富,因此相关部门将冰雪运动作为本地的特色项目来扶持与发展,冰雪体育产业在黑龙江西、南部拥有很广阔的市场,因而其对其他产业的发展也起到了积极的带动作用,西南部的交通业、旅游业、金融业等相关产业在冰雪体育产业的带动下都获得了一定的发展。为了进一步推动该区域冰雪产业的健康发展,相关部门要积极贯彻"政府主导,市场运作"的发展理念。

为了促进冰雪产业的发展,黑龙江西、南部地区建设了很多滑雪场,但这些滑雪场的特色并不明显,相似度很高,这严重制约了冰雪产业的发展。因此,有关部门要注重培育具有地方特色的冰雪产业,依托特色资源优势,加大创新力度,除滑冰、滑雪外,对其他冰上运动项目进行开发,以此来吸引更多的消费群体。

为了使黑龙江西、南部地区冰雪资源的发展潜力得到不断的提升,相关部门还可以积极举办具有地方特色的冰雪文化节,并加强宣传,促进冰雪文化节知名度的提升和影响力的扩大。此外,为了扩大这一地区冰雪体育产业的世界影响力,还可以对国际冰雪体育产品的品牌进行创造,从而将黑龙江省的冰雪文化传播到全世界,打造国际市场。

3. 黑龙江省东部

目前来看,黑龙江省东部地区发展得比较好的体育产业是体育用品制造业,为推动这一行业的快速发展,需要对冰雪用具、体育服装、体育器械等相关产业进行大力开发与培育,同时要对国际大品牌的发展经验进行吸收,对地方特色鲜明的体育用品品牌进行创建。此外,在创建新品牌的过程中,要积极发挥市场的导向作用,促进体育产品质量的提高,从而满足消费者更高的需求。

体育培训业也是当前在黑龙江省东部地区发展得比较好的体育行业,体育素质培训、技能培训等是该地区体育培训的主要内容。企业在发展体育培训业的同时,对当地的冰雪等特色资源进行了充分的利用,扩大了培训的范围,从而对大量的消费人群产生了吸引力。

(二)黑龙江省区域特色体育产业发展的对策

1. 以区域资源禀赋为依托,对区域特色体育产业集群进行培育

对于黑龙江省而言,特殊的地理位置、丰富且有特色的自然资源是其发展特色体育产业最具优势的条件。因此,黑龙江省应将自身的区域优势充分利用起来,最大限度地发挥这些优势的价值,并依托不同区域的不同优势来对各具特色的体育产业进行培育,从而促进黑龙江省整个体育产业的发展壮大。另外,还要加强体育产业与相关产业的融合,发挥体育产业的带动效应,促进其他有关产业的全方位发展。

2. 针对不同区域培育不同的优势体育产业

(1)对北部体育市场积极拓展,促进优势体育产业发展速度的提升

针对黑龙江北部地区体育产业的发展,要注重合理布局现有的体育彩票网点,增设布局站点,对彩票发行体制和政策进行适当的调整,促进体育彩票品种的不断丰富。同时,在开发新彩票品种的过程中还要积极发挥市场的导向作用和有关部门的管理职能。此外,要加强对体育彩票的宣传,采取多元的宣传途径来提高体育彩票的影响范围,并注重对独具特色的体育彩票品牌形象进行创建。另外,黑龙江北部地区山地资源丰富,有关部门可以对这一优势资源进行充分的开发与整合,大力发展体育旅游产业。

(2)促进产业结构的优化,发展东部多元化体育产品

对于黑龙江省东部地区而言,要推动体育产业的发展,需要重点对其现有的体育产业结构进行优化,并以区域资源优势为依托,创造特色品牌产品,提高产品档次,提升产品服务质量。政府应从政策上积极扶持本地体育产业的发展,并对区域相关行业的优势资源进行整合,推动体育产业与相关产业的协调发展。

(3)突出产业优势,对西、南部冰雪体育产业特色品牌进行创建

就目前来看,"特色资源,市场导向"是黑龙江省西、南部地区体育产业发展中需要重点贯彻的原则。在坚持市场导向,开发特色资源的过程中,要对冰雪体育产业的相关产品进行不断的生产与创造,以促进本区域冰雪体育产业整体竞争力的增强。

另外,在对黑龙江省西、南部"品牌"体育产品进行创建的过程中,需将冰雪文化作为一条主线,对冰雪体育的文化内涵进行深入的挖掘,有机结合冰雪赛事与冰雪文化,提高赛事的文化内涵,以吸引更多的观赏者与消费者。

二、上海市区域优势体育产业的运营与发展

上海市在培育本地优势体育产业的过程中,对自身的区域资源条件优势进行了充分的利用,并立足本地实际加强对国际化品牌的打造,将上海的国际化特色凸显了出来。此外,上海市还对自身的区位优势进行了充分的利用,以此来促进本地体育产业竞争力的提升,这极大地促进了当地体育产业的发展。在上海市区域优势体育产业的发展中,主要对以下运营与发展策略进行了采用。

(一)对资源进行深度整合,提升产业竞争优势

在上海市体育产业的发展过程中,相关部门对本地的区域优势、资源优势进行了充分的利用,使这些优势得到了最大限度的发挥,其积极整合体育产业各类资源,并优化配置这些资源,最大化地实现了体育产业优势资源效益,这极大地促进了上海市体育产业竞争力的提升。目前,上海市有30多所市属、区属的体育场馆,这些场馆都是大中型的规模,而且都得到了高效的利用。

上海市体育赛事资源级别比较高,因此相关部门不断改革市场体制,使市场在体育产业资源配置中的作用得到了充分的发挥,在充分发挥市场作用的基础上,上海市充分整合了互补性资源、竞争性资源以及垄断性资源,从而使本地体育产业核心竞争力得到了进一步的提升。

(二)大力建设体育产业基地,提升产业竞争力

上海市占据着比较优越的地理位置,拥有雄厚的经济实力,而且在近些年对一系列高水平的体育赛事举办之后,其社会影响力也在日益扩大,这些都是推动本地体育产业发展的重要因素。在未来一段时间内,上海市应先

对一部分体育产业基地进行培育,对一个科学合理的体育赛事产业集群进行构建,从而促进本地体育产业市场竞争力的进一步增强。

上海市在建设体育产业基地的同时,要积极争取政府的政策支持,在政府的扶持下,对具有一定经济效应的体育赛事产业集群进行打造。上海市赛事资源优势明显,经济基础良好,这些都是上海市在开发体育赛事产业时所拥有的比较优势,将这些比较优势转化为竞争优势,可以推动当地体育赛事产业集群的形成。

上海市在培育与建设体育产业基地的过程中,需要加强改革与创新力度,制度与产业组织是主要的创新对象。政府在上海市体育产业基地的建设中从税收、投资等方面给予了政策支持,上海市要将这些优惠政策充分利用起来,吸引更多的社会资本,促进企业积极性的提高,并使各类体育企业集聚起来,将体育产业集群效应充分发挥出来,促进本地体育产业整体竞争力的提升。

(三)注重培育体育娱乐服务业集聚区

区域优势体育产业在市场竞争中是否能够将自身的比较优势转化为竞争优势,要看其所处的区域环境如何,体育产业集群的形成也与区域环境密切相关。现阶段,上海市体育赛事资源丰富,每年都会承办很多大规模的知名体育赛事,这对于上海市来说是非常重要的体育产业资源。国内外的体育消费群体受高水平国际体育赛事的吸引而聚集在此,促进了当地交通运输业、餐饮业、旅游业等相关产业的发展。不仅如此,随着赛事的不断举办,上海市的体育人口逐渐增加,这些体育人口都是潜在的体育产品消费者,利用这一优势来对体育娱乐服务集聚区进行建设,将有利于推动上海市体育产业市场的繁荣。

第十章 "一带一路"倡议下我国体育关联市场各行业的发展策略研究

在体育产业市场中,分布着各种各样的行业,如体育用品业、体育传媒业、体育彩票业、体育广告业、体育赞助业等,这些都是体育产业的重要组成部分,在体育产业系统中的地位和发挥的作用都非常重要。因此,在"一带一路"倡议下,我们必须加强对这些产业的深入研究,探索这些产业运营与发展的策略与路径,推动各行业的发展,进而在整体上提高体育产业的发展水平,同时推动体育事业的可持续发展。

第一节 "一带一路"倡议下我国体育用品业的运营与发展研究

一、体育用品概述

(一)体育用品的概念

体育用品是体育服装、体育鞋帽、体育场地、体育器材、体育设备等与体育相关的各种物品的总称,这些物品具有体育特性,被用于体育活动中,为体育运动而服务。

(二)体育用品的分类

现阶段,对体育用品的分类在我国还没有形成统一的观点,常见的几种分类方法如下。

1.根据体育用品的功能和用途划分

以体育用品的功能和用途为依据,可以将体育用品分为以下几种类型。

(1) 娱乐及场馆设备类体育用品

娱乐及场馆设备类体育用品主要分为体育娱乐设备和器材(如龙舟、风筝、秋千等)、棋牌类用品(如国际象棋、中国象棋、跳棋、围棋等)、体育场地设备和器材(如体育馆设备和器材、球类场地设备和器材等)三大类。

(2) 球类器械设备类体育用品

球类器械设备类体育用品是指在各种球类运动中运用的球及其设备，如篮球、足球、排球、乒乓球、羽毛、网球等球和设备。

(3) 运动服装和器材类体育用品

体育活动中运用的运动服装、运动鞋帽等就是运动服装和器材类体育用品。以具体的体育项目为依据，又可将这类用品细分为体操服、篮球服、游泳装等。

(4) 户外运动品类体育用品

人们运用于户外参加休闲运动的器材设备就是户外运动品类体育用品，如攀岩、登山、狩猎等户外运动的用品。

(5) 运动装备及奖品类体育用品

运动者在运动时使用的一些用品就是运动装备，如运动包箱和其他运动配具等。体育竞赛中优胜者获得的奖杯、奖章以及双方为增进友谊而互相交换的队旗、队徽、纪念章、纪念卡等纪念品就是奖品类体育用品。这些纪念品具有浓厚的体育色彩。

(6) 体育科研测试仪器类体育用品

测量身体形态、素质、机能状态及进行运动技术分析与评定时使用的仪器设备就是体育科研测试仪器类体育用品，包括身体量高仪、遥控心电仪、弹跳仪、运动肺活量测试仪等。

(7) 运动保健品类体育用品

主要指运动员在运动时和运动结束后，为了补充机体能量与水分而食用的饮品和营养品。

(8) 渔具系列类体育用品

渔具系列类体育用品主要指钓鱼活动中使用的渔具。

(9) 健身器械类体育用品

健身器械类体育用品指的是运动员与体育健身爱好者在进行身体素质训练及健身康复练习的过程中，所运用的各种器材设备。这类体育用品主要包括跑步机，武术中用到的刀、枪、棍、棒等各类健身器材。

(10) 裁判员及教练员用品

裁判员及教练员用于发出指令、记录比赛及训练情况的用品就是裁判员及教练员用品，如口哨、计时器、记分器等。

2. 根据体育运动项目划分

以体育运动项目为划分根据,可以将体育用品分为田径运动用品、体操运动用品、球类运动用品、武术运动用品等。

3. 根据运动竞赛划分

以运动竞赛为依据,可以把体育用品分为竞技体育运动用品和非竞技体育运动用品两大类。

另外,体育用品在国外也有不同的分类,如欧洲国家对体育用品有比较简单与明确的分类(表10-1),在研究各国体育用品业时,通常将此分类作为参考。

表10-1 欧洲国家对体育用品的分类

分类	产品名称
运动服装	田径服、游泳服、防水服、户外运动服、冲浪及滑雪服装、足球运动服装、有氧运动、健身运动、球拍运动、雪上运动及其他运动服装
体育器材	高尔夫、乒乓球、健身运动、有氧运动、球拍运动、球类运动、滑冰运动、户外运动、冰雪运动、水上运动、球杆运动、集体项目运动、飞镖、野营运动及钓鱼设备与用具
运动鞋	户外运动鞋、跑鞋、足球鞋、有氧运动、健身运动、球类运动、高尔夫、雪上运动及其他运动鞋

(三)体育用品的属性与作用

1. 体育用品的属性

生产体育用品的目的是在体育实践活动中能够得到有效运用,体育用品的本质属性主要表现在以下几个方面。

(1)体育性

体育用品是人们从事体育活动时所使用的特殊物品。从实用价值来说,体育用品具有一定的自然属性,人们通过参与体育运动能够获得实际效用。除此之外,人们参与体育运动的社会需要也能通过体育用品得到满足,表现出社会属性。所以,体育用品具有独特的体育属性,无论从其生产和消费领域而言,还是从使用领域而言,都是如此。

(2)专门性

体育用品是人们在体育活动中使用的专门物品,体育运动项目不同,对体育用品的要求也不同,不同体育项目规定使用的体育用品大都有区别,如对运动器具、运动服、运动鞋等的要求都各有特点。人们在参加体育运动的过程中,其个体身体素质存在着差异,运动负荷与运动强度都与平时生活中有所不同,都会超过人们一般的范围,所以,参与体育运动对体育用品的自然属性提出了严格的要求,在外观、规格、结构等方面都必须达到一定的标准。

(3)消费性

体育运动从本质上而言属于人们生活范畴中的内容,也就是说,体育用品其实就是人们的日常生活用品,只是具有特殊性。随着时代的进步与经济实力的增强,人们的物质文化生活内容得到了极大的改善和丰富,人们对自身身体健康的追求和生活质量的提高都表现出极大的热情与关注,人们有着越来越强烈的欲望来从事体育运动锻炼,这些都是体育用品发展的原因。久而久之,人们的日常生活中已经离不开体育运动,也就自然离不开与体育运动相关的运动休闲鞋、运动服装等体育用品。但值得强调的是,人们使用体育用品不是为了生存,而是为了提高生活品质和生活质量,达到健康与享受的目的,所以其属于享受型与发展型生活消费用品,因此具有消费性特征。

2.体育用品的作用

(1)促进了体育项目的发展

体育用品是人们参与体育活动时最基本的物质条件,运动员竞技能力的高低,运动成绩的好坏以及运动效果如何等都会受体育用品质量、规格、材料等的影响,体育用品为体育项目的发展提供了有力的支持。

(2)促进了体育市场的发展

体育用品既是经济的重要组成部分,又是体育的组成部分,而且是直接的组成部分。因此,经济属性与体育属性是体育用品共同拥有的两个重要属性。

随着体育事业的不断发展,体育用品已经发展成为国际上最具影响力的产业——体育用品产业。与体育用品相关的行业部门中都有体育用品的生产、开发管理、营销等涉及其中,如纺织工业、橡胶工业、机械制造等相关行业。所以,体育用品的发展有利于引导正确的消费,拉动内需,促进就业,调整经济结构,促进经济发展,培育体育用品市场,促进我国体育事业的发展与壮大。

(3)促进了体育用品市场的发展

体育用品市场上,有着品种丰富多样的商品,市场竞争格局已经在体育用品生产企业之间开始形成,这有利于对我国体育用品业和体育用品市场的发展进行有效的推动,促进我国体育用品质量的不断提高,对体育用品更新换代也有一定的促进作用,有利于民族品牌的发扬,有利于使我国体育用品市场与国际体育用品市场间的交流进一步加强等。

二、我国体育用品业发展的问题分析

虽然近年来我国体育用品产业取得了快速的发展,但仍存在下列一些明显的问题。

(一)体育用品企业规模小,市场程度低

虽然我国各大中小城市中已经出现了大量的体育用品企业,但这些企业普遍规模较小,主要针对低端客户群体,整体档次较低。据调查,我国体育用品企业的整体销量较少,仅有少数企业的产值突破亿元大关。现有的体育用品企业中,以中小企业居多,这就反映出我国体育用品市场还没有形成很高的集中程度,企业规模比较小。

从世界市场来看,我国只有少数体育用品企业年产值超过 10 亿美元,从单个企业来看,我国大部分体育用品企业都没有形成比较大的生产规模,而且只有少数企业是现代化企业。随着全球化的发展,我国体育用品企业要与国际知名体育用品企业相抗衡还不够资格,能力非常欠缺,虽然像安踏、李宁之类的国内知名品牌近些年不断涌现,但这些品牌企业的规模与质量与国际知名品牌相比还有一定的差距。

(二)市场定位低,产品进入高端市场的难度大

我国经济发展起步晚,与欧美发达国家相比还比较落后,这就对我国体育用品市场在国际体育用品市场上的地位产生了直接的制约。从一开始,世界中低端市场就是我国体育用品企业的主要争夺目标,所以现在我国即使有了体育用品名牌企业,也难以占据国际高端市场,在国际市场中很难占据主导。现阶段,耐克、阿迪达斯等国际品牌主要占据我国体育用品高端市场,甚至我国高端市场是由这些品牌主导的。高尔夫球、保龄球等在我国可以说是比较高端的体育运动,但从这些项目的专项用品来看,几乎全部来源于国外,这就严重打击了我国体育用品企业。除了受国际品牌与企业的打击外,我国体育用品市场自身也存在问题,主要表现为假冒伪劣产品横行,这也是制约我国体育用品企业进入国内高端市场和国际市场的主要因素。

(三)法律建设落后,管理混乱

为推动我国体育事业的发展,带动全民健身活动的开展,我国政府出台了相关政策,但我国比较缺乏关于保护体育产品品牌的政策,现有政策漏洞百出,不够完善,因而导致我国体育用品市场中假冒伪劣现象迟迟得不到有效的处理,这就严重打击了我国体育用品名牌企业的积极性,损害了企业和消费者的权益。

我国体育用品市场主要是由体育相关单位和国家体育总局来管理,但这些组织在管理中没有做好协调工作,管理混乱,因而造成了条块分割、市场秩序混乱等问题的出现。

(四)国际体育用品市场的加工制造商,技术含量低

虽然我国的体育用品在国际消费市场中所占比例较高,但我国的体育用品企业基本上只是在加工制造体育用品,而不是创造新产品,也就是说,只有"中国制造"而缺乏"中国创造"。我国的体育用品企业以劳动密集型为主,居于产业链下游,并不具备很高的技术含量,这对我国体育用品市场的持续发展是非常不利的,而且也严重影响了我国体育用品市场的定位,由于技术落后、缺乏创新导致我国体育用品企业难以在国际市场竞争中掌握主动权。

三、"一带一路"倡议下我国体育用品业的经营与发展策略

(一)建立健全体育用品营销体系

体育是一种特殊的社会文化,人们对体育的认识直接影响其体育消费需求,认识不同,消费需求就不同,消费者的消费需求又会直接影响体育用品市场营销。我国体育用品企业在经营管理中应树立现代化理念,组建专业部门,将高水平的专业营销人才与管理人才引进企业,以企业发展的现状与未来趋势为依据将不同时期的营销计划确定下来。企业要制定适合自己的产品策略、价格策略及品牌策略,采用有效的方法来将自己的品牌推广到市场中。运动员形象推广、明星代言、赞助赛事等是常见的品牌推广策略。除此之外,现代媒介的宣传作用也很强大。我国体育用品企业在推广自己的品牌时,还应综合考虑政治、经济、文化等社会各方面因素的影响,面向不同层次的消费群体大力推广品牌。

(二)打造体育用品品牌

打造品牌要以市场为依托,要想提高我国体育用品企业在国际市场中的地位,首先就要打造属于自己的品牌。在劳动力成本、生产技术等方面,我国知名体育用品企业都具有一定的优势,利用这些优势实施"名牌战略"能够取得良好的效果。产品质量是企业的核心优势,除此之外,品牌也是不可忽视的一个因素,品牌是人们认识企业商品或服务的重要窗口,企业的市场占有率、市场竞争力以及市场信誉都集中体现在企业打造的品牌中。品牌具有一般产品的特征(质量、服务等),企业要使自己的品牌成为市场上最闪耀的明星。

打造体育用品品牌本质上来说是一种差异化战略,也就是让消费者认识到其他产品与本品牌产品的差异,看到本品牌的优势,从而信任品牌,产生为本品牌消费的倾向性。在当前形式下,谁先将该战略实施的更全面,更深入,更透彻,谁就能够在激烈的市场竞争中抢占先机,获得优势。塑造品牌的过程其实也是消费者认识品牌、接受品牌、偏爱品牌、忠于品牌的过程,品牌一旦得到了消费者的认可,就有了市场需求和竞争优势。

(三)开发专业市场,加大品牌延伸力度

近年来随着经济的发展和人们生活水平的提高,我国体育用品消费不断增长,但许多商家在销售中普遍面临着品牌延伸的问题。某一产品在初步销售中,如果质量等各方面都能够得到消费者的认可,销量就会不断增加,但经过一段时间的销售后,销量的增长就变得缓慢,很难实现较大增长。此时,企业需要采取品牌延伸策略,当然该战略对发展到一定规模和较成熟的企业更为适用。

采取品牌延伸策略时,先要确保消费者认可品牌,然后向消费者推出副产品。例如,耐克公司工程师在对比男女脚部样片后,对女性脚部的特性做了总结,并在此基础上对耐克女性运动鞋做了专门的设计,该产品得到了广大女性消费者的喜爱,并赢得了很高的市场认知度。而我国体育用品企业还没有关注特色市场,国内品牌的营销以初级形式为主,如赞助等,虽然安踏对中国羽毛球俱乐部联赛进行了赞助,也设计了一些与羽毛球运动特点及技术要求相符的服装和运动鞋,但也只是稍微改了改其他服装与鞋的款式,不属于真正意义上的专项服装。所以,我国体育用品企业应重视开发特色市场,在准确判断市场的基础上最大程度地提高自己的市场地位,获得更多的市场份额。

(四)加大资源整合力度,增强企业的核心竞争力

我国体育用品企业的发展还处于起步阶段,虽然近年来企业数量不断增长,知名企业也在涌现,但企业规模还比较小。我国加入世贸组织后,体育用品企业的发展面临国际国内两个市场,而且受到了国外同类企业的打击。企业的规模、经营管理模式等都不及国外同类企业。企业为了生存,为了在市场上站稳脚跟,采取了企业并购的对策,通过并购,全面优化与组合资源,扩大企业的规模,实现集团化发展目标。李宁、安踏等国内企业与国际品牌相比而言,还比较弱小。

在经济全球化和"一带一路"倡议背景下,我国体育用品企业应加强建立现代化管理体制,注重培养高素质管理人才,改造陈旧设备,重视产品科技改革,从而促进企业核心竞争力的提高。为了彰显自己比同行有优势,企业应在管理、技术、产品、销售等方面全方位提高自己的竞争力,不断创新,寻找机会建立优势,提高自己的市场地位。

(五)构建虚拟经营模式

虚拟经营是一种新颖的企业经营模式,企业突破组织上的界限,本身不执行设计、生产、营销等具体功能,保留优势资源和关键资源,虚拟其他功能,在借助外力的基础上通过各种有效的方式进行弥补,仍能使总体功能得到发挥,从而将有限资源的效应发挥到最大程度的经营就是虚拟经营。

随着国际分工越来越明细,将产品经营和品牌经营分开的品牌企业也越来越多,如耐克、阿迪达斯等跨国大公司都采用了虚拟化经营的模式来进行品牌销售。耐克公司有很多研究员,每年推出的运动鞋的款式也很多,但企业对生产员工并不是直接管理,技术研发、销售是企业的主要工作重点,企业会委托一些专业厂家来管理中间的生产环节,在选择供货商时,市场上最好的厂家是主要选择的目标对象,这些厂家按照耐克的要求进行生产,耐克公司还会以市场环境和商业策略的变化为依据不断调整与变换生产基地。设计能力非凡、市场定位合理、营销网络广阔等都是耐克公司的优势。通过虚拟经营,体育用品企业能够迅速把握市场需求,有效控制成本,从而使产品顺利进入市场通道。我国体育用品企业作为一个新兴产业,发展前景光明,为了实现进一步的发展,可采取虚拟经营模式来运营,加强创新,具体方式有组织战略联盟、加强虚拟生产、实施业务外包、虚拟销售等,最终使体育用品企业的组织化程度和运行效率得到提高。

(六)企业以诚信为本,重视企业信誉

不管是塑造品牌,还是搞战略联盟,在体育用品企业的经营管理中,都要建立良好的伙伴关系。每个体育用品企业都具有互补性资源能力,任何一个企业都有自己的合作伙伴,也都是其他企业的合作伙伴,他们的功能都是独特的,不可轻易取代的。但一旦企业存在恶性竞争、窃取商业机密、欺瞒消费者等不良市场行为,就会扰乱体育用品市场的经营秩序,使企业的生存环境恶化,从而影响企业的生命力。所以在"一带一路"战略背景下,我国要发展体育用品业,必须恪守诚信,以信誉为本。

第二节 "一带一路"倡议下我国体育传媒业的运营与发展研究

一、体育传媒概述

(一)大众传媒

1. 大众传媒的概念

社会发展中,人与人之间的信息交流和沟通具有重要的作用。人与人、人与社会之间的信息传播和交流的方式随着社会的进步也在不断发展变化。在传播媒介不断发展的过程中,信息的传播逐渐开始摆脱时间和空间的限制,在信息量增加的同时,信息传播的实效性也在逐渐增加。而所谓的大众传播媒介,主要是指处于职业传播者和大众之间的媒介体,如广播、报纸、电影、电视等。

2. 大众传媒的特征

大众传媒的产生与发展使人们的沟通方式不断发生变化。一般来说,大众传播媒介具有以下特点。

(1)普遍性

①受众的普遍性。大众传媒的受众面广,其中包括不同年龄、不同性别、不同阶层的人。换而言之,大众传媒是面向整个社会的。

②信息来源的普遍性。大众传媒力求将社会生活的真实全貌真实地反

映出来,这体现在其对人类在政治、经济、文化艺术等方面的所有动态和成果。

(2)时效性和敏感性

现代社会生活节奏越来越快,人们面对瞬息万变的环境,需要快速接收外界信息,并且尽快回送自己的反馈信息。因此,对电子技术、通信卫星等手段的运用已成为必然要求。

(3)公众教育性

现代教育的作用日益加强,方式也越来越多样化,运用大众传播工具便是开展教育活动的一个重要方式。大众传媒是面向社会的普及教育,其与社会对公众的要求相适应,实行终身教育,是学校正规教育的良好补充。

(二)体育传播的特征

下面主要分析体育运动竞赛传播的特点。

1. 全覆盖

随着大众传播媒介的不断进步,电视、网络等获得了快速的发展,并逐渐在世界范围内普及开来,这使得信息传播的跨空间成为可能。随着媒介技术的发展,各种信息的全球共享逐步实现,在其影响下,时空差距造成的限制影响越来越小,地球成为"村庄"。

现代传播媒介的发展促进了体育运动竞赛信息的传播。在大众传播媒介的作用下,关心和欣赏体育赛事的人不断增多,不同国家、不同民族的人们都将欣赏和参与体育运动作为自己生活的一个重要部分。在大型运动会期间,在电视信号覆盖的区域内,很多人都在观看与欣赏体育比赛。

2. 全天候

电视直播具有一定的局限性,即播放时间受限,因此很多人无法对精彩的比赛进行欣赏。而随着计算机网络媒体的发展,人们可将各种信息存储在网络上,从而使人们在不同时间观看比赛成为可能。随着社会的发展,以计算机信息网络传播为核心的新媒介大量涌现,网络技术的广泛应用大大提高了体育信息传播速度与传播效率,带来了采编方式的革命。

3. 全景式

体育竞赛传播的全景式特点得益于传播媒介的发展。报纸、杂志、广播、电视、手机、网络等多种传播媒体使其文化的传播更加具有形象性特点。体育运动发展过程中,传播媒介对其的发展具有重要的意义。

第十章 "一带一路"倡议下我国体育关联市场各行业的发展策略研究

在印刷媒体时代，人们只能够通过阅读文字和图片来了解和欣赏体育活动。而随着电视传播媒介的发展，人们不仅可以欣赏到声音，还能够观赏动态的画面。通过多种传播手段全面报道和分析运动竞赛的比赛过程、比赛地点、新闻要点、比赛实况等，尤其是在竞赛过程中，为了能够满足人们的观赏需求，媒体对竞赛进行了多角度的拍摄，使观众能够取得更好的观看效果。

总之，体育竞赛的传播具有全景式的特点，这不仅体现在传播的形式上，还体现在传播的内容上。体育竞赛传播的全景式特点对于体育赛事观赏者的增加与扩大体育赛事观赏需求具有积极的意义。

二、我国体育传媒业的发展现状

体育类报刊、电视转播、体育网站等都是我国体育传媒的主要形式。体育传媒不仅可以对体育信息进行传播，促进社会文化生活的丰富，同时还可以对良好的经济效益、社会效益进行创造。然而，当前我国体育产业的市场开发还不全面，也不系统，因而利润回报空间还比较大。从我国的体育、教育、文化等各个领域的开发实践来看，目前我国的体育传媒业还是一个新兴的朝阳产业，充满巨大的活力与无限的希望。

近年来，我国体育网站、体育报刊的发展速度都很快，这主要是受经济利益驱动影响的结果，除经济因素的影响外，我国体育人口及体育爱好者的增加也是促进体育网站、报刊等快速发展的一个重要原因。体育爱好者特别是体育迷的增加使体育新闻的市场需求日益扩大。所以，不仅是专业体育媒体登载体育新闻，一些综合性报刊也对体育的相关板块或栏目进行了新的开辟。在大型体育赛事如世界杯足球赛、奥运会等举办期间，大量的体育传媒还重点通过专版、专题来对不断更新的体育赛事信息进行报道，从而满足体育爱好者的需求。

在我国体育传媒业的发展过程中，境外因素的影响也日益明显。近年来，许多国外的体育传媒巨头开始进入中国市场，这在一定程度上使我国体育传媒业的发展面临着新的机会与挑战。关于国外体育传媒在我国的出现，不同学者有不同的看法，具有代表性的有以下两种。

一些学者认为，我们可以对发达国家体育传媒业的成功经验进行借鉴，以此来发展我国的体育传媒业。而且我国也可以借此机会与国际接轨。

另一些学者认为，发达国家强势介入我国体育传媒界，会将我国的优秀传媒人才挖走，甚至会影响我国体育爱好者对体育赛事的观赏习惯，因此而威胁我国体育媒体业的发展。

以上两种观点都没有错，都是客观事实，我们应该抓住这一机遇，为我国体育传媒业走向国际奠定良好的基础，同时还要注意保持我国的特色，规避风险，确保我国体育传媒产业的健康发展。

三、"一带一路"倡议下我国体育传媒业的经营与发展策略

（一）不断深化体育体制改革

在体育传媒业的发展过程中，相应的体育组织要积极完善体育管理体制、竞赛体制环境等，从而吸引更多的观众。在进行重大赛事的播报时，要以市场需求为依据对赛事的传播形式进行调整，从而吸引更多的观众，同时激发赞助商的赞助积极性。

在体育传媒业的经营管理过程中，应对体育传媒与各经济主体的关系进行明确，并对营销的手段和方法进行合理的采用，从而使各方面参与的积极性得到有效的调动，进一步深入体育媒介的市场开发。在体育活动的传播过程中，内容是媒介的生命，在保证传播媒介真实的前提下，应对活动内容进行多角度深层次的挖掘，从而促进报道的新闻价值的提升。

相应的体育管理组织应在不违背体育项目发展规律、对国际体育组织有关规定加以遵循的基础上，对我国一些赛事和规则进行相应的改革，以使媒介的报道和传播更加方便、有效。

（二）遵循市场营销规律，满足观众需求

加强体育传媒业的市场运营需要，搞好体育媒介市场开发。体育媒介市场开发应遵循市场经济运作规律，并树立现代市场营销观念。在体育媒介营销方面，要明确不同阶段的工作重心，并按照一定的运作规律来开展工作，如前期的市场调查、营销过程中的配合服务及售后的反馈调整等。

在报道体育赛事时，应尽可能满足观众的需求，提升报道画面质量，对比赛中的关键信息进行重点报道。以我国的男子篮球职业联赛为例，在进行相应的报道时，由于摄像机位置固定，并且摄像机较少，所以观众在欣赏比赛时无法获得良好的感官与心理体验。因此，可对其他国家体育传媒的发展经验进行借鉴，增设摄像机位，对体育比赛进行多角度的捕捉，对于精彩的镜头做到快速回放，以此来满足观众的多元观赏需求。

（三）加强立法，保护"体育媒介"资产

要想保障市场的有序运行，就必须建立健全法律体系。在体育媒介发

展的过程中,比较缺乏具有针对性的法规,这不利于体育传媒业的有序发展。为了更好地促进体育传媒产业的健康发展,需要以我国整个体育产业及体育传媒业的发展现状为依据,对国外相关方面的法律法规进行参考与借鉴,从而加强我国体育媒介方面的立法,对"体育媒介"资产切实加以保护。体育组织及经营机构在对体育媒介进行市场化的经营与管理时,应加强自我保护意识,适时到有关管理部门对有关商标、标志进行登记、注册与保护,从而使资源流失的现象得到有效避免。

(四)建设高水平的体育传媒队伍

当前我国体育传媒产业的发展与国外发达国家相比还有一定的距离,而体育传媒人才的质量问题是导致这一差距存在的一个关键因素。在我国体育媒体产业的发展中,高水平的专业人才较为缺乏,因此在激烈的国际竞争中我国要取得主动权有相当的难度。针对这一问题,我们一定要以媒介全球化之所需为依据,对体育人才发展战略进行科学的制定,并积极予以贯彻落实,对多方位全面发展的体育媒体人才进行培养,使这些人才既可以对多国的语言文字、体育文化加以掌握,又可以深入异国进行采访。在培养体育人才的过程中,要重点对其经营管理能力与新闻采播能力进行培养,使其在体育传媒产业的市场化运营中发挥积极的作用,实现自己的价值,从而推动我国体育传媒产业与整个体育产业的健康发展。

第三节 "一带一路"倡议下我国体育彩票业的运营与发展研究

一、体育彩票概述

(一)体育彩票的概念

2002年财政部《彩票发行与销售管理暂行规定》中对彩票进行了全新的定义,即彩票是指国家为支持社会公益事业而特许专门机构垄断发行,供选择和自愿购买,并按特定规则取得中奖权利的有价凭证。目前,这是有关彩票的定义中较为权威的一个,我国彩票的发行目的、发行方式以及性质等都能够在这一定义中得到反映。

体育彩票又称"体育奖券",指的是以筹集体育资金等名义发行的,印有号码、图案或文字的,供人们自愿购买并能够证明购买人拥有按照特定规则获取奖励权利的有价凭证。从根本意义上来说,体育彩票是市场经济的产物,它在本质上是一种商品,具有特殊价值,并使消费者的特殊需要得到满足。

(二)体育彩票的类型

1.传统型彩票

传统型彩票是指以抽奖方式决定获奖者的彩票。如果彩票购买者所买彩票的号码与抽出号码一致,即获奖。传统型彩票采用固定编号的形式,购买者不能对号码进行自主选择,中奖规则已经事先设定,每隔15～30天集中进行一次开奖。

2.即开型彩票

即开型彩票也被称作"即开即兑型彩票",是指彩票购买者在一个销售点上实现购票和兑奖全过程的彩票。

彩民购票后就能知道自己是否中奖。随着这类彩票玩法的不断发展,其形成了多种不同的具体形式,现行的主要有刮开式、撕开式、揭开式三种。

3.结合型彩票

传统型和即开型彩票两种玩法相结合的彩票就是所谓的结合型彩票,这种彩票至少有两次开奖机会,因此吸引了大量的人购买。

4.乐透型彩票

乐透彩票是指人们自己在一组数域中选号构成一注彩票,根据所中的号码确定奖额多少的彩票形式。

乐透型彩票具有极强的趣味性。目前世界上流行30多种乐透型彩票,但玩法基本上都一样。乐透型彩票与计算机、网络、电视等之间具有密切的联系,这也促进了彩票业运行机制的不断完善。

5.数字型彩票

数字型彩票是指购买者按照要求的位数选取数字,以不同组合方式决定奖额的彩票,这属于一种博彩形式的彩票。一般这种形式的彩票每天都会开奖。

数字型彩票的发展离不开技术的支持,这也是最根本的因素。开奖要依靠热线计算机网络,自动化处理系统的逐步完善促进了数字型彩票的不断普及与发展。

6. 竞猜型彩票

竞猜型彩票指的是以体育运动竞赛的结果为竞猜对象的彩票,其属于一种计算机型彩票,足球彩票和赛马彩票就是这类彩票的典型。

竞猜型彩票的竞赛内容在不同国家各有差异,而且这一类型的彩票有多种玩法。以足球彩票为例,玩法甚多,如"一场球哪方胜""哪个队先进球""比分是多少"等。人们购买竞猜型彩票具有较强的主动性,可以凭自己的主观意志购买,因此这类彩票对人们具有强大的吸引力。

(三)体育彩票的作用

1. 融资作用

体育彩票能够为大型赛事的开展融资。举办大型体育赛事离不开大量资金的支持,而且仅仅靠政府投资,是无法解决实际需求的,因此要开辟多元的融资途径,发行体育彩票就是其中一个手段。近几十年来,各国举办大型体育赛事,都会通过发行体育彩票来达到融资的目的。与此同时,承办比赛的城市也可以利用这笔资金来进行基础建设。

2. 增加国家财政收入

体育彩票作为一种特殊商品,由政府专控,它是政府补充财政收入的一种工具,这就是其特殊性的表现。政府为对体育事业发展中资金投入不足的问题进行解决,采取了发行体育彩票这样一项补偿性财政政策。所以说,体育彩票是国民收入再分配的一种行为。

3. 公益作用

发行体育彩票的收入大量用在社会公益事业及体育事业方面。体育事业的发展、人民体质的增强、全民健身计划的实施和奥运争光计划的落实等都需要资金,而体育彩票为这部分资金的积累提供了重要的渠道。有些国家在发展体育事业的过程中,部分经费就来自于体育彩票收入。

4. 促进相关产业发展

随着体育彩票业的发展,社会上涌现了各种相应服务和配套商品,如彩票图书、彩票出版物、彩票软件、彩票售息传播服务等。这些服务和商品的出现不但满足了市场和广大彩民的需要,同时也积极促进了相关行业的发展。同时,由于发行彩票促进了国家财政收入的增加,因此国家在建设公共事业方面也相应增加了投入,从而促进了城建、建筑等产业的发展。

二、我国体育彩票业的发展现状

(一)发行成本高,彩票品种少

现阶段,我国体育彩票的发行经营成本与国外一些国家相比较高,德国体育彩票发行成本为16.3%,日本为10.1%,而我国高达20%。我国体育彩票与福利彩票相比,在品种上只有很小的差异,因此二者存在着激烈的竞争。当前,世界上有品种较多的体育彩票,而我国体育彩票的品种较少,相对单一,一些游戏品种甚至已经衰退了,因此必须通过及时有效的调整、创造来丰富体育彩票品种。

(二)对彩民有消极影响

调查发现,在我国大都是中低收入阶层的人群购买彩票,年轻人占了较大的比例,很多人将购买彩票当作赌博投机,妄想一夜暴富。有些人将自己全部的精力与时间都投在了彩票上,整天研究彩票号码,甚至不惜借钱、变卖财产来购买彩票,这些都是体育彩票对彩民造成的负面影响。

(三)市场监管与法律制度不完善

我国体育彩票产业的发展较晚,因此对全国彩票市场进行规范的法律文件至今还未出现,虽然现在有一些相关的行政法规,但也只是地方性的,并不适合全国通用,而且应急措施居多。此外,在对这些行政法规加以执行的过程中,往往会出现一些无法进行责任归属的问题。执法中无法可依的情况也较为普遍。

虽然我国体育彩票市场的发展潜力较大,但因为监管力度不足,出现了很多问题。例如,彩票公益金的使用范围有限,在未经批准的情况下个别地方对彩票的发行方式和游戏规则擅自进行改变等,这些问题都对体育彩票业的健康发展造成了严重的影响。

三、"一带一路"倡议下我国体育彩票业的经营与发展策略

(一)适当增加体彩品种

在体彩的玩法上,可以适当地放宽政策,公彩也可以积极吸收私彩的某些合理之处,借鉴国外和境外的经验,增加新的彩种来吸引、维持彩民,有利于启动市场。体育彩票发行部门可以在现有基础上,开发新产品,通过改变价格结构、奖金结构和设计不同游戏规则等不断设计和推出新彩种。博彩具有"娱乐"功能,这就要求丰富博彩的形式,以满足不同人的爱好。

(二)注重博彩主体信誉,完善管理

人们最为关注的几个博彩问题主要是发行主体信誉、返奖率、中奖金额、娱乐性、购买便捷性、兑奖及时性,而其中发行主体信誉则是最为根本。因此,对于体育博彩的主体——管理者讲来,树立彩票的信誉,"取信于民"是最重要的。

此外,管理体制和管理水平是影响彩票事业发展的重要因素。目前我国体育彩票的管理体制实行的是机关、企业、事业三位一体的体制,这种体制在体育彩票事业初创时有利于组织和管理,但当体育彩票事业高速发展后这种体制的弊端就显露出来。博彩在我国是特种行业,博彩品种是特殊的商品,必须由国家集中统一管理。在管理体制上,实行管理部门和销售部门相分离,体育彩票筹集的资金由国家财政部在确保体育事业发展需要的前提下宏观调控使用,从而对我国体育博彩的管理体制问题进行根本上的解决。

(三)规范博彩行为

中国社会正处于转型期,许多人都有"一夜暴富"的心态,适当利用一些大奖进行宣传促销不足为怪。但是,过于渲染彩票中奖所得,用大奖、巨奖等口号做宣传吸引群众购买,在一定程度上诱发了部分彩民的投机心理,误导了彩民的消费观念。当彩民屡次购买仍不能中奖时就会产生心态上的不平衡,这种急功近利的宣传也会导致过度开掘既有消费资源,对我国体育博彩业的可持续发展非常不利。因此,要加强购买彩票行为与彩票公益的关联设计,通过公益回报和中奖的平衡宣传正确引导舆论,改变彩票购买者追求一夜暴富的形象宣传,改变彩票购买者结构,正面引导风气防止彩票发行对社会赌博风气造成不良影响。通过公益回报和中奖的平衡宣传正确引导

舆论,改变彩票购买者追求一夜暴富的形象宣传,以中高收入人群为目标市场。购买人群中低收入以中奖为购买动机,高收入以娱乐、公益为主要购买动机,高收入人群为主的购买结构可以改变中低收入为主要购买者时的劫富济贫与劫贫济富的现象,形成一种娱乐、公益购买—公益使用—促进公益购买的正向良性循环。

第四节 "一带一路"倡议下我国体育广告业的运营与发展研究

一、体育广告概述

(一)体育广告的概念

体育广告是指为了销售与体育运动有关的产品所采取的宣传活动。体育广告有广义与狭义之分。广义的体育广告指的是企业借助体育运动的形式以本企业的观念、产品、服务为内容展开的介绍、宣传等活动。狭义的体育广告是指体育经营组织通过口头、文字、图画等说服的方式对体育产品的服务或者销售进行的公开宣传。

随着体育市场化发展进程的加快,生产、流通以及消费领域之间的联系与沟通需要体育广告来发挥桥梁作用,企业已经将体育广告策略作为提升自己产品竞争力的重要手段了。

(二)体育广告的优势

体育广告与现代社会中的各种广告媒体(如报纸、杂志、广播、电视及网络等)相比,具有以下优势。

1. 观众多、宣传面广

体育运动的群众基础非常广泛,现场观看大型体育竞赛的观众一般都很多,全世界范围内观看体育竞赛的电视观众更是数以亿计,如此多的观众数量是其他广告媒体无法比拟的。观众多、广告信息传递面广是体育媒体广告最明显的特征与优势。

2. 时间长、受益多

一般来说，广告时间都比较短，以秒计时，我们在平时看电视节目就能了解到这一点。但一场体育赛事的广告时间就很长，往往需数十分钟甚至数小时。特别是在大型体育比赛中，电视转播的重复率较高，因此赛事中广告的重复率也就提高了。对于广告投放商来说，虽然投资只有一次，却能多次受益。

3. 易于接受、推广效果好

现代社会市场竞争特别激烈，因此各种媒体都有大量的商业广告。久而久之，消费者对广告的兴趣逐渐下降，甚至产生了厌烦心理。但通过体育媒体来进行广告宣传，特别是在体育赛事中将广告牌作为赛场背景，就能够吸引大量观众的注意力，观众在观赏精彩比赛的同时可以自然接受广告信息的宣传。

4. 影响深远、效益好

体育明星的影响力非常广泛，所以通过体育明星做广告可以产生良好的效益。体育爱好者都有自己喜欢的体育明星或体育队，迎合观众的口味，通过其喜欢的体育明星来做广告能够收到良好的效果。尽管体育明显做体育广告宣传与代言的要价很高，但企业从中获得的经济效益及其他效益也是无法估量的，可以达到双赢的效果。

(三) 体育广告的作用

1. 传递有效信息，促进生产者与消费者的沟通

体育广告具有传递信息、沟通生产者与消费者的功能与作用。体育产业部门通过体育媒体向现实和潜在的消费者传递产品或劳务信息，即通过体育媒体将体育产品的生产者与消费者联系起来。

作为特殊的宣传载体，体育广告对体育爱好者的吸引力很大。在整个体育生产活动中，为了使生产者和消费者建立起有效的沟通关系，体育媒体起到了重要的桥梁作用。例如，生产单位、销售单位需要通过对广告的发布来对消费者进行寻求，如果单位急需某种设备或产品，同样需要通过对广告的发布来对生产厂家进行寻找。

2. 激发市场需求，刺激产品的市场销量

体育广告的最终目的是刺激消费者对企业产品的兴趣，促使消费者购买企业产品，从而增加销售量与经济效益。也就是说，作为企业的一种宣传手段，体育广告通过对体育媒介的借助来发挥宣传作用，从而激发相关单位或个人对该产品发生兴趣，进而使其产生购买的动机，并最终实施购买行为，达到增加企业产品的销售量和销售额的目的。

3. 介绍产品知识，引导消费者合理消费

与其他形式的广告相同，体育广告可以通过对体育产品知识的介绍来对消费者的消费行为进行科学的引导。这主要体现在以下两个方面。

(1)消费者购买某些体育产品时，由于对产品的性能和结构不了解，所以难以做出正确的选择，而通过体育广告的介绍与宣传，消费者能够在一定程度上增加对体育产品的了解，因此能做出正确的选择。

(2)消费者在使用与保养体育产品上由于缺乏一定的经验，所以会影响产品的使用年限与效果。通过观看体育广告，消费者能够对体育产品的使用及保养方法有所明确，进而可以正确使用与保养产品，促进产品使用寿命的延长。

4. 树立企业形象，提升消费产品知名度

体育广告具有良好的宣传功能，一些品牌原本不被人认识，但经过体育广告的宣传之后，逐渐被人熟知，知名度迅速提升，该品牌所属的企业进而成为赫赫有名的知名企业。所以，很多企业为了宣传自己的体育用品或服务的品牌，不惜投入大量的资金来进行广告宣传，以此来树立良好的企业形象，提升企业的知名度和影响力。

5. 推动体育事业的持续健康发展

在体育事业的发展过程中，体育广告发挥着非常重要的推动作用。通过调查国内外体育事业的发展状况后了解到，不管是国内还是国外，体育事业都在向着社会化、产业化的趋势与方向发展，具体表现在以下两方面。

(1)通过体育广告的宣传作用，可以使大量的社会流动资金涌入体育运动与体育赛事的相关活动中，从而减轻国家的财政负担，解决资金不足对体育事业发展的制约问题。

(2)体育广告可以使运动员获得高额的个人收入，因此可以刺激运动员竞技水平的提升。运动员为了争取更多的广告机会，获得更多的广告收入，

需要不断提升自己的技术水平和竞赛技能,树立良好的社会形象,从而促进自身价值的提升。

二、我国体育广告业的发展现状

(一)市场规模有限

尽管近年来我国体育广告业的发展速度有了提高,但与一些发达国家相比,整体规模还是较小,且尚未成为一个独立的行业。而体育广告业在一些发达国家和地区已经形成了巨大的规模,成为一个独立行业,并且在体育产业中居于主导地位。反观我国,体育广告基本上是在其他广告的"夹缝"中生存,所以很难取得大规模的发展。

(二)体育媒体选择单一

媒体传播范围和产品的目标市场相一致,所有社会公众都是体育传播的对象,这些对象要分成不同群体,每个群体各有特色,不同群体都要以自己的特点为依据来选择媒体,这就是所谓的合适的媒体选择。但是,我国大部分商家在选择媒体时,都没有认真分析与研究群体的分类和特征,只是片面进行广告宣传,而没有从多维度、多层次的角度考虑,因此出现了广告媒体单一的问题。

在我国,电视转播在体育广告业中的份量较重,但电视台这个部门是由国家和地方垄断的,控制与管理十分严格,体育广告的宣传因此在很大程度上受到了限制。虽然我国的体育报纸杂志种类较多,但这些报纸杂志中对体育新闻以及赛事进行报道的居多,很少有涉及体育广告内容的杂志报纸。在大型赛事举办期间,尽管赛场周围放置了广告牌,但覆盖范围有限,因此也无法达到大范围的宣传效果。

(三)广告设计缺乏创新

广告的成功很大程度上取决于广告的创意,一些文字加工和艺术处理可以提升广告创意,带有文字图像的广告商品是广告创意的主要表现形式。加尔·布雷恩(西方经济学家)认为,企业和广告可以"创造"现代消费者的欲望和需要。广告作为一门艺术,集中了大量的现代技术设备,富于变化,能够在不同角度刺激人的感官,使人产生深刻的影响。

我国的体育广告没有鲜明的、足够的广告创意,只是将纯粹的商品或没有面部表情的体育明显呈现在消费者面前,丝毫谈不上创意和新颖。而体育广告没有对体育和商品的有机结合点进行深层次的挖掘是其缺乏创意的一个关键原因。

三、"一带一路"倡议下我国体育广告业的运营与发展策略

与其他的广告经营管理相同,体育广告的发布过程同样要受到微观管理和宏观管理。体育广告具有相对广泛的社会影响力,因此在发布的过程中一定要注意体育广告对社会所造成的影响。

体育广告的经营管理应该符合社会道德规范,同时还应该接受国家相关行政部门的监督。体育广告经营单位应该在强调经济效益的同时考虑到社会效益,担负起维护企业利益与社会公共利益的责任。具体来说,体育广告的经营管理主要包括以下几个方面的内容。

(一)加强交流沟通

体育广告经营单位与企业之间的交流与沟通在实施体育广告的过程中具有非常重要的作用。但是在实际的体育广告操作过程中,很多体育广告经营单位在寻找广告商的过程中与目标的关系开始非常密切,但是在签订体育广告合同之后就变得非常冷漠。这种做法不利于体育广告经营单位与企业的合作,也不利于体育广告经营单位的长期发展。体育广告经营单位与广告商之间健康的关系应该是互惠互利的,协议双方是利益共同体,因此双方只有不断交流、沟通才能实现"共赢"。

体育广告经营单位与企业之间的沟通包括以下两种形式。

(1)正式沟通:指双方通过协议建立的沟通机制进行交流和沟通,沟通的对象为比较重要的事件。

(2)非正式沟通:指双方通过不定期的小范围交流来进行协调。

不管沟通方式正确与否,在体育广告的营销管理过程中都是非常必要的。只有确保体育广告经营单位和企业之间沟通的渠道畅通,才能使体育广告协议双方在问题处理中取得更多的共识与谅解,并最终实现双方共同利益的最大化。

(二)预防埋伏营销

埋伏营销指的是某公司通过其他形式的广告与推广活动,直接减弱那些通过支付体育广告费用而获得的体育广告经营单位认同的官方广告主(或赞助商)的关系,从广告主(或赞助商)那里挖走部分观众的不正当营销行为。埋伏营销实质上是不向体育广告经营单位支付体育广告费用,但是通过寻求与体育广告经营单位的联系迷惑消费者,使他们错误地认为埋伏

营销的企业就是比赛的官方广告主(或者赞助商)。

埋伏营销者的投入虽然很多,但是广告的投入并没有落在体育广告经营单位的手里,这就对与体育广告经营单位有正式协议的企业的利益造成了很大损失。此外,埋伏营销还有可能诱使更多的企业参与这种高收益、低成本的营销活动,从而造成市场竞争的混乱。

一般来讲,埋伏营销的危害主要包括对体育广告经营单位以及对广告主(赞助商)两方面。

埋伏营销对体育广告经营单位的危害主要表现为:第一,对体育广告经营单位体育广告资源的整合构成威胁,使得广告主(赞助商)对体育活动的赞助产生犹豫,使体育广告经营单位预期的收益无法实现。第二,对体育广告的筹资造成不利影响,妨碍体育活动的正常开展。

埋伏营销对广告主(赞助商)的危害主要表现为:第一,混淆视听,迷惑广告主(赞助商)的目标受众,造成目标受众的流失。第二,造成广告主(赞助商)预期利益无法实现,导致企业资源的浪费。

国家应充分认识到埋伏营销的危害,同时采取相应的防范措施。首先,国家工商局应规范赞助体育活动的企业广告用语,使消费者能够明确地区分体育活动的合作伙伴与非合作伙伴;其次,国家广电总局、国家体育总局应该就电视转播管理和转播权问题下发相关文件,制约和防范埋伏营销。

此外,体育广告经营单位可以充分发挥自身的作用来预防与处理埋伏营销,具体从以下几方面展开。

(1)树立自身利益与广告主利益共生的指导思想,对埋伏营销进行坚决打击。

(2)在实施体育广告活动前就应制订防止埋伏营销的方案,积极与政府、赞助企业、传媒等进行沟通和联系。

(3)监控体育广告活动的过程,一旦发现埋伏营销者应及时与之交涉,并争取有关部门的配合。

(三)强化法律管理

加强法律管理就是指广告管理机关依据有关法规对广告宣传和广告经营活动进行的引导与监督行为。广告管理法制化是市场经济发展的客观要求与必然的结果,其目的在于保护合法经营、维护消费者的利益以及正常的经济秩序,从而保证广告事业的健康发展。体育广告的法律管理在宏观管理上具体表现为宣传方面的法律管理、经营方面的法律管理。

(四)搞好危机公关

在体育广告执行过程当中,体育广告经营单位与企业都应该树立危机意识,注意风险的防范。体育广告中非正常因素的出现对体育广告经营单位和企业来说都是不利的。因此,体育广告经营单位和企业都应该做好危机公关,尽量消除体育广告实施过程中潜在的负面因素。

1.严格管理体育活动过程

体育广告经营单位应该加强对体育活动过程的管理,从而推动体育活动的顺利展开。

(1)体育广告经营单位要选择社会形象较好、经济效益较好的企业,从而避免在合作企业不能及时支付广告费用的问题。

(2)体育广告经营单位应该监督企业利用体育媒介开展的营销活动,对企业在营销中出现的违规现象要求其及时停止并改正。如果广告主在生产经营中出现了违法、违纪、违背社会道德等行为时,应该及时停止与之联系。

2.加强交流,及时处理问题

企业在履行体育广告合同的过程中应该加强与体育广告经营单位的及时沟通与广泛交流,对体育广告过程中可能出现的问题做出预测并制定出相应的对策。如果体育赛事、明星代言人、体育广告本身发生问题,应该做出及时的反应与处理,从而最大限度地挽回损失。如果体育媒介出现违法、违纪、违背社会道德的行为,应果断停止合作。

第五节 "一带一路"倡议下我国体育赞助业的运营与发展研究

一、体育赞助概述

(一)体育赞助的概念

体育赞助指的是以体育为题材、以达成各自目标为目的、以支持和回报为内容、以利益交换为形式的一种特殊的商业行为。

对体育组织机构和教练员、运动员等个人而言,体育赞助这种商业行为就是对自己的所有体育无形资产进行开发。

对企业来说,体育赞助是一种有效的企业营销方式,可以促进企业形象和员工士气的提升,促进产品销售范围的扩大,促进企业在国际、国内市场上竞争力的增强。体育赞助双方是商业伙伴,二者互利互惠。

(二)体育赞助的原则

1.诚信原则

体育赞助要遵循诚信原则,这就要求体育赞助各方在合作工作中要以信用为核心,不允许做出欺诈性的行为。合作双方建立起来的伙伴关系会因为失信、失约而受到严重的影响。例如,在足球甲 A 联赛中,单方更改比赛条件、造成比赛延误的情况就曾多次出现,俱乐部没有按照赞助协议严格履行承诺与职责,因此影响了自己的信誉,也影响了赞助者对其的信任。由此可见,如果不遵循诚信原则,不仅会损害他人的利益,也会影响自己的利益。

体育赞助活动中,合作关系是否可以保持长久性,会受到合作各方的主观意愿、各方目标是否达成、合作是否协调、继续合作的条件是否具备等因素的影响。当然,长久的合作关系还会受到其他因素的影响。而只有积极贯彻与严格遵循诚信原则,才能使其他原则具有稳固的基础。

2.互惠原则

在体育赞助中,赞助各方应在考虑自身利益的同时,充分尊重其他各方的利益,从而实现共同发展,这就是互惠原则。坚持互惠原则需要做到以下两点。

(1)赞助各方树立"双赢"的意识与理念。从体育赞助的角度来看,不是要尽可能实现双赢,而且必须实现双赢,只有这样才能继续维持良好的合作关系。

(2)赞助各方懂得站在对方的角度上思考问题,即学会换位思考,树立为对方创造价值的观念,如果对方出现失误,要表示谅解,各方的给予要保持均衡。这样才能将各方的资源和优势充分发挥出来,从而共同通过体育赞助来实现各自的目标。

3.持续原则

体育赞助中,赞助各方长久地合作就是所谓的持续原则。对赞助各方来说,保持合作的长久性是有好处的。

一方面，从体育组织的角度来看，合作的长久性就意味着自己所需的资金、实物、技术等方面的支持都是稳定的。

另一方面，从企业的角度来看，长期合作可以节省前期投资。由于企业在前期举办赞助活动后，自己的品牌与被赞助的项目之间的联系已经形成了，倘若中断赞助，就可能由自己的竞争对手获得赞助机会，此时消费者头脑中已经建立的品牌联想就很有可能向竞争品牌那儿转移，竞争对手因而自然就获得了其前期投资的收益。

4. 效益原则

体育赞助的效益对赞助各方来说，含义都不同。

(1)对体育组织来说，获得更多的资金、物品就是实现了效益。

(2)对企业来说，媒体曝光率、广告权增加；知名度、企业形象提升；销售量和利润增加就是实现了效益。

(3)对中介来说，获得更多提成和佣金就是实现了效益。

(4)对运动员来说，代言合同、酬劳增加就是实现了效益。

(5)对媒体来说，收视率、广告收入增加就是实现了效益。

需要注意的是，只有实现了消费者的利益，才有可能实现以上这些效益。因为体育赞助是以体育消费者为基础和最终指向的，也就是说，消费者是体育赞助的关键"买单者"。消费者获得自己的效益后，才会继续通过交纳费用来参与体育活动。所以说，赞助各方效益的实现是以保障消费者利益为基础的。

效益的多少一定程度上由管理因素决定，对效益原则加以贯彻，关键是要促进体育赞助管理运作水平的提高。体育赞助效益的提高一定程度上要看体育赞助活动的运作是否专业、规范。

二、我国体育赞助业的发展现状

我国体育赞助业从20世纪80年代初期兴起，20世纪90年代我国开展足球职业联赛后，体育赞助的增长幅度有了提升，市场领域也开始广泛关注体育赞助的商业价值。但是，我国体育赞助业的发展与国外发展水平较高的体育赞助业相比，还比较落后，而且问题很多，具体表现在以下几方面。

(一)体育中介没有充分开发体育资源

当前，我国体育中介没有深度开发体育赛事资源，在许多体育中介组织看来，体育赛事只是简单的比赛活动，没有特别关注赛事的特性，如比赛级别、举办地、涉及人数以及受众等。中介组织也没有从商业化的角度来包装体育赛事,因此在策划赞助方案时创意不足,难以激发公司、企业的赞助热情。只有全面分析体育赛事涉及的诸多因素,才能将赛事商业包装的契合点挖掘出来,才能高质量地包装赛事,从而促进赛事赞助方案的顺利实施。

(二)缺乏赞助商,赞助效益较低

无形资产是体育资产的重要组成部分,无形资产具有很强的渗透性、企业利用这一优势来对自己的形象进行宣传,增加自己的知名度,从而对市场进行进一步的开拓。例如,德国的阿迪达斯企业获得世界杯的赞助权后,在世界上广泛宣传自己的品牌,从而在全球都有很高的知名度。然而,在我国,只有少数的企业将赞助体育活动看作是一项投资活动,能够长期赞助的企业更是不多,鉴于此,必须开展市场营销活动,激发企业的体育赞助需求。一些体育组织部门尚未树立科学的市场营销理念,也不关注企业的赞助需求,仅将体育赞助当作获取经济利益的途径。这就制约了体育赞助业的健康有效发展。体育组织在对体育赞助活动进行开展时,更多地关注自己的经济利益,而对赞助单位的利益很少考虑,缺少双赢的意识,这就使企业对其进行赞助的积极性受到了打击,也使体育赞助的发展受到了制约。

另外,在体育赛事赞助活动中,倘若没有找到企业品牌(企业内涵)与体育赛事之间的契合点,就无法有效结合体育组织的利益和赞助企业的利益,这样就会使体育赞助的效益受到影响,不仅企业的赞助积极性受到了打击,而且体育赛事举办单位的预期融资效果也无法实现。

(三)法律不健全,企业赞助体育活动的风险较大

我国制定并出台了《中华人民共和国合同法》(以下简称《合同法》)、《中华人民共和国公益事业捐赠法》(以下简称《捐赠法》),它们对捐赠人、受赠人、受益人等权利职责方面的条件作了相关规定。《捐赠法》中规定,"捐赠人应当依法履行捐赠协议,按照捐赠协议约定的期限和方式将捐赠财产转移给受赠人。"这说明在签订公益性体育赞助协议后,捐赠人就必须对自己的义务加以履行。然而,《合同法》中又规定:"赠与人在赠与财产的权利转移之前可以撤消赠与。"这表明,一般的体育赞助协议只是实践性的合同,如果在转移赠与财产之前没有进行公证,允许"赠与"进行撤销。

由上可知,体育赞助协议具有混合性特征,因此在体育赞助活动中难免会有纠纷。一些赞助人承诺自己赞助资金,而且也签订了赞助协议,却不予以履行,因此体育部门难以按计划开展工作。尤其是对于体育比赛的赞助,赛事组织单位已经开始为赛事的举办做筹备工作了,但一些已经谈好的赞

助却没有及时到位,影响了比赛的进行,浪费了人力、物力。

而另一方面,企业是出于自身利益的需要才对体育活动进行赞助的,企业将赞助体育活动作为一种营销手段,主要目的是提高其知名度,树立良好企业形象,对企业的品牌效应进行营造,从而对更多的市场份额加以争取,促进经济效益的增加。然而,因为现阶段我国体育赞助市场还没有健全的法制,这样企业的赞助活动就会面临一定的风险。例如,"黑哨""假球"等现象在我国足球职业联赛中出现后对企业赞助体育的效益造成了严重的影响。企业对足球联赛加以赞助,是为了获得更大的经济效益,但出现"黑哨""假球"现象后,赛事的魅力减弱,对观众的吸引力也降低了,对联赛加以赞助的企业面临着巨大的损失,但相关法律中没有明确规定关于损失的补偿问题,这样企业赞助就会存在一定的风险。

三、"一带一路"倡议下我国体育赞助业的运营与发展策略

(一)赞助方的策略

(1)体育赞助活动利益与风险共存,机会稍纵即逝,因此作为赞助方决策人,应具有敏锐的市场洞察力、果敢的决策精神。

(2)赞助前应进行必要的市场调查与合理的赞助对象定位,赞助中根据企业商品与体育的亲和度,不断加强企业品牌形象的建设。

(3)鉴于我国基本国情,企业对赞助效益应有一个合适的期望值,不能过高、过急,应有风险意识、切忌一蹴而就,应注重当前利益与长远利益相结合、体育赞助与其他沟通手段相结合。

(二)被赞助方的策略

(1)作为体育组织,要吸引更多赞助收入,就应不断提高自身管理水平、完善管理机制、提高竞技运动水平、增强自身可赞助资源的魅力与档次。

(2)赞助活动的实施既注重与国外接轨又兼顾具体国情,在目前体育赞助市场供大于求的客观情况下,赞助资金、物品的报价既要反映体育活动自身价值又要尽力照顾到赞助方的利润回报。

(三)政府相关职能部门的策略

体育赞助活动的具体操作涉及体育、税务、工商、金融、财政、保险、文化等多个国家相关职能部门。政府主管部门应着眼于我国体育赞助业发展的基本现状,从促进我国体育赞助业健康、顺利、持续发展角度出发,不断制定、完善有关体育赞助的法规、条例,使赞助行为有法可依,对赞助中的违规

处罚有章可循。制定各种优惠、扶持政策,维护赞助各方合法权益。

(四)中介机构的策略

(1)体育经纪人应具备高尚的职业道德素质、注重信誉,逐步形成令客户信任、敬重的个性魅力。

(2)中介机构在从事经营活动的过程中,应遵纪守法、诚实守信,应对赞助方及被赞助方充分了解,在追求自身经济效益基础上,力求促使赞助方与被赞助方都具有现实或潜在的最大利益回报。

(3)中介机构以充分兼顾双方的基本利益为出发点,秉公运作,逐步树立起良好的商业中介形象,为获取更多的经营活动打下坚实基础。

(4)中介机构应完善自身建设,规范操作程序,不断提高自身知名度。

参考文献

[1]胡键."一带一路"战略构想及其实践研究[M].北京:时事出版社,2016.

[2]秦玉才."一带一路"读本[M].杭州:浙江大学出版社,2015.

[3]陈岩.我国体育产业结构优化及其市场化运营研究[M].北京:中国水利水电出版社,2017.

[4]李崇飞.中国体育产业发展研究[M].武汉:武汉大学出版社,2016.

[5]李丽.我国体育事业发展的公共财政保障研究[M].武汉:武汉大学出版社,2015.

[6]何国民.区域体育事业与经济协调发展评价研究[M].北京:北京体育大学出版社,2012.

[7]国家体育总局干部培训中心.群众体育发展模式及趋势研究[M].北京:北京体育大学出版社,2017.

[8]余万斌.群众体育概论[M].北京:新华出版社,2014.

[9]国家体育总局干部培训中心编.群众体育发展研究[M].北京:北京体育大学出版社,2013.

[10]易剑东.中国体育产业政策研究[M].北京:社会科学文献出版社,2016.

[11]文晶晶,文烨.休闲时代体育产业展望[M].北京:中国时代经济出版社,2015.

[12]丛湖平,郑芳,童莹娟.我国体育产业政策研究[M].杭州:浙江大学出版社,2014.

[13]周学政.体育产业多元化发展战略[M].天津:天津科学技术出版社,2014.

[14]杨铁黎,王子朴.体育产业概论(第2版)[M].北京:高等教育出版社,2015.

[15]吴超林.体育产业经济学[M].北京:高等教育出版社,2004.

[16]杨铁黎.体育产业概论[M].北京:高等教育出版社,2010.

[17]王飞.我国体育产业发展的制度创新研究[M].北京:北京体育大

学出版社,2015.

[18]夏正清.体育产业经营管理[M].西安:西安地图出版社,2011.

[19]张细谦.体育课程与教学论[M].广州:广东高等教育出版社,2013.

[20]姜明.现代学校体育教学研究[M].武汉:湖北科学技术出版社,2013.

[21]周方银."一带一路"面临的风险挑战及其应对[J].国际观察,2015(4).

[22]邱江涛,熊焰.竞技体育文化特征探析[J].吉林师范大学学报(自然科学版),2004(3).

[23]张恳,李龙.我国现代竞技体育文化的特征[J].体育学刊,2010(8).

[24]李龙,黄亚玲.竞技体育文化的动态和谐内涵阐释[J].西安体育学院学报,2008(6).

[25]李萍美,孙江.对竞技体育文化特色的研究[J].浙江体育科学,2006(05).

[26]石爱桥.民族传统体育概论[M].北京:人民体育出版社,2014.

[27]王亚琼.民族传统体育学[M].北京:北京师范大学出版社,2013.

[28]夏思永.民族传统体育文化传承和民族和谐社会建设关系研究[M].重庆:西南大学出版社,2011.

[29]刘春燕.中华民族传统体育的兴盛、危机与复兴[M].北京:人民出版社,2016.

[30]徐泽.民族传统体育发展与实践研究[M].北京:人民日报出版社,2016.

[31]刘远祥.体育产业结构优化研究[M].济南:山东大学出版社,2015.

[32]王艳.我国区域优势体育产业选择与培育发展研究[D].上海体育学院,2011.